語政策として
本語の普及」はどうあったか

際文化交流の周縁—

嶋津拓 著

ひつじ書房

凡例

本書においては、引用文中における旧字体・カタカナをそれぞれ新字体・ひらがなに直した。また、文意を汲んで、適宜句読点を付した場合や促音表記にしたケースもある。ただし、仮名遣いは原文にしたがった。なお、読みやすさを考慮して、アラビア数字を漢数字に直した場合もある。

引用文中には、今日からすると事実でない部分や適切でない表現も含まれているが、著作者の主観あるいは認識を反映している場合もありうるので、人物や機関の名称など明確な誤りを除いては注釈等を施さなかった。また、誤字も訂正しなかった。

すでに邦訳されている文献・資料を除き、英語文献・資料の邦訳は原則として筆者が行った。これに当てはまらない場合はその旨を明記した。

まえがき

国際交流基金の調査によると、二〇〇六年現在における海外の日本語学習者数は約三〇〇万人である。一九八四年に実施された同種調査の結果が約五八万人だから、海外では一九八〇年代の中頃から二一世紀初頭にかけての約二〇年間に、日本語学習者数が五倍以上に増加したことになる。

この時期に海外で日本語学習者数が増加した背景としては、日本の経済力拡大や海外の青少年層における日本文化に対する関心の高まり等が指摘されているが、それらとともに、政策面で二つの力が作用していたことも無視することはできない。

その一つは、海外諸国の政府や教育行政機関が、日本との経済交流（貿易・投資等）や人的交流（日本人観光客の招致等）の拡大を図るために、すなわち自国の「国益」のために、日本語教育の振興に力を入れていたことである。それは、日本語学習者数が最も増加したのが、高等教育レベルや学校教育外分野ではなく、政府や教育行政機関の政策に最も影響を受けやすい初等中等教育レベルであったことからも明らかである。日本語教育を学校教育のカリキュラムに導入する国の数は、中等教育レベルでは一九八〇年代から、また初等教育レベルでは一九九〇年代から増加した。

もう一つは、日本政府やその関連機関が「国際文化交流事業」の一環として、海外に対する「日本語の普及」に取り組んでいたことである。日本政府は「日本語の普及」を任務の一つとする特殊法人「国際交流基金」(二〇〇三年一〇月に独立行政法人へ改組)を一九七二年に設立している。同基金の事業は、日本との経済交流や人的交流の拡大を目指す海外諸国の「国益」に配慮した国際協力事業としても実施されていたが、基本的には諸外国で対日理解の促進を図るという、日本の「国益」を主な目的として行われてきた。

本書においては、これら二つの力のうち主として後者について考察する。すなわち、日本の海外に対する「日本語の普及」という営みについて考察するが、本書では、それ自体を一つの言語政策と捉え、その言語政策としての「日本語の普及」という営みの目的や内容・方法について分析したい。

言語に対する公的な関与は、「言語政策」(Language Policy)あるいは「言語計画」(Language Planning)と呼ばれる。これらは一般的に、政策対象言語(または計画対象言語)そのものの改変や標準化を企図する「実体計画」(Corpus Planning)と、ある言語に関してその地位の上昇や下降を企図する「席次計画」(Status Planning)とに二分されることが多いが、研究者によっては、ほかに政策対象言語(計画対象言語)の学習や習得を推進する「普及計画」(Acquisition Planning)というカテゴリーを設けて、「言語政策」あるいは「言語計画」というものを、「実体計画」「席次計画」「普及計画」の三種類に区分する場合もある。本書で考察対象とする「日本語の普及」とは、この三分法の立場をとるならば「普及計画」に区分されることになるが、「実体計画」と「席次計画」のみの二分法の立場からは「席次計画」の範疇に含まれることになる。なぜなら「日本語の普及」とは、海外諸国の言語教育全体の中に占める日本語の地位の上昇を、少なくとも間接的には意図することになるものだからである。

したがって、日本の海外に対する「日本語の普及」という営みを、それ自体を一つの言語政策と捉えて

【表1】政策の主体による分類

日本政府・関連機関・地方自治体	①日本国内に居住する日本語非母語話者を対象に日本語教育を実施するという政策 ③日本国外に居住する日本語非母語話者を対象に日本語を普及するという政策
海外諸国の政府・教育行政機関	②日本国外に居住する日本語非母語話者を対象に日本語教育を実施するという政策

分析するということは、「日本語の普及」という「普及計画」あるいは「席次計画」について考察するということでもあるのだが、日本語という言語を日本語非母語話者の間に「普及」したり、それを通じてその「席次」を上昇させたりする政策は、なにも本書で考察対象とする「日本語の普及」という政策に限られるわけではなく、大きく分けると次の三種類に分類することができる。

①日本国内に居住する日本語非母語話者を対象に日本語教育を実施するという政策（政策の立案および実施主体は基本的に日本政府およびその関連機関または地方自治体）

②日本国外に居住する日本語非母語話者を対象に日本語教育を実施するという政策（政策の立案および実施主体は基本的に海外諸国の政府あるいは教育行政機関）

③日本国外に居住する日本語非母語話者を対象に日本語を普及するという政策（政策の立案および実施主体は基本的に日本政府およびその関連機関）

これら三種類の政策を、その政策主体で分類すると表1のようにな

【表2】日本語教育の実施場所による分類

日本国内	①日本国内に居住する日本語非母語話者を対象に日本語教育を実施するという政策
日本国外	②日本国外に居住する日本語非母語話者を対象に日本語教育を実施するという政策 ③日本国外に居住する日本語非母語話者を対象に日本語を普及するという政策

る。また、それらの政策に基づいて行われる日本語教育の実施場所を「日本国内」と「日本国外」に二分するならば、②と③の場合に想定される滞日研修のような事例を除いて、基本的には表2のようになる。

しかし、右記の①〜③という分類は厳密なものではなく、そこで用いた「日本語非母語話者」「日本国内」「日本国外」「政策の立案および実施主体」という表現の定義しだいでは、さらに幾通りにも細分化する必要がある分類である。このため、一九世紀末から二〇世紀前半期にかけての時代に植民地に対して適用された言語政策を、「国語教育」政策という別の範疇に区分することで、右記の①〜③には含めないとしても、たとえば南洋諸島で行われていた日本語教育は①と③のいずれの政策によるものと分類すべきなのか、あるいは、一九三〇年代から一九四〇年代にかけての時期にいわゆる「満州国」で行われていた日本語教育は②と③のいずれに基づくものと分類すべきなのかという疑問が生じるかもしれない。あるいは今日でも、北方領土の住民(主にロシア語母語話者)を対象として日本政府の関連機関が行っている日本語教育は、①と③のいずれによるものなのかという疑問が呈されることだろう。さらには、日本から海外に移住した人々や海外に長期

【表 3】政策の内政・外政による分類

内政	①日本国内に居住する日本語非母語話者を対象に日本語教育を実施するという政策 ②日本国外に居住する日本語非母語話者を対象に日本語教育を実施するという政策
外政	③日本国外に居住する日本語非母語話者を対象に日本語を普及するという政策

滞在している人々の子女（あるいは、そのまた子女）で日本語を母語ないしは第一言語としない者を対象として日本政府やその関連機関が行っている日本語教育事業を、③の範疇に分類することには抵抗感を覚える人がいるかもしれない。

このように、右記の分類は厳密なものではない。あくまでも一つの目安として提示したものにすぎない。ここでは、そのことを確認するだけにとどめて論をさきに進めるが、右記の三区分はまた「内政」と「外政」という二つのカテゴリーに分類することも可能である。この場合、少なくとも今日では、①の「日本国内に居住する日本語非母語話者を対象に日本語教育を実施するという政策」は日本の「内政」に、②の「日本国外に居住する日本語非母語話者を対象に日本語教育を実施するという政策」はそれぞれの国の「内政」に、そして③の「日本国外に居住する日本語非母語話者を対象に日本語を普及するという政策」は日本の「外政」に、基本的には各々分類されることになる（表3を参照）。

むろんこれも厳密な区分ではなく、①の日本語教育と②の日本語教育が、たとえば国際親善を促進するという目的から、すなわち日本または海外諸国の「外政」の一環として実施されるケースもあるし、③

の日本語普及が、たとえば渡日前準備教育という形態で、日本の「内政」を円滑に進めることを目的に実施される場合もあるのだが、基本的な区分としては、③の日本語普及のみが、日本語という言語を日本語非母語話者に教育あるいは普及しようという営みの中では、「外政」の範疇に分類されることになる。

右記三種類の日本語教育・日本語普及に関する政策については、主として一九九〇年代頃から研究が蓄積されるようになってきた。その背景には日本の国内外における日本語学習者数の増加という現象があったと考えることができるのだが、③の政策に関して言えば、主に社会言語学あるいは日本語教育史学の分野で、戦前戦中期の日本語普及については、研究が蓄積されるようになってきた。しかし、戦後期のそれに関しては、本書の序章であらためて触れるように、先行研究が充分に蓄積されていないばかりか、それを包括的に扱った研究書が皆無と言ってよい状況にある。

このような状況を考慮し、本書では戦後期における「日本語の普及」に関して、それを一つの言語政策と捉える立場から、可能な限り包括的に分析したいと考える。また、この目的のためにその分析にあたっては、言語政策論の手法だけではなく、行政学と国際関係論（国際文化交流論）の方法論も用いることとした。それにより、本書がかかる政策研究の分野で、基本的な参考書となることを筆者は願っている。

なお、筆者は一九八六年四月から二〇〇六年三月までの二〇年間、「日本語の普及」という言語政策の実務を担う国際交流基金に勤務した。その後、二〇〇六年三月に同基金を退職し、「日本語の普及」という営みを今度は研究する側に身を転じたが、「日本語の普及」に関する実務経験を有していることは、かかる研究を遂行する上で有利な点もあるが、それと同時に不利な点もある。最も不利な点は、国際交流基金の内部者でなければ知りえなかった情報を、研究上の論拠に利用したいという誘惑にかられる点である。しかし、政策研究も一つの学術的な営みである以上、その論拠には第三者がアクセス・検証できるもののみを使用しなければならない。もっとも今日では、「行政機関の保有する情報の公開に関する法律」（一九九九年法律第四二号）や「独立行政法人等の保有する情報の公開に関する法律」（二〇〇一年法律第一四〇号）に定められている情報公開制度を利用することによって、従来であれば内部者でなければ知りえなかった情報へのアクセスが容易となり、それと同時に、内部者として知りえた情報についても、この制度を利用することで第三者がアクセスできるものに変換することも可能になったが、政府やその関連機関が研究者の求める情報をすべて開示するとは限らない。このため、本書を執筆するに際しては、この情報公開制度を利用することで、自分が内部者として知りえた情報を研究上の論拠として用いることを正当化することはせず、文書資料では、あえて公刊の資料（具体的な資料名については参考文献欄を参照）のみを論拠として使用した。それは前述のとおり、本書が「日本語の普及」という言語政策に関する研究の分野で、基本的な参考書となることをめざしているからでもある。

もくじ

序章　「日本語の普及」とは何か

一　考察対象および先行研究について

本書では、日本の海外に対する「日本語の普及」という営みについて、それ自体を一つの言語政策と捉える立場から考察するが、ここではまず、その「日本語の普及」という表現の範囲について説明しておきたい。

本書で使用する「日本語の普及」という表現は、一九七二年に制定・施行され、二〇〇三年に廃止された「国際交流基金法」（一九七二年法律第四八号）の第二三条で用いられていた「日本語の普及」という表現を、そのまま引用したものである。この「国際交流基金法」は、「わが国に対する諸外国の理解を深め、国際相互理解を増進するとともに、国際友好活動を促進する」（第一条）という観点から、「国際文化交流事業を効率的」（第一条）に行うために、国際交流基金（The Japan Foundation）という特殊法人を設立することを定めた法律であるが、それと同時に、この法律によって同基金は、その「国際文化交流事業」の一環として、海外に対する「日本語の普及」の実施を義務づけられることにもなった。この「国際交流基金法」は「日本語の普及」という表現を用いた最初の法律であり、その後、この「日本語の普及」という表現は、国際交流基金の組織形態をそれまでの特殊法人から独立行政法人に改めるため二〇〇二年に制定された「独立行政法人国際交流基金法」(二〇〇二年法律第一三七号)の第一二条に引き継がれて、今日に至っている。

このように「日本語の普及」という表現は、「国際交流基金法」で初めて用いられた後、現在では「独立行政法人国際交流基金法」の中で用いられている表現なのであるが、政令レベルでは、「外務省組織令」にも「日本語の普及」という表現が見られる。外務省は日本政府の中にあって、「文化その他の分野における国際交流」(一九九九年法律第九四号「外務省設置法」第四条)を担当しているが、その一環として、「外国における日本研究及び日本語の普及」(二〇〇〇年政令第二四九号「外務省組織令」第二七条)を所掌することを義務づけられている。

本書が考察対象とする「日本語の普及」とは、この「国際文化交流事業」あるいは「文化その他の分野における国際交流」の一環としての「日本語の普及」である。したがって、その「日本語の普及」の実施主体は、法律あるいは政令によって「日本語の普及」という営みの実施を義務づけられている日本政府およびその関連機関に限定される。換言すれば、たとえば企業が社会貢献の観点から、あるいは個人がボランティアとして海外の日本語教育と関わったとしても、これらの行為は本書の考察対象にはならない。また、日本政府やその関連機関が行った営みでも、「国際文化交流事業」あるいは「文化その他の分野における国際交流」以外の目的から、海外で日本語教育の振興や日本語学習の奨励を図った場合には、これらの営みも本書の考察対象とならない。さらに、その考察対象は基本的に一九七〇年代以降の時代に限定される。なぜなら、「日本語の普及」という表現が法律の中で初めて用いられたのは一九七二年のことであり、また、本書はそこで規定された「日本語の普及」という営みについて考察するからである。

近代日本が国家の意志として、日本列島以外の地域に住む人々を対象に日本語という言語の教育を図ろうとした歴史は、一九世紀末までさかのぼることができる。すなわち、一八九五年に植民地として領有した台湾に日本語の普及を図ったのがその嚆矢である。その後、日本は同じく植民地として併合した朝鮮半島や、租借地とした関東州、あるいは国際連盟からその統治を委任された南洋諸島、さらに一九三〇年代以降はいわゆる「満州国」や、中国大陸および東南アジアの占領地などに対しても、日本語という言語の普及を図った。これらの営みは、たとえば植民地に対するそれが内地延長主義に基づく「国語」の普及であったのに対して、東南アジアの占領地に対するそれは「大東亜共栄圏」の共通語としての「日本語」の普及であったように、その位置づけを異としていたのであるが、いずれも日本がその実質的な支配下に置いた地域の人々を対象に、強制力をもって行った施策だったことに変わりはない。

当時、このような施策を言いあらわすのに、「日本語普及」という表現が用いられたりした（ただし、植民地に対する施策には「国語普及」という表現が用いられた）[1]。また今日でも「日本語普及」という表現はかかる歴史上の施策を言いあらわすために使われたりすることがあるので、「日本語の普及」あるいは「日本語普及」という表現は、一九世紀末から二〇世紀前半期にかけての時期に、日本がその実質的な支配下に置いた地域の人々を対象に強制力をもって行った「日本語普及」を連想させる場合が多いかもしれない。むろん、このような「日本語普及」と、一九七〇年代以降の時代における「国際文化交流事業」の一環としての「日本語の普及」との間にも、共通性や連続性は見られるのだが、本書が考察対象とするのは基本的に後者の「日本語の普及」であり、前者の「日本語普及」を取りあげる場合も、後者との関連において言及する。

以上の点をまとめると、本書が考察対象とする「日本語の普及」とは、日本政府またはその関連機関が実施主体となって行ってきた（そしてまた現在でも行っている）、「国際文化交流事業」あるいは「文化その他の分野における国際交流」の一環としての「日本語の普及」であって、その範囲は「日本語の普及」という表現が法律の中で初めて用いられた一九七〇年代以降ということになるのであるが、このような「日本語の普及」に関しては、それを政策研究の観点から考察した先行研究が充分に蓄積されていない。

高橋力丸は一九九九年の時点で、「海外への日本語普及政策に関する研究は、戦前及び戦中期についてはは多くの蓄積があるが、戦後に関する研究はまだ十分に行われてない」[2]と指摘するとともに、「国際交流基金の日本語普及政策については、戦後の政府による日本語普及事業の歴史的変遷というより広い範疇での一部として扱った野津隆志の論文[3]があるが、それ以外の先行研究は管見の範囲では見当たらず、ほとんど手付かずの領域であると思われる」[4]としているが、それから一〇年が経った現在でも、状況に大きな変化はないと言うことができるだろう。たしかに、この一〇年ほどの間には、「今日の、国際文化交流事業における日本語普及理念は、近代日本の文脈のなかで、どのような連続性（または非連続性）をもつものであろうか」[5]との問題意識から、戦前または戦中期の「日本語普及」と戦後期における「日本語の普及」とを、その「理念」の面で比較研究する試みもなされるようになってきたが、戦後期における「日本語の普及」に関し、それを「理念」面においてだけでなく、政策遂行上の方針や方法も含めて包括的に考察した先行研究は皆無と言ってよい状況にある。

また、一九九〇年代の後半以降、国際関係論の分野では、その研究者が国際文化交流の実務者たちの協力を得て、戦後期における「国際文化交流事業」に関する研究や、その「国際文化交流事業」と戦前戦中期の「国際文化事業」（本書第一章を参照）との関連性に関する研究を進めてきた。一九九八年度に当時の文部省から科学研究費補助金を得て行われた研究の報告書『国際文化振興会から国際交流基金へ―国際交流基金論序説』や、主として東京大学教養学部の関係者が執筆した『国際文化交流の政治経済学』（一九九九年・勁草書房）および『戦後日本の国際文化交流』（二〇〇五年・勁草書房）は、その先駆的かつ代表的な成果と位置づけることができるが、これらの研究においては、「日本語の普及」に関する考察がほとんど見られない。たとえば、『戦後日本の国際文化交流』において「日本語の普及」に言及しているのは、国際交流基金の「国際文化交流事業」がＯＤＡ予算（政府開発援助予算）の利用（本書第二章を参照）によって、「八一年に開始された在日外交官のための日本語教育といった、ナショナルな側面が強調される事業が中心となった」[6]と述べられている箇所と、同基金は「一九八〇年代に相次いだ日系企業の進出が、これらの国（筆者注　韓国、インドネシア、マレーシア、タイ）における「日本語教育熱の高まり」（中略）を招いたとの認識のもと、アジア向けの日本語教育事業を拡大した」[7]と述べられている箇所の二点だけである。しかも、前者の「在日外交官のための日本語教育」に関しては誤解があり、これを一九八一年に開始したのは国際交流基金ではなく、実際のところは外務省だったから[8]、この『戦後日本の国際文化交流』において、国際交流基金の「日本語の普及」事業が取りあげられているのは、一箇所だけということになる。国際関係論の研究者にとって「日本語の普及」とは、あまり魅力的な研究対象ではないようだ。

本書では、日本の海外に対する「日本語の普及」という営みについて、それを一つの言語政策と捉える立場から考察するが、右記のような状況を勘案し、かかる営みについて、可能な限り多様な観点から分析する。すなわち、「日本語の普及」という営みの通時的および共時的な位置を考察するのみならず、個別事例の分析を通じて、その政策遂行上の方針や実施方法についても考えてみたい。

二 「日本語の普及」という表現について

本書がその標題に引用した「日本語の普及」という表現は、二つの名詞と一つの助詞から構成されている。このうち助詞「の」の機能については、「普及」の対象が「日本語」であることをあらわしているという点で異論はないと思われるが、「日本語」と「普及」という二つの名詞の意味についてはどうだろうか。

まず「日本語」という表現に関しては、たとえば「国語」という表現とどのように異なるのかという社会言語学的な問題が存在するだろう。この問題については、その史的変遷と現状に関する安田敏朗の研究[9]があるので詳細はそちらに譲り、ここでは、日本の行政および立法の分野において、「国語」という単語と「日本語」という単語は、今日、自明の事柄として使い分けられているということだけを指摘しておきたい。すなわち、「日本語」とは、「外国人」を対象に教育されるものであるということが、疑問の余地のない、当然のこととされているのである。たとえば、文化庁の附属機関だった国立国語研究所を独立行政法人に改組するために一九九九年に制定された「独立行政法人国立国語研究所法」(一九九九年法律第一七一号、二〇〇九年一〇月廃止)は、その第三条において同研究所の設置目的を、「国語の改善及び外国人に対する日本語教育の振興を図る」ことと規定していた。この「独立行政法人国立国語研究所法」は、日本の法体系において「日本語教育」という表現を初めて用いた法律でもあったのだが[10]、右記のように、この法律では「国語」という単語と「日本語」という単語が何の注釈もなく併用されていた。また、二〇〇一年に制定された「文化芸術振興基本法」（二〇〇一年法律第一四八号）は、その第一八条で、「国は、国語が文化芸術の基盤をなすことにかんがみ、国語について正しい理解を深めるため、国語教育の充実、国語に関する調査研究及び知識の普及その他の必要な施策を講ずるものとする」と規定しているのに対して、そのすぐあとの第一九条では、何の注釈もなくいきなり、「国は、外国人の我が国の文化芸術に関する理解に資するよう、外国人に対する日本語教育の充実を図るため、日本語教育に従事する者の養成及び研修体制の整備、日本語教育に関する教材の開発その他の必要な施策を講ずるものとする」と定めている。

「国語」という単語と「日本語」という単語の使い分けは、李守（二〇〇四）が指摘しているように、台湾と朝鮮半島を植民地として領有し、そこの人々を対象に「国語」教育を行っていた近代日本が、一九三〇年代から一九四〇年代前半にかけての時期に、さらに「対外的に膨張し、異民族を領域内にかかえこんでいく」[11]過程で、「とりわけ、英、米、仏、蘭領などの南方諸地域に侵出する」[12]過程において、「日本語」という言語が「国語」と呼べる範囲を飛び越えてしまったがゆえに生じたものである[13]。今日の行政府や立法府における使い分けも、基本的にはこの「日本現代史において、一度すでに経験した」[14]ところの「呼称の分岐」[15]を継承していると言うことができるだろう。すなわち、「日本語はそと、国語はうち」[16]という使い分けであり、右記の「独立行政法人国立国語研究所法」や「文化芸術振興基本法」の規定からも明らかなように、「日本語」の教育は「外国人」を対象に実施されるものなのである。したがって、「国際交流基金法」や「独立行政法人国際交流基金法」には、「外国人」という表現は見られないものの、そこに規定されている「日本語の普及」という営みの対象者も、「外国人」(あくまでも日本から見ての「外国人」であるが)が想定されていると言うことができるだろう。また、これらの法律が「わが国に対する諸外国の理解を深め」[17]るという表現を使用している点を考えあわせるならば、その「外国人」とは、「諸外国」、すなわち海外に居住する「外国人」が念頭に置かれているとも言うことができる。

この「日本語」という表現については、国際交流基金がそれを「the Japanese language」[18]と英訳していることにも触れておきたい。日本列島では「日本語」以外にも様々な言語が使用されており、一般に「日本語」と呼ばれている言語は、けっして日本国内における唯一の共通語というわけではないのであるが、国際交流基金が海外の「外国人」に普及すべき言語は「日本諸語」(Japanese languages)ではなく、「日本語」だけなのである(この問題については、本書第八章であらためて考察する)。

また、「国際交流基金法」および「独立行政法人国際交流基金法」の中に見られる「日本語の普及」という表現は、日本語という言語そのものの海外普及を意味しているわけではないことにも言及しておきたい。すなわち、たとえば「カラオケ」「マンガ」「カワイイ」などの日本語の単語が海外で使われるようになること、あるいはそれらの単語が外国語の中に外来語または借用語として定着するようになることは、この「日本語の普及」という表現の範疇には含まれていないのである。後述するように、国際交流基金は「日本語の普及」という表現に代えて「海外の日本語教育に対する支援」という表現を用いることもあるのだが、この言い換えからも明らかなとおり、「日本語の普及」という表現における「日本語」という単語は、言語そのものではなく、「日本語教育」または「日本語学習」という意味で使用されている。すなわち、「日本語の普及」という表現は、「海外に対して日本語教育あるいは日本語学習を普及すること」という意味で用いられていると言うことができるのである。

前記のように「国際交流基金法」の第一条は、同基金が「国際文化交流事業」を行う理由として、「わが国に対する諸外国の理解を深め、国際相互理解を増進するとともに、国際友好活動を促進する」ことをあげていた。この文言の意味としては、「国際相互理解を増進する」ことと「国際友好活動を促進する」ことが目的で、「わが国に対する諸外国の理解を深め」ることはその前提と解釈することもできれば、「わが国に対する諸外国の理解を深め」ることと、「国際相互理解を増進する」ことと、「国際友好活動を促進する」とのいずれもが目的であると解釈することも可能なのであるが、かりに前者の解釈を採用するならば、かかる理由から実施される「国際文化交流事業」の一環としての「日本語の普及」事業は、なによりもまず「わが国に対する諸外国の理解を深め」ることに貢献しなければならないことになる。すなわち、「国際相互理解」の増進と「国際友好活動」の促進を図るためには、はじめにその前提として「わが国に対する諸外国の理解を深め」る必要があり、「日本語の普及」という営みも、それを実現するのに貢献しなければならないということになるのである。

これに対して、後者の解釈を採用した場合は、「日本語の普及」という営みが、「わが国に対する諸外国の理解を深め」ることと、「国際相互理解を増進する」[19]ことと、「国際友好活動を促進する」ことの三つの目的から実施されることになるのであるが、かりにかかる解釈を採用したとしても、「わが国に対する諸外国の理解を深め」るという目的が第一にあげられていることには留意する必要があるだろう。この「国際交流基金法」の第一条に関して坂戸勝（一九九九）は、「ここで注意を引くのは、国際文化交流事業の目的として、「わが国に対する諸外国の理解を深め」ることを第一に想定し、次に「国際相互理解」の増進を想定していることである」[20]と述べるとともに、このような優先順位は、外務省の所掌業務を規定するために一九五一年に制定された「外務省設置法」(一九五一年法律第二八三号)の第四条に見られる、「日本文化の海外への紹介その他各国との文化交流に関すること」という表現とも軌を一にしており、「この優先順位の置き方は、政府が公的資金をもって行う仕事であるからには、もっとも国益にかなうと考えられる、諸外国において日本への理解を深めることにまず取り組む、という考え方に淵源があるように思われる」[21]としている。

したがって、「国際交流基金法」の第一条をどのように解釈したとしても、日本政府が国際交流基金に求めたことは、なによりもまず「わが国に対する諸外国の理解を深め」るための「国際文化交流事業」の実施であり、その「国際文化交流事業」の一環としての「日本語の普及」という営みも、一義的には「わが国に対する諸外国の理解を深め」ることに貢献しなければならなかったと言うことができる。すなわち、「日本語普及事業はわが国に対する真の理解者を得ていく上でまことに重要な事業」[22]と位置づけられていたのであり、換言すれば、海外で対日理解を促進することこそが、「日本語の普及」事業を実施する上での最大の目的だったと言うことができるのである。

しかしながら、二一世紀に入ると国際交流基金の関係者から次のような認識も表明されるようになった。

国際交流基金による日本語教育は、文字通り画期的な目的と使命に基づいて始められたと断言してよいだろう。なぜならば、歴史上初めて対外的に対等な立場から、そして双方向性を重視する国際コミュニケーション本来の視点から、日本語教育に取り組むこととしたからである。冒頭で言及したところの「我が国と諸外国との国際相互理解を増進する」ための中核的事業として日本語教育を位置付けたことは、何よりもその姿勢を宣明したことと言える。[23]

このように、二一世紀に入ると国際交流基金の関係者から、同基金はその設立時より「双方向性を重視する国際コミュニケーション本来の視点」を有していたとの認識も表明されるようになった。たしかに国際交流基金は設立当初から、「国際相互理解を増進する」ことを事業目的の一つにしていた。しかし、前述のように一九七二年に制定された「国際交流基金法」では、「国際相互理解を増進する」という表現よりも前に、「わが国に対する諸外国の理解を深め」るという表現が置かれている。したがって、少なくとも同基金の設立時においては、「双方向性を重視する国際コミュニケーション本来の視点」よりも、「わが国に対する諸外国の理解を深め」ることの方が優先されていたと考えるのが妥当だろう。

二一世紀に入ると、国際交流基金の関係者は「日本語の普及」という営みの意義に関して、右記の「双方向性」のほかに、「文化的多様性」という考え方も強調するようになった。たとえば、同基金の別の関係者は二〇〇五年の時点で次のように述べている。

国際社会に伍して、非西洋言語である日本語の位置を確立することは、我が日本文化を理解してもらうということにとどまらず、多様な言語の一つとして、世界の文化的多様性に寄与することでもある。[24]

このように、「非西洋言語である日本語の位置を確立する」こと、すなわち「日本語の普及」という営みの意義として、「我が日本文化を理解してもらう」ことのほかに、「文化的多様性」という考え方が強調されるようになったのであるが、その背景としては、経済のグローバル化と情報通信手段の発達に伴って、言語教育の国際市場における英語への一極集中がさらに加速するのではないかという危機感があったものと考えることができる。しかし、それと同時に、国際交流基金を従来の特殊法人から独立行政法人に改組するため二〇〇二年に制定された「独立行政法人国際交流基金法」において、同基金の存在理由に関する記述が、「我が国に対する諸外国の理解を深め、国際相互理解を増進し、及び文化その他の分野において世界に貢献」(第三条)するという表現に変更されたことも、これには関係していたものと思われる。すなわち、「文化その他の分野において世界に貢献」するという、それまでの「国際交流基金法」には見られなかった表現が二一世紀に入ると法律の中に取り入れられたのであり、この新しい目的にも「日本語の普及」という営みを整合させる必要があったのであるが、日本語という言語の存在を「世界の文化的多様性に寄与」するものと見なすことは、それを可能にしたのである。

しかし、この二〇〇二年に制定された新しい法律「独立行政法人国際交流基金法」においても、それまでの「国際交流基金法」の場合と同様、「我が国に対する諸外国の理解を深め」るという表現が最初に置かれていることには留意する必要があるだろう。独立行政法人に改組された国際交流基金においても、その「国際文化交流事業」は「国際相互理解を増進」すること、あるいは「文化その他の分野において世界に貢献」することよりもまず、「我が国に対する諸外国の理解を深め」ることに重点が置かれていると言うことができる。

「日本語の普及」という営みの意義として、「我が国に対する諸外国の理解を深め」ることを最も重視する立場は、なにも国際交流基金だけのものではない。それは他の政府機関にも言えることである。たとえば、一九九九年七月に経済審議会が発表した答申『経済社会のあるべき姿と経済新生の政策方針』においては、「諸外国における日本への理解を促進するため、日本語の国際社会への普及を促進する」[25]という表現が見られた。また、二〇〇〇年に国語審議会が発表した答申『国際社会に対応する日本語の在り方』においては、「日本語やその所産を人類の文化資産の一つととらえ」[26]るべきとの考え方も示されていたものの、「日本語による情報発信は、日本人の思考や広い意味での日本文化の発信である」[27]との観点から、「日本語を通じた様々な情報の受容や、日本語によるコミュニケーションを通して、世界の人々に日本や日本人についての理解を深めてもらうことが大切である」[28]とされていた。さらに、二〇〇一年に制定された「文化芸術振興基本法」を受けて、翌年の二〇〇二年に日本政府が閣議決定した『文化芸術の振興に関する基本的な方針』においては、「外国人の我が国及び我が国の文化芸術に対する理解の増進に資する」ため、政府は「日本語教育の普及及び充実」を図ることとされており、「文化芸術の振興」という観点からも、対日理解の促進が「日本語の普及」という営みの最も重要な目的に設定されていた[29]。また、二〇〇五年に当時の小泉内閣が設置した「文化外交の推進に関する懇談会」の報告書においては、「日本語を学ぶことは対日理解にとって最も基本的で効果的なものである」[30]との認識が示されていたし、二〇〇八年に外務大臣の諮問機関である海外交流審議会が発表した答申『我が国の発信力強化のための施策と体制〜「日本」の理解者とファンを増やすために〜』においては、「外国人に対する日本語教育の推進は、日本理解者の育成を通じて我が国と諸外国との友好関係の基盤を強化するとの観点から重要」[31]と位置づけられていた。このように、国際交流基金以外の政府機関でも、「我が国に対する諸外国の理解を深め」ること、すなわち対日理解の促進こそが、「日本語の普及」という営みにおいて最も重視されていたのである。

それでは、その対日理解を促進する上で、「日本語の普及」という営みにはどのような役割や機能が期待されていたのだろうか。この問題については、本書第三章であらためて論じることとして、ここでは次に、「日本語の普及」という表現における「普及」という単語の問題点について見てみたい。この「普及」という名詞も「日本語」という名詞と同様に(あるいはそれ以上に)、多くの問題点を抱えている。とくにこの語彙が醸し出すイメージからは、「普及」という単語が二つの面で誤解される可能性があるだろう。

一つは前述のように、日本が戦前戦中期にその実質的な支配下に置いた地域の住民に対して行った言語的な施策も「日本語普及」と呼ばれる場合があることから、「日本語の普及」と言うと、それが歴史的な文脈で受けとめられる可能性があることである。すなわち、「日本語の普及」という言葉が「文化交流とは相反する文化侵略的な意味を有することになる」[32]がゆえの問題である。この点は国際交流基金の関係者も意識しているようで、同基金の発行物を見てみると、「日本語の普及」と表現すべきところを「海外の日本語教育に対する支援事業」[33]と表現しているケースが見うけられる。

一九八五年に国際交流基金は、海外における「日本語普及の抜本的対応策」[34]について諮問するため、「日本語普及総合推進調査会」という名称の調査会を設置した。同調査会は同年一一月に国際交流基金理事長に答申を提出し、その中で、「外国人及び日本人教師の養成と確保、教授法・教材の開発と提供」[35]および「日本語普及関連情報の収集・整理・提供」[36]を行う機関として「日本語普及国際センター(仮称)」[37]の開設を国際交流基金に求めたのだが、実際に同基金が一九八九年に開設した機関の名称からは「普及」

の二文字がはずされ、「日本語国際センター」という名称が付された。ここにも「普及」という言葉に対する国際交流基金の忌避感を見てとることができる。

この「普及」という言葉について、国際交流基金の関係者は二〇〇八年に次のように述べている。

実は日本語教育の普及、法律上は普及と言っておりますが、私どもは現場では普及という言葉を使わないようにしているんです。これは、やはり戦前の日本語教育を受けた国々が、一応の拒否感といいますか、悪い思い出を持っている部分がございますので、最近大分変ってまいりましたけれども、私ども、現在では余り普及という言葉は使わないのです。普及は、どうしても自分たちの都合でやってもらうんだ、やらせるんだ、あるいは押し付けるんだと、向こうからすると、どうも厚かましい奴らだと思われますので、とはいっても法律上は日本語の普及をやっております。[38]

このように、国際交流基金は「法律上は日本語の普及をやって」いるのだが、「戦前の日本語教育を受けた国々」が「拒否感」や「悪い思い出」を持っているので、同基金の「現場では普及という言葉を使わないようにして」いるという。このため、前述のようにその代用表現として「海外の日本語教育に対する支援事業」という表現が用いられたりすることもあるのだが、この「支援事業」という言い方以外にも、たとえば「海外における日本語教育事業」[39]という表現が用いられることもある。むろん、前述のように「日本語の普及」とは、言語そのものの普及ではなく、「海外に対して日本語教育あるいは日本語学習を普及すること」という意味なのであるが、それではいったい、この意味での「日本語の普及」という表現と、

「海外における日本語教育事業」という言葉の中に見られる「日本語教育」という表現は、日本の言語政策においてどのような関係にあるのだろうか。

日本政府の中にあって、「外国における日本研究及び日本語の普及に関すること」(二〇〇〇年政令第二四九号「外務省組織令」第二七条)は外務省(同省は国際交流基金の主管官庁でもある)の所掌事務とされている。それに対して、「外国人に対する日本語教育に関すること」(二〇〇〇年政令第二五一号「文部科学省組織令」第一〇五条)は文化庁の所掌事務とされている。いわば行政面において、「日本語の普及」という表現と「日本語教育」という表現は使い分けられていると言うことができるのだが、文化庁の所掌事務規程には、「外国人に対する日本語教育に関すること」という言葉の後に、括弧書きで「外交政策に係るもの(中略)を除く」との文言が付されている。すなわち、「外交政策」に係る「日本語教育」は文化庁の所掌ではないと宣言しているわけだが、このことと、「外務省組織令」にある「日本語の普及」という言葉を考えあわせるならば、「日本語の普及」とは「外交政策」に係る「日本語教育」にほかならないことを、日本政府も暗黙のうちに認めていると言うことができる。したがって、国際交流基金が「日本語の普及」という表現に換えて、「海外における日本語教育事業」という表現を用いているのも故なきことではない。

しかし、国際交流基金が「海外」で日本語学習者を対象に自ら直接的に実施している「日本語教育」の規模は、同基金が行っている「日本語の普及」事業全体から見れば微々たるものである。国際交流基金は「日本語の普及」事業として、日本語教育専門家や日本語教育ボランティアの海外派遣、海外の日本語教育機関に対する資金的な助成、海外の日本語学習者・日本語教師を日本に招聘する形態での日本語研修や日本語教育研修の実施、日本語教材の制作や寄贈、日本語能力試験の実施等の事業を行っているが、国際交流基金が「海外」で直接的に「日本語教育」を実施しているのは、同基金が外国の主要都市に設置している日本文化会館や日本文化センターの中でも一〇余りの拠点の日本語講座においてだけである。

たしかに、国際交流基金は日本語国際センター（埼玉県さいたま市）と関西国際センター（大阪府泉南郡田尻町）という二つの日本語教育施設を有しており、少なくともその専任教員の数からすれば、同基金それ自体が世界最大の日本語教育機関でもある。しかし、日本語国際センターも関西国際センターも、その所在地は日本国内であり、「海外」で「日本語教育」を行っているわけではない。その意味では、国際交流基金が「日本語の普及」という表現に換えて、「海外における日本語教育事業」という表現を用いていることは、あまり適切とは言えないだろう。

しかし、だからといって「海外における日本語教育事業」という表現よりも「日本語の普及」という表現のほうが適切だとも言いきれない。なぜなら、「日本語の普及」という表現は二つの面で誤解を与える可能性があるからである。その一つは前述のように、日本が戦前戦中期にその実質的な支配下に置いた地域の人々に対して行った言語的な施策も、「日本語普及」と呼ばれる場合があることに起因するものなのであるが、もう一つの理由は、「普及」という単語が醸し出す、その積極性にある。すなわち、「普及」という言葉を用いると、その積極的なイメージゆえに、「まだ日本語の学習を開始していない人々」を対象に「日本語の学習を始めさせる」ことと解釈される可能性がある。しかし、国際交流基金が「日本語の普及」という範疇に分類している事業は、そのほとんどが「すでに日本語の学習を開始している人々」、すなわち「日本語を現に学習中の人々」と、彼らに日本語を教えている機関や教師を対象とした事業である。換言すれば、「まだ日本語の学習を開始していない人々」に対するアプローチはきわめて限定的なのである。むろん、海外の日本語教育機関や日本語教師を支援することで、日本語教育の基盤整備を図り、将来的に日本語学習者が増加することも、国際交流基金は視野に入れているのだろうが、前述のように、「まだ日本語の学習を開始していない人々」を直接的な対象とした事業はわずかしか存在しない。同基金の主たる事業対象は、「すでに日本語の学習を開始している人々」と、彼らに日本語を教えている機関や教師であり、その限りにおいて国際交流基金の事業は、「日本語の普及」という表現よりも「海外の日本語教育に対する支援事業」という類の表現を用いた方が実態に近いと言うことができる。

ただし、国際交流基金は二一世紀に入ると、次のような「認識」を表明するようになった。

ジャパン・ファウンデーション（筆者注　国際交流基金）によるこれまでの日本語教育事業は、各国・地域のニーズに応じて「支援」するという形で行われてきました。それぞれの主体性を尊重し、自立化・現地化を促すためには、それが最も望ましい方法であると考えたからにほかならず、その結果、実際に日本語教育の基盤が整備されてきた国々があります。しかし一方で、日本語教育の世界的な広がりは、グローバリゼーションの浸透に伴い、私たちの想像以上に急速に進んでいて「もはや従来の方法では立ち行かないほどの勢いである」との認識を新たにしました。[40]

この「認識」に基づいて、国際交流基金は従来の「量的な需要拡大に対応する「支援型」事業形態から、質的な変化も捉えながら需要を発掘していく「推進型」事業形態へ、徐々にその重点をシフト」[41]するようになった。たとえば、同基金の第二期中期計画（二〇〇七年四月〜二〇一二年三月）によると、国際交流基金は海外の「官民機関が基金との連携を通じて一般市民や初学者向けの日本語教育施設を拡充展開できるような事業形態へ従来の支援型事業から重点をシフトする」としている。すなわち、「一般市民」と並んで「初学者」を対象とした日本語講座の拡充（換言すれば、「まだ日本語の学習を開始していない人々」へのアプローチ）を重視するようになったのであるが[42]、このような「推進型」事業が今後さらに拡大していくとしたら、国際交流基金が行う「日本語の普及」事業を、「海外の日本語教育に対する支援事業」という表現だけで呼ぶことはもはやできなくなる。

このように、「国際交流基金法」および「独立行政法人国際交流基金法」が「日本語の普及」と規定している営みは、その営みを表現するのに「日本語の普及」という表現を用いること自体が妥当でないばかりでなく、「海外の日本語教育に対する支援事業」あるいは「海外における日本語教育事業」と言い換えた場合も短所がある営みなのである。このため、本書ではその標題に「日本語の普及」という法律で用いられている表現をあえてそのまま引用したのであるが、この「日本語の普及」という表現の意味するところを、本章のまとめとして簡単に記述するとしたら、（一）実施主体が日本政府またはその関連機関であって、（二）基本的には、「わが国に対する諸外国の理解を深め」ることを最も重視しており、（三）その具体的な活動内容としては、海外に対して日本語教育または日本語学習を普及する、あるいは支援等の形態でそれらを振興する営みということになるだろう[43]。

注

1　その例は枚挙に暇なく、たとえば日本語教育振興会が一九四一年から一九四五年にかけて発行した月刊誌『日本語』の誌上においてだけでも、「日本語普及」という表現を用いた論文が随所に見られる。
2 高橋力丸（一九九九）一三七頁
3 野津隆志（一九九六）のこと。
4 高橋力丸（一九九九）一三八頁
5 木村哲也（二〇〇〇）一一五頁
6 戦後日本国際文化交流研究会（二〇〇五）六二頁
7 戦後日本国際文化交流研究会（二〇〇五）六二頁
8 一九八一年に日本の外務省は、海外諸国政府の外交官を対象とした「アジア太平洋地域外交官日本語研修計画」を開始した。その対象者には「在日外交官」だけではなく、将来的に日本勤務が予定されている者も含まれていたが、この「アジア太平洋地域外交官日本語研修計画」の実施が国際交流基金に移管されたのは、同基金がその附属機関として日本語国際センターを開設した一九八九年のことである。なお、この日本語研修事業は一九九七年から同基金関西国際センターで実施されるようになった。
9 たとえば、安田敏朗（二〇〇三）および安田敏朗（二〇〇六）など。
10 一九四八年に制定された「国立国語研究所設置法」（一九四八年法律第二五四号）には、「日本語教育」という表現は見られない（同法は一九七六年に国立国語研究所が日本語教育センターを設置した時にも改正されなかった）。なお、この「国立国語研究所設置法」は一九八四年に施行された「国家行政組織法の一部を改正する法律の施行に伴う関係法律の整理等に関する法律」（一九八三年法律第七八号）によって廃止され、以後、国立国語研究所は二〇〇一年に独立行政法人に移行するまで、「文部省組織令」（一九八四年政令第二二七号）に基づく研究所となったが、この「文部省組織令」は国立国語研究所に関して、「国語及び国民の言語生活に関する科学的調査研究を行い、あわせて国語の合理化の基礎を築くための事業を行う機関」（第一〇九条）」と規定しているだけで、ここでも「日本語教育」という表現は使われていなかった。
11 李守（二〇〇四）三頁
12 李守（二〇〇四）三頁

13 これに関して、安田敏朗（二〇〇二）は次のように指摘している。「国語という制度の成立は西暦一九〇〇年をはさむ時期、国民国家としての日本の完成の時期におくことができる。一方日本語という制度の成立は、やや遅れて一九三〇年代前半、つまり「満洲国」を成立させて国語という制度以外の手法で異民族支配をおこなうようになった、帝国としての日本が実態化する時期におくことができる。」（四五頁）

14 李守（二〇〇四）三頁

15 李守（二〇〇四）三頁

16 李守（二〇〇四）一頁

17 ただし、二〇〇二年に制定された「独立行政法人国際交流基金法」では、それまでの「わが国に対する諸外国の理解」という表記が「我が国に対する諸外国の理解」という表記に変更されている。

18 国際交流基金一五年史編纂委員会編（一九九〇）二四四頁

19 この「国際相互理解を増進する」という表現については、坂戸勝（一九九九）が次のように証言している。「基金法制定時に実務を担った人物の一人によると、内閣法制局の法令審査で、「国際相互理解を増進」の用語は、「わが国に対する諸外国の理解を深め」との対比で議論となったが、定着した用語との理由で残した趣である。」（一五四頁）

20 坂戸勝（一九九九）一三七頁

21 坂戸勝（一九九九）一三七頁

22 国際交流基金が一九八五年に設置した「日本語普及総合推進調査会」における外務省外務報道官の発言より引用（国際交流基金編（一九八五a）一一頁）。

23 嘉数勝美（二〇〇六b）五八頁

24 岡眞理子（二〇〇五）一三頁

25 経済審議会（一九九九）四五頁

26 国語審議会（二〇〇〇）三頁

27 国語審議会（二〇〇〇）四頁

28 国語審議会（二〇〇〇）四頁

29 文化審議会が同年四月に発表した答申『文化を大切にする社会の構築について～一人一人が心豊かに生きる社会を目指して』にも、「国際社会において日本や日本文化に対する理解を促進するため、日本語の国際的な広がりは重要です」との文言が見られる（文化審議会（二〇〇二）一七頁）。

30 文化外交の推進に関する懇談会（二〇〇五）九頁

31 海外交流審議会（二〇〇八）八頁

32 百瀬侑子（一九九八）四七頁

33 国際交流基金日本研究部企画開発課（二〇〇四）九三頁

34 日本語普及総合推進調査会（一九八五）二五三頁

35 日本語普及総合推進調査会（一九八五）二五四頁

36 日本語普及総合推進調査会（一九八五）二五四頁

37 日本語普及総合推進調査会（一九八五）二五五頁

38 規制改革会議（二〇〇八）一一頁

39 たとえば、国際交流基金（二〇〇七）二四頁を参照。

40 国際交流基金（二〇〇七）二〇頁

41 国際交流基金日本語グループ（二〇〇五）「まえがき」

42 国際交流基金の第二期中期計画には、「汎用性を備えた包括的・体系的な国際標準としての「日本語教育スタンダード」を構築し、モデル講座の運営等を通じてその普及を図ることにより、新規かつ多様な海外の日本語学習ニーズに効率的かつ効果的に対応できる基盤を整備する」（一〇頁）と書かれており、「多様」な「日本語学習ニーズ」と並んで、「新規」の「日本語学習ニーズ」に応えることが重視されている。

43 日本政府は一九九八年から「北方四島交流事業日本語講師派遣事業」という名称の事業を実施している。これは日本政府の関連機関（北方領土問題対策協会）が主催者となって、北方領土（択捉島、国後島、色丹島、歯舞群島）に日本語教師を派遣し、同地の住民（そのほとんどはロシア語母語話者）を対象に日本語教育を実施する事業である。すなわち、北方領土に「日本語の普及」を図ることが本事業の目的なのであるが、日本政府は北方領土を「海外」ではなく、「我が国固有の領土」であるという立場をとっていることから、この「北方四島交流事業日本語講師派遣事業」を、「国際文化交流事業」の一環としての「日本語の普及」事業とは位置づけていない。

第一章　「国際文化事業」の一環としての「日本語海外普及」

はじめに

本章と第二章では、日本の海外に対する「日本語の普及」の史的変遷について考察する。はじめにこの第一章では、今日の「国際文化交流事業」の前身とも言うべき「国際文化事業」の一環としての「日本語海外普及」について見てみたい。

一　その源流

今日、日本政府およびその関連機関の中で、海外に対する「日本語の普及」を担っているのは、外務省と国際交流基金である。外務省は日本政府の中にあって、「文化その他の分野における国際交流」（一九九九年法律第九四号「外務省設置法」第四条）を担当しているが、その一環として、「外国における日本研究及び日本語の普及」（二〇〇〇年政令第二四九号「外務省組織令」第二七条）に関する業務を行っている。また、同省を所管官庁とする国際交流基金（一九七二年に特殊法人として設立、二〇〇三年に独立行政法人へ改組）は、

「国際文化交流事業を総合的かつ効率的に行うことにより、我が国に対する諸外国の理解を深め、国際相互理解を増進し、及び文化その他の分野において世界に貢献し、もって良好な国際環境の整備並びに我が国の調和ある対外関係の維持及び発展に寄与することを目的」(二〇〇二年法律第一三七号「独立行政法人国際交流基金法」第三条)としているが、この国際交流基金もその業務の一環として、海外に対する「日本語の普及」(同法第一二条)を行っている。

このように、現在、外務省や国際交流基金は「文化その他の分野における国際交流」あるいは「国際文化交流事業」の一環として、海外に対する「日本語の普及」を行っているのであるが、近代日本がその国策として、日本列島[1]以外の地域に住む日本語非母語話者の人々を対象に、日本語という言語の教育を図ろうとした歴史は、一九世紀末までさかのぼることができる。すなわち、一八九五年に植民地として領有した台湾に日本語普及を図ったのがその嚆矢である[2]。そして日本は、二〇世紀に入ると同じく植民地として併合した朝鮮半島にも日本語普及を行い、また租借地とした関東州や、国際連盟からその統治を委託された南洋諸島、そして一九三〇年代以降はいわゆる「満州国」や、中国大陸および東南アジアの占領地などに対しても日本語普及を図った。これらの営みはたしかに現象面ではよく似ていたが、たとえば植民地に対するそれが内地延長主義に基づく「国語」教育として実施されたものであったのに対して[3]、東南アジアの占領地に対するそれは「大東亜共栄圏」の共通語としての「日本語」教育として実施されたものであったように、その位置づけを異としていた。しかし、いずれも日本が実質的に支配していた地域の住民を対象に、強制力をもって行った言語普及であったことに変わりはない。

このような戦前戦中期の、日本の実質的な支配下にあった地域の住民を対象とした日本語普及に対して、今日の「文化その他の分野における国際交流」あるいは「国際文化交流事業」の一環としての「日本語の普及」は、日本の支配下にない国や地域の人々を対象とした日本語普及であり、この点で前者と後者は大きく異なるのであるが、近年における社会言語学あるいは言語政策史研究上の知見によれば、日本語普及における目的や方法論の上で、両者の間には共通性や連続性が見られるという[4]。その意味で、今日の「国際文化交流事業」の一環としての「日本語の普及」も、戦前戦中期の植民地や占領地に対する日本語普及とけっして無関係ではないのであるが、今日の「国際文化交流事業」の一環としての「日本語の普及」の直接的な源流という点で言えば、同じく戦前戦中期(一九三〇年代後半~一九四〇年代前半)に実施されていた「国際文化事業」の一環としての「日本語海外普及」に求めるのが適切だろう。

二 「対外文化事業」から「国際文化事業」へ

日本政府やその関連機関が「国際文化事業」を開始したのは一九三〇年代のことであるが、その約一〇年前の一九二〇年代には、すでに「対外文化事業」という名称の事業が日本で始まっていた。当時の外務省関係者によれば、「技術の進歩、交通の発展と世界の接近に伴ひて各国文化が接触し、文化の交叉を生じ、文化内容の結合を齎す」[5]ことは「自然の趨勢」[6]なのであるが、右記の「対外文化事業」とは、「此の自然の趨勢を目的的に指導助長する」[7]事業であるという。

一九二〇年代の「対外文化事業」は、二つの主体によって担われていた。その一つは、国際連盟の知的協力国際委員会(International Committee on Intellectual Cooperation)の日本支部として一九二六年に設置された学芸協力国内委員会である。同委員会はもともと国際連盟を中心とした「超民族的国際的文化事業」[8]を実施するために設置された機関だったが、それと同時に「我国文化の紹介」[9]にも努めた。なぜなら、「今日まで兎もすれば東洋文化の本質を誤解することの尠くなかった欧米人に対してその真実を知らしめることは国際協力の上から考へて刻下の急務である」[10]と考えられたからである。

もう一つの主体は外務省である。同省は一九二三年三月に「対支文化事業特別会計法」(一九二三年法律第三六号)が制定されたのを受けて、省内に対支文化事務局(一九二四年に文化事業部と改称)を設置した。対支文化事業特別会計は義和団事件の賠償金等を原資としたもので、この予算を用いて外務省は、「支那国に於て行ふべき教育、学芸、衛生、救恤其の他文化の助長に関する事業」、および「帝国に在留する支那国人民に対して行ふべき前号に掲ぐる事業と同種の事業」、ならびに「帝国に於て行ふべき支那国に関する学術研究の事業」を実施した[11]。

これらの「対外文化事業」を基盤として、一九三〇年代に「国際文化事業」が誕生することになる。それは、学芸協力国内委員会の本来的な業務である「超民族的国際的文化事業」よりも「我国文化の紹介」を主軸とした「民族的対外文化事業」[12]を拡充することが、さらには「支那国」以外の国や地域にも「対外文化事業」を拡大することが求められるようになってきたからである。外務省の関係者は一九三三年の時点で次のように述べている。

日本としては、国際社会に於て日本は貴重な国である。日本は世界文明の不可欠の要素であると云ふことを認めさせることが絶対に必要である。仏蘭西も独逸も其の他の国も斉しく自国文化を発揚して、自国の世界に於ける価値としての存在を日月星辰の如くならしめようと焦心努力して居るのである。既に文化的価値の王座に位した国にとっては、移民問題も経済政策も高等政策も力を用ひずして解決することが出来るであらう。之が実に列国をして文化事業に鋭意せしめつゝある最大の原因であると確信するのである。[13]

このような理由から日本政府は、「民族的対外文化事業」であり、かつまた全世界を対象としたところの事業、すなわち「国際文化事業」を開始することとなった。また、これを実施する専門組織の設立を模索することにもなった。後者に関しては、当初、外務省の内部に「国際文化事業局」という部門を設置することが検討されたが、最終的には財団法人の形態を採用することとなり、日本政府は一九三四年に財団法人国際文化振興会を設立した。外務省外交史料館に保存されている同会の「設立趣意書」には次のように記されている。

現代世界の国際関係が複雑を加ふるに従って難問重畳すると共に、其の間に微妙の動きあることは、国際事情を知る者の容易に看取し得る所なり。即ち政治的折衝又は経済的交渉の外に、国民相互の感情、学問芸術上の連絡乃至映画スポーツの交歓等が交通通信の発達につれて日に重要且つ密接に国際関係を左右するを見る。されば一国家が其の国際的位置を確保し伸張するには、富強の実力と相並びて自国文化の品位価値を発揮し、他国民をして尊敬と共に親愛同情の念を催さしむるを要することと亦多言を要せず。文化の発揚は一国の品位を世界に宣布する為に必要なるのみならず、又国民の自覚を喚起して自信自重を加ふる所似の力ともなるべし。世界の文明諸国があらゆる方面に亙りて、自国の文化を内外に顕揚し宣布する為めに広大の施設を整へ文化活動に努力して互に後れざらんとすること、是れ亦叙説を要せざる顕著の事実なり。

然るに我国民は、明治以来西洋文化の輸入に急なりし為め、自国文化の自覚に乏しく、近年に至りて覚醒の声大に起り来れるも、自覚自信は往々にして排外の気風を伴ふものあり。世界に対して自国文化の内容意義を堂々顕揚し、他国の文化と相並び相和して世界全人類の文化福祉に貢献せんとするの大度量に乏しきの憾あり。文化の国際的顕揚に関する設備に至りては殆ど認むべきものなく、大国の品位に相応せざるを見る。たとひ政治上には国際連盟を脱退するも、世界の文化人類の福祉の為めに我国の力を致すべき事業は却て益々多く、我国民の天職が此点に於て一層の重きを加ふべきは、炳として大詔に明なり。

且つ現時世界文化の危機に際し、西洋諸国に於ても、識者が眼を東方に注ぎ、人類の将来に対して東方文化の貢献を望み、其の為めに一層深く東方特に日本を研究せんとするの気運顕著なるものなり。此機に乗じ此傾向を促進して、我国並に東方文化の真義価値を世界に顕揚するは、啻に我国の為めのみならず、実に世界の為めに遂行すべき日本国民の重要任務たるべし。此事業たるや、多方面に亙り困難なるべきは勿論の次第にして、此が為めには鞏固なる機関を組織し、官民力を協せて事に当るを要す。我等が茲に財団法人国際文化振興会を組織せんとするは即ち此目的に出づるものにして、本会自ら必要の事業を遂行すると共に、汎く内外の団体個人と連絡を保ち、又適当の援助をなし、以て文化の国際的進運に資し、特に我国及び東方文化の顕揚に力を致さんことを期す。[14]

国際文化振興会が設立された一九三四年は、日本が国際連盟を脱退した翌年にあたる。また、一九二〇年代から一九三〇年代にかけての時期は、ヨーロッパの国々が自国文化や自国語を海外に普及するための国立機関を相次いで設立していた時期でもある。すなわち、「世界の文明諸国があらゆる方面に亙りて、自国の文化を内外に顕揚し宣布する為めに広大の施設を整へ文化活動に努力して互に後れざらん」としていた時代でもあったのであり、日本は国際連盟脱退に伴う国際的な孤立を避けるとともに、他国に伍して、「自国文化の品位価値を発揮し、他国民をして尊敬と共に親愛同情の念を催さしむる」ことを直接的な目的として、「国際文化事業」を開始したと言うことができる。芝崎厚士（一九九九a）は、「国際文化事業」を実施する専門機関の「設置運動が展開された背景としては、まず短期的にみて、満州事変から国際連盟脱退に至る過程において深まってきた、日本の国際的孤立を国際文化事業という「国民外交」的方策によって回避する手段が必要だと考えられたこと、次に中期的には、戦間期以降いっそう盛んとなった各国の国際文化事業への対抗策が必要であると考えられたこと、最後に長期的な背景として、同種の活動を近代日本が日露戦争以降明確に意識するようになった「文化的使命」観の格好の実現手段として認識したこと、の三点に要約することができる」[15]としている[16]。

国際文化振興会の「寄付行為」によれば、同会は、「国際間文化の交換殊に日本及東方文化の海外宣揚を図り世界文化の進展及人類福祉の増進に貢献する」[17]ことを事業実施目的としていた。すなわち、「国際間文化の交換」の中でもとくに「日本及東方文化の海外宣揚」を図ることを重視していたのである。また、右記のように「国際文化事業」の最終目標としては、「世界文化の進展及人類福祉の増進に貢献」することが設定されていたのであるが、これらのことは、かつて田中純（一九八八）が指摘したように[18]、一九七二年に制定・施行された「国際交流基金法」の第一条において、「わが国に対する諸外国の理解を深め」ることが、その「国際文化交流事業」の実施目的として最も重視されていたこと、および同事業の最終的な課題が「世界の文化の向上及び人類の福祉に貢献すること」に置かれていたこととよく似ている。もっとも国際交流基金の場合は、国際文化振興会の場合と異なり、「東方文化の海外宣揚」までは事業範囲に含めておらず、その発信対象は「日本文化」に限定されているのであるが、戦後期における「国際文化交流事業」と戦前戦中期の「国際文化事業」は、事業実施目的という点で連続性を有していると言うことができるだろう。

三　「日本語海外普及」

国際文化振興会は「日本及東方文化の海外宣揚」を図るために、「著述、編纂、翻訳及び出版」「講座の設置、講師の派遣及び交換」「講演会、展覧会及び演奏会の開催」「文化資料の寄贈及び交換」「知名外国人の招請」「外国人の東方文化研究に対する便宜供与」「学生の派遣及び交換」「文化活動に関係ある団体若くは個人との連絡」「映画の作製及び其の指導援助」「会館、図書室、研究室の設置経営」等の事業を実施することになった[19]。このうち、「講座の設置、講師の派遣及び交換」に関する事業には、「外国の学校に日本語講座の設置を図り若くは日本語学校の設置を図ること」[20]という事業も含まれていた。すなわち、国際文化振興会は設立当初から、日本語の海外普及を所掌事業の一つにしていたのである。

国際文化振興会は、その「事業の性質上外務省の監督のもとに事業の実施」[21]に当たることになった。

また、同会は「外務省文化事業部の補助団体」[22]としての性格も有していたのであるが、その外務省には一九三五年に「国際文化事業」の担当課として文化事業部第三課(後に第二課)が設置され、同課は「(イ)諸外国主要大学等に於ける日本文化講座及日本語教授機関の設置、(ロ)内外学者並に学生の交換派遣招請、(ハ)内外各種啓発施設に対する助成、(ニ)各種本邦芸術紹介、(ホ)各地に於ける日本文化研究所設立、(ヘ)国際「スポーツ」振興助成、(ト)国際文化事業団体に対する補助」[23]等の業務を所掌することになった。すなわち外務省文化事業部第三課も、右記の(イ)から明らかなとおり、その設置当初から「日本語海外普及の仕事」[24]を所掌業務の一つにしていたのである。

このように、国際文化振興会も外務省文化事業部第三課も、その設置当初から「日本語海外普及」を所掌業務の一つにしていた。さらに外務省関係者は、彼らが対抗意識を燃やしていたところの「世界の文明諸国」の国際文化交流機関が「自国の言語を諸外国に紹介させる事」[25]をその主要事業に位置づけていることを認識していた。したがって、国際文化振興会および外務省文化事業部第三課の設置とともに、「日本語海外普及」事業は本格的に実施されてしかるべきだった。しかし、「国際文化事業」の開始当初の時期においては、国際文化振興会も外務省も、「日本語海外普及の仕事」に本格的に取り組むことをしなかったようだ。たとえば、国際文化振興会が一九三七年九月に開催した「日本語海外普及に関する協議会」の第一回会議の席上において、同会常務理事の黒田清は次のように述べている。

日本語を外国人に教へる、さういふ事を本会で考へましたのは、事実現在の欧米に於きまして非常に日本語研究熱が盛になって参りまして、本会に日本語の文典及び会話の本を送って貰ひたい、或は教授を派遣して欲しいといふ希望が非常に多いのでございます。それがなくても、これは非常に理想的過ぎるかも存じませんが、一国の文化宣伝の根本と致しましてやはり其国の国語を一語でも多く世界に弘めるといふことが根本ではないかといふことは前々から考へて居りましたのですけれども、唯だこちらから日本語を教へようと言っても中々日本語といふものは外国人には難かしい国語でございますからさう簡単には習ふ人も沢山はないだろうといふ考もございました。然し、最近の情勢では益々日本語研究熱といふものが強く要求されて居る様であります。さういふ意味から日本語を進んでこちらから教へるといふことをモッと積極的に考へなくちゃならないのではないかといふやうなことが此会が日本語教授といふ事に就きまして皆様の御意見を伺ひたいと思ひます一つの理由でございます。[26]

このように、国際文化振興会は「一国の文化宣伝の根本」として「日本語を外国人に教へる」ことが重要であると「前々から」認識しつつも、日本語は「外国人には難かしい国語」であるとの理由から「日本語の海外普及」に本格的に取り組むことを躊躇していたのであるが、海外で「日本語研究熱」[27]が高まってきたので、「日本語を進んでこちらから教へるといふこと」、すなわち「日本語の海外普及」に本格的に取り組むこととしたのである[28]。換言すれば、国際文化振興会は自主的かつ自発的にというよりも、海外における「日本語研究熱」の高まりという外的な要因を受けて、「日本語海外普及の仕事」を本格化することになったのである。

それでは、その外的な要因を受けて本格的に実施されることになった「日本語海外普及」という営みには、当時、どのような役割が期待されていたのだろうか。

外務省は一九三九年に『世界に伸び行く日本語』という冊子を発行している。この冊子は、「日本語は今や世界に伸び拡って行く。この現状を知っておくことはこれからのわが国民の世界的進出には是非とも必要である」[29]との認識から、同省文化事業部に勤務していた伊奈信男[30]という嘱託が執筆したものであり、外務省が「日本語海外普及」の状況と海外の日本語教育事情を日本国内に向けて紹介した文書としては最初のものとも言うことができるのであるが、この冊子の中で執筆者の伊奈信男は、はじめに「国際文化事業の一部門としての日本語の海外普及といふ事」[31]について語っている。それによると、まず「国際文化事業」とは、「文化活動を一国内にのみ局限せしめないで、国際的に宣揚すると共に、一方に於ては他国の文化活動をも進んで吸収しやうとする事業を言ふ」[32]のであり、この「国際文化事業の根本精神は人類文化の創造的発展に協力寄与しやうとする最も輝かしく美しく又最も意義ある理想主義の精神」[33]にあるのだが、しかし同時に、「現在の様な国際情勢や又は国家主義勃興の時代」[34]には、「他国文化の吸収なり文化交換なりは第二義的なもの」[35]となって、「主として自国の文化を対外的に宣揚」[36]することも「止むを得ない」[37]ことであるという。すなわち、伊奈は「超民族的国際的文化事業」よりも「我国文化の紹介を主軸とした「民族的対外文化事業」を優先することを是認しているのであるが、これは、「国際文化事業」が開始された経緯を勘案するならば、当然のことでもあったろう。

つづけて彼は、「日本語海外普及」の意義について次のように語っている。

言語と国民性とが極めて密接な関係に在って、国語は其の国民性に依って形成せられ、モディファイせられて行くのは云ふまでもありません。芳賀矢一博士も其の著「国語と国民性」の中で国語の性質は国民性から来るものであって、例へば日本語に敬語が多く人を罵る言葉が甚だ少く又日本語が優美であるのは其の国民性より来るものであると説かれて居りますが、全く言葉の中には一国の国民性が潜んで居るのであります。更に一国民の歴史が在り、一国民の過去の全遺産が蔵されて居り、其の文化が結晶して言葉と成って居ると言っても過言ではないのであります。それ故に日本の様な世界無比の国体と国民精神とを持つ国の言葉はまた特殊な地位と意義とを持って居るのでありますが、其の日本語を海外に普及させることは結局に於て真の日本文化を根底から外国人に理解させる事になるのであります。なぜなら、外国人に日本語を普及させることによって彼等は吾々と同じ精神を持ち、同じ国民性を持ち、同じ血を持ち、同じ心を持ち得るやうになり、従って彼等は同じ血と心により言葉をつうじて吾々に結ばれるのであります。[38]

このように「国際文化事業」の一環としての「日本語海外普及」は、日本語を学習する人がその日本語学習を通じて、「吾々と同じ精神を持ち、同じ国民性を持ち、同じ血を持ち、同じ心を持ち得るやうに」なることを前提として実施されていた。換言すれば、言語を意思疎通の手段と捉える立場からの「日本語海外普及」ではなく、日本語の学習そのものを日本の「国民性」や「国民精神」を理解するための活動、さらには獲得するための活動であると捉える立場からの「日本語海外普及」が重視されていたのである。そして、この観点に立って外務省や国際文化振興会は、一九三〇年代の後半期に「日本語海外普及の仕事」を本格化するのであるが、その「仕事」の方法や手段は様々だった。たとえばオーストラリアの中等教育機関や高等教育機関に対しては日本語教材の寄贈や日本語講師斡旋等の方法で[39]、またドイツの高等教育機関に対しては日本語講師への給与助成という方法で[40]、さらにタイ（一九三九年六月まではシャム）に対しては日本語学校を設立するという方法で[41]、それぞれ日本語の普及を図った。また同会は、前述の「日本語海外普及に関する協議会」[42]における議論を踏まえて、「日本語辞典、日本語文典、並に日本語読本の編纂」[43]にも着手した。その成果は一九四二年から一九四四年にかけての時期に、『日本語基本文典』『A Basic Japanese Grammar』『日本語表現文典』『日本語基本語彙』『日本のことば』（上巻）[44]として結実している[45]。

しかし、これらの日本語辞典や教材が出版された一九四〇年代の前半期に、「国際文化事業」は早くも終焉期を迎えることになった。日本政府の中にあって「国際文化事業」を担当していた外務省文化事業部は一九四〇年に廃止され、同部の業務は興亜院と内閣情報局に分割された。また、国際文化振興会の監督官庁も外務省から内閣情報局に移行した。芝崎厚士（一九九九a）によれば、この時期に「日本の対外文化政策の中での国際文化事業の位置づけそのものが、「対外宣伝」の一環としての「対外」文化事業へと変化した」[46]という。そして、国際文化振興会の日本語普及事業も、その主な事業対象が日本の実質的な支配下にあった地域（およびその実質的な支配下にあらたに編入された地域）へ振り向けられるようになった。すなわち、国際文化振興会も「平時に於ける国際文化事業のやうな生やさしいもの」[47]ではない日本語普及事業の実施を求められるようになったのであり、「国際文化事業」の一環としての「日本語海外普及」、換言すれば、基本的に日本の支配下にはない国や地域の人々を対象とした日本語普及事業は、そのほとんどがわずか数年で終焉を迎えることになったのである。

おわりに

一九四一年一二月の開戦に伴い、日本の対外的な日本語普及事業は、ヨーロッパの枢軸国に対するそれを除いて、基本的には日本の実質的な支配下にあった地域とその支配下にあらたに編入された地域の人々を対象とした日本語普及事業にほぼ限られることになった。そのような状況の中で特筆すべきはタイの事例であろう。同国では日本政府がその「日暹国際文化事業」[48]の一環として一九三八年一二月に「盤谷日本語学校」を開校したが、同校は開戦後も存続したばかりか、日本語学習希望者の増加により、一九四二年九月には分校（盤谷第二日本語学校）も開設して、日本政府はタイに対する日本語普及事業を強化している。しかし、当時のタイで日本語学習希望者が増加した要因として、一九四一年一二月における「皇軍タイ国進駐」[49]と日泰攻守同盟条約の締結があったことを考えあわせるならば、当時のタイを日本の実質的な支配下になかった国と分類することには疑問が呈されることだろう。したがって、一九四〇年代の同国に対する日本語普及事業を一九三〇年代における「国際文化事業」の一環としての「日本語海外普及」と簡単に結びつけることは慎むべきなのだが、その一方で、もともと盤谷日本語学校は「日暹国際文化事業」の一環として開設された学校であることを勘案するならば、「国際文化事業」の一環としての「日本語海外普及」の残滓が開戦後もタイにはあったと言うことができるかもしれない[50]。

いずれにせよ、一九四一年一二月の開戦後、日本の対外的な日本語普及事業は、ヨーロッパの枢軸国に対するものを除けば、日本の実質的な支配地域の人々に対するそれにほぼ限られることになった。しかし、かかる日本語普及事業も一九四五年八月の終戦とともに中止された。そして、日本政府は終戦からの約一〇年間、海外で日本語教育を実施することも、あるいは海外の日本語教育と関わることもしなかった。すなわち、日本の対外的な日本語普及事業には約一〇年の空白期間があるのである。

注

1　この「日本列島」という表現の定義しだいでは、アイヌ語や琉球語（沖縄語）を母語とする人々への日本語普及の問題も視野に入れる必要があることには留意しなければならない。

2　一八九五年、台湾総督府学務部長心得の伊沢修二は、芝山巌において台湾人に対する「国語」教育を開始した。翌年には台湾各地に国語伝習所が開設、また一八九八年には台湾に公学校令が施行されている。

3　国際連盟からの委託統治領だった南洋諸島でも「国語」教育が実施された。一九一七年には『南洋群島国語読本』の編纂作業が開始されている。また、南洋諸島の島民児童を対象とした初等教育機関の名称は一九二二年に変更され、それまでの「島民学校」から植民地におけるのと同様の「公学校」に改められた。

4　たとえば、イ・ヨンスク（一九九六）や安田敏朗（一九九七）を参照。

5　三枝茂智（一九三三）六二七頁

6　三枝茂智（一九三三）六二七頁

7　三枝茂智（一九三三）六二七頁

8　三枝茂智（一九三三）六二七頁

9　学芸協力委員会編（一九二七）一八頁

10　学芸協力委員会編（一九二七）一九頁

11　外務省外交史料館蔵「東方文化事業調査会配布資料関係雑集第二巻」（JACAR B05016070600）

12　三枝茂智（一九三三）六二七頁

13　三枝茂智（一九三三）六三六頁～六三七頁

14　国際文化振興会（一九三四）一頁～三頁

15 芝崎厚士（一九九九a）一三一頁

16 一九六四年に出版された国際文化振興会の三〇年史『KBS三〇年のあゆみ』には次のように記述されている。「昭和年代の初期に西欧諸国に台頭した国家主義思想は、わが国にも影響を与え、国民に自己再発見の気運を促し、静かに祖国三千年の歴史を顧みさせた結果、そこにわが国独自の文化を再認識せしめるに至り、国内的には伝統文化の研究となり、国際的にはこれを世界に宣揚して、外国の対日認識の不備を是正しようとする動きとなった。（中略）国際連盟の学芸協力委員会（筆者注　知的協力国際委員会のこと）と協力するため設けられた学芸協力国内委員会は、徳川頼貞侯爵、樺山愛輔伯爵、黒田清伯爵、岡部長景子爵、団伊能男爵、山田三良博士の諸氏を委員として、国際文化交流の問題を研究していたが、わが国の国際連盟脱退（昭和八年三月二七日）後の情勢と、外務省におけるフランスその他欧州諸国の例にならった国際文化局設置の動きにかんがみて、有力かつ大規模の独立した文化交流機関を官民協力のもとに設置するよう提案し、政府もこれを助成することとなった。」（一〇頁～一二頁）

17 国際文化振興会（一九三四）一〇頁

18 田中純（一九八八）二二頁

19 国際文化振興会（一九三四）四頁～九頁

20 国際文化振興会（一九三四）六頁

21 国際文化振興会（一九六四）一四頁

22 稲垣守克（一九四四）四一頁

23 外務省文化事業部（一九三六）二四〇頁

24 外務省文化事業部（一九三九）六頁

25 三枝茂智（一九三三）六三四頁

26 国際文化振興会（一九三七a）六頁～七頁

27 一九三〇年代から一九四〇年代初頭にかけての時期に「日本語海外普及」との関連で書かれた文書には、「日本語研究」あるいは「日本語の研究」という表現がしばしば見られるが、そのほとんどは「日本語学」ではなく、「日本語学習」の意味で用いられている。したがって、ここでの「日本語研究熱」は「日本語学習熱」を意味する。

28
黒田清（国際文化振興会常務理事）は、「日本語海外普及に関する協議会」の第二回会議（一九三七年一二月開催）の席上においても、次のように発言している。「実は国際文化振興会に於きましては、日本語を外国に普及したいといふ希望を予てから持って居ります。日本語を一字一語でも広く外国に知って貰ふと云ふ事は実は日本文化を外国に紹介する上に於きまして根本的の問題だと考へたのであります。然し外国人に日本語を是非修得して呉れと言って差出しましても、中々これを受容れて呉れるものではないのでございます。所が幸ひ近年外国に於きまして、日本語研究の要求が非常に盛んになって参りまして、日本語研究に対する初歩の文典を送って貰ひたいといふ希望が各方面からあるのであります。それのみならず、日本語の教師を派遣して呉れといふ希望が益々殖えて参りました。最近の日支事変に於きまして、遺憾ながらその要求は一時杜絶えて居りますけれども、今後尚ほこの要求は盛んになるのではないかと思はれるのであります。そこで日本語を海外に普及するといふことに付きまして、振興会も進んで研究しなければならぬと云ふ必要を痛感して居る次第で御座います。」（国際文化振興会（一九三七b）一頁）

29
外務省文化事業部（一九三九）「まへがき」

30
伊奈信男は当時の外務省文化事業部で「日本語海外普及の仕事」を担当していた唯一のスタッフだった。しかし、それは兼任としてであり、一九三〇年代の外務省には「日本語海外普及の仕事」に専従する事務官や嘱託は存在しなかった。なお、伊奈の専門は写真研究であり、戦後は写真評論家として活躍した。

31
外務省文化事業部（一九三九）一頁

32
外務省文化事業部（一九三九）一頁

33
外務省文化事業部（一九三九）二頁

34
外務省文化事業部（一九三九）二頁

35
外務省文化事業部（一九三九）二頁

36
外務省文化事業部（一九三九）二頁

37
外務省文化事業部（一九三九）二頁

38 外務省文化事業部（一九三九）七頁～八頁
39 詳細については、嶋津拓（二〇〇四）を参照。
40 詳細については、小川誉子美（二〇〇五）を参照。
41 詳細については、嶋津拓（二〇〇八ａ）一二六頁～一七三頁を参照。
42 国際文化振興会は、「日本語海外普及に関する協議会」を一九三七年から合計四回開催している。このうち第四回会議は議事録が残されていないので、その詳細が不明だが、第三回会議までの議事録を読む限り、「日本語海外普及」を実現するためには、まず「国語の整理統一」を図らなければならないと認識されていたことがわかる。日本語非母語話者に対する日本語普及が「国語の整理統一」の必要性を顕在化せしめた要因の一つになったことは、イ・ヨンスク（一九九六）の指摘するところであるが、これは「国際文化事業」の一環としての「日本語海外普及」においても同様だったと言える。なお、のちに国際文化振興会は日本語辞典や日本語文典の編纂作業に着手することになるが、これも「現代日本語の整理といふ、尨大な国内問題」を視野に入れての措置だった。これらの日本語辞典や日本語文典の編纂事業について、国際文化振興会は一九四〇年の段階で次のような計画を立てていた。

われわれの文化が外国語によるより外に紹介の途がなかったといふ従来の不便から一日も早く脱したいといふ念願で日本語が一日も早く彼等外国人達に正しく、易しく覚えられるやうな工夫を心掛けて来た。その為め昭和十一年以降数次に亘って研究的協議会を催し、また試作、調査をも行って準備を整へて来たのであるが、本年一月を以て、いよいよ本事業に着手した。即ち向ふ七ヶ年を費して日本語辞典、日本語文典、並に日本語読本の編纂を企画し、それ等の基礎工事としてすでに、基本語彙調査、基本文典の編纂にその第一歩を踏み出した。

この事業の当面の目標は、勿論諸外国人の為に日本語学習の道を拓くに在るとは云へ、その実施に当っては当然現代日本語の整理といふ、尨大な国内問題に触れることにもなり、その困難は到底はかり得ないものがある。従って本会として重大な責任を感じない訳に行かない。

なほ本事業の大綱を記述すると、先づ基本語彙調査であるが、これは学習の合理化、能率増進の為に、読本、文典、辞書の編纂に際して、先行条件として欠くことの出来ぬものであり、海外進出を企図するならば是非とも持たねばならぬものであるが、従来わが国に於ては、この語彙調査は殆ど行はれてゐない。その第一段階として、語彙約二五〇〇前後を目標として選定することになって、今や殆んど完了に近づいてゐるが、この基本語を習得することによって、基本語で解説された日本語の辞書を使用し、独力でより高次の日本語にすゝむことが出来るのである。

次に文典の編纂であるが、ヨーロッパ語のものに基いて作られた従来の日本文法の不自然さを脱し、特に口語体の文法に留意することとし、先づ八ヶ月を以て基本語を対象とする基本文法を作り、更に之を基礎として、次の大文典の編纂に取掛ることになってゐるが、之もすでに着手された。

第三段階としては、読本の編纂は成人の外国人を対象とした読本を作ることを目標とし、教材としては、日本文化の内容を知らしめ得る程度のものを採り、用語は基本文法との連関の下に選定せられた基本語を以て書きをろす予定である。

最後に辞典の編纂、これは現行の国語辞典が古典語を主とするに対して、現代日本語をも完全に網羅するところの収容語約十五万乃至二十万語、六ヶ年を以て完成する計画である。」（国際文化振興会（一九四〇）三七頁〜三八頁）

43 国際文化振興会（一九四〇）三七頁

44 日本語読本『日本のことば』は、上巻以降、中巻と下巻も刊行される予定だったが、芝崎厚士（一九九九ｂ）によれば、実際に刊行されたかどうかは不明であるという。

45 このうち『日本語基本語彙』は、国立国語研究所が一九七〇年代後半から一九八〇年代前半にかけての時期に実施した、「日本語教育のための基本語彙」の選定作業においても、その資料の一つとして利用されている。

46 芝崎厚士（一九九九ａ）一四二頁

47 松宮一也（一九四二）六二頁

48 外務省外交史料館蔵「日暹国際文化事業実施案」（JACAR B04011312100）

49 平等通照（一九四二）

50　一九四二年一〇月に調印された日泰文化協定に基づき、日本政府は翌年の一九四三年にタイの首都バンコックに日本文化会館を設置した。これにより、盤谷日本語学校は同会館の附属機関となった。　44

第二章 「国際文化交流事業」の一環としての「日本語の普及」

はじめに

前章で述べたように、一九四一年一二月の開戦後、日本の対外的な日本語普及事業は、ヨーロッパの枢軸国に対するものを除けば、日本の実質的な支配地域の人々に対するそれにほぼ限られることになった。しかし、かかる日本語普及事業も一九四五年八月の終戦とともに中止された。本章では戦後の状況、とりわけ「日本語の普及」という表現が法律の中で初めて用いられた一九七〇年代から、海外の日本語学習者数が二〇〇万人を超えた一九九〇年代までの状況を考察してみたい。

一 その開始

日本国内では終戦直後も日本語教育が実施されていた。というよりも、近年の研究成果からすると、学習者の属性が変わっただけで、戦中と戦後の間に日本語教育の中断期があったわけではなかったと考える方が適切なようである[1]。行政面でも終戦二年後の一九四七年には文部省が国語課を再設置（同課は一九四〇年に設置されたが、戦後一時期廃止されていた）するにあたり、日本語教育を同課の所掌範囲に含めている。

しかし、日本語普及という点で言えば、終戦から約一〇年間の中断期間があった。

一九三〇年代から一九四〇年代初頭にかけての時期に「国際文化事業」の一環として「日本語海外普及」を営んでいた国際文化振興会は、戦後も組織体としては存続した。また、一九五三年からは同会に対する日本政府補助金の交付も復活したが、戦後の国際文化振興会は人物交流や芸術交流の分野に専念し、日本語普及事業は実施しなかった。また、日本政府はサンフランシスコ条約が締結され、日本が国際社会に復帰することが決まった一九五一年に「外務省設置法」を改正し、「日本文化の海外への紹介その他各国との文化交流に関すること」（一九五一年法律第二八三号「外務省設置法」第四条）を外務省の所掌業務としたが、その外務省もただちに日本語普及事業を再開したわけではなかった。

戦後の日本が海外で日本語教育を実施、あるいは海外の日本語教育と関わるようになったのは、「国際文化事業」の一環としてではなく、「経済協力」または「技術協力」の一環としてだった。すなわち、一九五〇年にセイロン（当時）のコロンボで開催された第一回英連邦外相会議でオーストラリア政府が提唱した、いわゆる「コロンボ計画」に、日本も一九五四年に援助国として加盟したことがその契機となった。これにより日本は海外から技術研修生を招聘することとなり[2]、彼らに対する日本語教育事業にも着手したが、それと同時に開発途上国に対する日本語教育専門家派遣事業を開始した。派遣主体となったのは社団法人アジア協会である[3]。同協会は一九五七年からヴェトナムのサイゴン現代語学校に、また一九六二年からはカンボジアの王立大学に、それぞれ日本語教育専門家を派遣した。これらの派遣は基本的に「経済協力」あるいは「技術協力」の一環として実施されたものだったが、アジア協会は日本留学予備教育としての日本語教育にも関与した。すなわち同協会は、一九五八年一月にジャカルタで調印された「日本国とインドネシア共和国との間の賠償協定」[4]を受けて日本が受け入れることになったインドネシア人学生を対象に渡日前日本語教育を実施するため、一九六一年、インドネシアの日本文化学院日本語学校[5]に日本語教育専門家を派遣した[6]。

また、アジア協会の業務を継承して一九六二年に設立された海外技術協力事業団は、現在の青年海外協力隊の前身である「青年技術者派遣計画」によって、一九六〇年代の中頃から若手の日本語教師をアジア地域の教育機関に派遣するようになった。その嚆矢はマレーシアへの派遣だった。この「青年技術者派遣計画」による日本語教師の派遣事業も、日本の海外諸国に対する「経済協力」あるいは「技術協力」の一環として実施されたものだった。

一九六四年には外務省に文化事業部が再設置された[7]。そして、その翌年の一九六五年に、同省は東南アジアおよび南西アジアの高等教育機関に対する「日本研究講座寄贈事業」を開始した。すなわち、同年から一九七二年にかけて日本の外務省は、タイ(タマサート大学、チュラロンコン大学)、フィリピン(アテネオ・デ・マニラ大学)、香港(香港中文大学)、マレーシア(マラヤ大学)、インドネシア(インドネシア大学)、インド(デリー大学)、シンガポール(南洋大学)[8]の高等教育機関に日本研究講座を寄贈したのであるが、これらの講座には日本研究の専門家に加えて日本語教育専門家も派遣された[9]。

その外務省は、一九六〇年代から一九七〇年代初頭にかけての時期に、「在外公館による日本語講座の開設運営」「日本語教育専門家の派遣」「現地日本語教育機関に対する援助」「日本語教材の送付」「現地人日本語講師の本邦招へい」「現地日本語講座成績優秀者の本邦招へい」[10]等の事業も開始している。このうち、「在外公館による日本語講座の開設運営」事業は一九六四年に始まった事業で、外務省が日本から日本語教育専門家を在外公館に派遣し、海外で直接的に日本語教育を実施する事業だった。一九七二年度の場合、東南アジア等の日本大使館・日本総領事館に合計七名の日本語教育専門家が派遣されている。

これらの外務省による日本語普及事業は、それまでのように「経済協力」あるいは「技術協力」の観点から実施されていたというよりも、むしろ、のちの「国際文化交流事業」の一環としての「日本語の普及」に近い性格を有していた[11]。しかし、事業対象地域が主として通商や貿易の面で日本と密接な関係にある国や地域であったことからも明らかなとおり、日本企業の海外進出を円滑に進めることが、そこでは重視されていた。

一九六〇年代の中頃には、外務省ばかりでなく文部省の関係者も、海外における日本語教育の振興に関心を持ちはじめていた。一九六五年八月に同省の「外国人留学生の日本語教育に関する調査研究会議」は、文部省調査局長に『日本語教育の改善充実に関する方策について(案)』と題する報告書を提出し、「集中的な日本語教育の実施、日本語教育に関する実践的調査研究および日本語教育に必要な学習資料の編成を総合的、一体的に行なう日本語教育の中枢機関となる「日本語教育センター」(仮称)」[12]の設立を求めている。この「日本語教育センター」は、のちに調査研究機関としての「日本語教育センター」が国立国語研究所[13]に、また留学生予備教育機関としての「日本語教育センター」が東京外国語大学[14]に、それぞれ設置されることになるのだが、前述の「外国人留学生の日本語教育に関する調査研究会議」は、この「日本語教育センター」の将来像として、「総合的な対外教育・文化活動機関(例えば、英国文化振興会のような)

への発展」[15]も視野に入れるべきであると提言していた。すなわち、将来的には「日本語教育センター」を英国のブリティッシュ・カウンシル（British Council）のような自国語普及機関、換言すれば一九七二年に国際交流基金として設立されることになる機関と同様の組織にまで発展させることも視野に入れていたのである。なぜなら、「海外における日本語、日本事情等の学習熱が最近とくに高まり、既に日本研究の講座をもつ大学数は約五〇に達し、またアメリカおよびインドネシアにおいては、日本語を第二外国語として課す高等学校の数が漸増の傾向にあり、これらの実情に関連して、現地日本語教師の研修、日本人教師の派遣および教科書、教材の提供等に関する海外からの要請が近時ますます多くなりつつある」[16]ことから、「わが国の対外教育文化活動をさらに拡大整備する必要がある」[17]と認識されていたからである。

これらの過程を経て、日本政府は一九七二年に国際交流基金を設立する。同基金は、「わが国に対する諸外国の理解を深め、国際相互理解を増進するとともに、国際友好活動を促進する」（一九七二年法律第四八号「国際交流基金法」第一条）という目的から、その「国際文化交流事業」の一環として、海外に対する「日本語の普及」（同法第二三条）事業も行うことになった。

この国際交流基金と日本政府の関係については、同基金と同じく外務省所管の特殊法人として設立された国際協力事業団（現在の国際協力機構）の場合とは異なり、政府が毎年度の事業方針を定め、その実施を特殊法人側に指示するという関係にはなかった。すなわち、国際交流基金には事業方針策定の上で、ある程度の自主性が認められていたのである。しかし、同基金も、「毎事業年度、事業計画、予算及び資金計画を作成し、当該事業年度の開始前に、外務大臣の認可を受けなければならない」（前記「国際交流基金法」第二六条）とされていたこと、また、国際交流基金は「外務大臣が監督する」（同法第三六条）とされていたこと、さらには、同基金の資本金はその九九％以上を日本政府が出資していたこと、そして、当該資本金の運用収入以外の収入でも、国庫補助金がその九〇％以上を占めていたこと等の理由から、国際交流基金の「国際文化交流事業」も、実質的には日本政府（外務省）の直接的な影響下にあったと言うことができる。

それでは、日本政府は「国際文化交流事業」の一環として、どうして海外に対する「日本語の普及」事業を行うことにしたのだろうか。外務省文化事業部が一九七三年に発行した『国際文化交流の現状と展望』には次のように記述されている。

主要先進国は、自国語の普及を対外文化政策面で極めて重視しており、例えば英国はBritish Council、フランスはAlliance Francaise（ママ）、米国はU.S.I.A、また西独はGoethe Institutを通じ、それぞれ厖大な予算と機構と人員を擁しながら、世界のあらゆる地域で自国語の普及に努力している。

ひるがえってわが国の海外向け自国語普及活動を見るとき、（中略）外国人の間に自国語を普及するため、組織的に事業を行なったことは戦争中の特殊な情況を除いてなく、第二次世界大戦後における諸外国の対日関心の高まりに伴う日本語学習熱の上昇気運にあらためて外国人のための日本語普及事業の必要性を認識するに至ったというのが偽らざる事実である。[18]

日本が一九四五年以前に、「外国人の間に自国語を普及するため、組織的に事業を行なった」のは、けって「戦争中の特殊な情況」下に限られたことではなく、この外務省の認識には疑問を覚えずにはいられないのだが、そのことは別にしても、ここでは、一九三〇年代後半から一九四〇年代初頭にかけての時期に、当時の外務省文化事業部や国際文化振興会が、その「国際文化事業」の一環として「日本語海外普及の仕事」を営んでいた事実が完全に忘れ去られている。

しかし、戦後期の「国際文化交流事業」の一環としての「日本語の普及」と、かつての「国際文化事業」の一環としての「日本語海外普及」との間には、日本語を普及する理由という観点で共通性が見られる。一九七〇年代の外務省が、「諸外国の対日関心の高まりに伴う日本語学習熱の上昇気運にあらためて外国人のための日本語普及事業の必要性を認識するに至った」のと同様に、一九三〇年代の国際文化振興会の場合も、前章で紹介したように、その設立当初の時期には「日本語海外普及」の重要性を認識しつつも、それに本格的に取り組むことを躊躇していたのを、「最近の情勢では益々日本語研究熱といふものが強く要求されて」きたので、「日本語を進んでこちらから教へるといふことをモッと積極的に考へなくちゃならない」と認識するに至ったのである。すなわち、一九七〇年代の外務省も一九三〇年代の国際文化振興会も、海外における「日本語学習熱」あるいは「日本語研究熱」の高まりという外的な要因を受けて、「日本語の普及」あるいは「日本語海外普及」の必要性を再認識し、それを本格的に実施することにしたのである。

二　海外における日本語学習者の増加

「日本語の普及」事業（以下、本章では「日本語普及事業」と言う）を本格化したとはいっても、国際交流基金が「誕生したころは、海外の日本語学習者はそれほど多くなく、ごくかぎられた人びとが、日本研究のために日本語を学ぶという時代」[19]だったことから、すなわち、海外における「日本語学習熱」の高まりとは限られた範囲内での出来事であったことから、同基金の事業全体に占める日本語普及事業の比重は必ずしも大きなものではなかった。また、その事業内容も、外務省や海外技術協力事業団から継承した事業の範囲を超えるものではなかった[20]。それよりも、むしろ重視されていたのは芸術交流事業や海外で日本研究を振興するための事業であり、後者との関係で言えば、日本語普及事業は日本研究振興事業の補助的な事業と位置づけられていたのである。高橋力丸（一九九九）によれば、「海外の日本語学習者は、七〇年代半ば以降から増大の兆しを示し始めていたが、その時期の基金の活動は主に実情把握を目的とした調査や各国毎の個別対応に充てられて」[21]いたという。また、「その当時の国際交流基金経営者の回顧録からも、同基金が八〇年代の学習者の急増について何らかの見通しがあったことは窺えず、むしろ予想外であった感がある」[22]としている。

海外では、一九七〇年代の後半以降、日本語学習人口が急激に拡大した。その拡大の規模は国際交流基金の「予想をはるかに越えるもの」[23]だった。海外の日本語学習者数は、一九七九年（約一二万七千人）から一九九〇年（約九八万人）までの約一〇年間に八倍近くに増加している。この増加現象は、基本的に日本の経済力拡大によってもたらされたものだったと言うことができるのだが、それと同時に、海外諸国の政府や教育行政機関が日本との経済交流（貿易・投資等）や人的交流（日本人観光客の招致等）の拡大を目的に、その外国語教育政策の一環として日本語教育を振興しようとしたことが大きく影響している。それは、この時期に最も日本語学習者数の増加したのが、教育行政の直接的な影響下にある初等中等教育レベルにおいてであったことからも明らかである。

このように、海外では日本語学習者数が増加したのだが、それに対する日本側の対応については、たとえば梅棹忠夫（一九九二）が次のような指摘をしている。

戦争中に日本軍の占領地の拡大とともに、日本語もある程度ひろがった。とくに東南アジア諸地域においては、その傾向はいちじるしい。敗戦とともに日本軍はひきあげ、日本語は現地におきざりになった。そのほのかなともしびも、年月とともにほとんどがきえてしまった。戦後の日本人は、日本語教師や日本語教材を現地に補給しつづけることによって、ともしびをもう一ど燃えあがらせようとはしなかったのである。戦争中のいまわしいおもいでがよみがえることをおそれたということもあり、日本語の普及にはきわめて臆病であった。

国外における日本語の普及について、日本側が消極的な態度をつづけているあいだに、現地側での状況がずいぶん変化してきたのである。戦前に普及した日本語とは無関係に、あたらしい国際状況のもとに日本に対する関心がたかまり、日本語学習熱もまたたかまってきた。日本側が戦後は日本語の普及についてほとんどなんの積極的な施策もおこなわなかったのに、現地側は、自発的かつ積極的に、この問題について熱意をたかめてきたのであった。[24]

このような認識は梅棹忠夫だけのものではなかった。たとえば鈴木孝夫（一九九五）も次のように指摘している。

> 近年の海外における日本語学習熱には著しいものがある。その原因は何といっても日本の総合的な国力が、世界の隅々にまで多大の影響を与えずにはおかないほど、強大になったことである。（中略）いま世界中に起こり始めたこの日本語ブームには、もう一つ見逃すことのできない側面がある。それはこの日本語の国際普及が、日本人の主体的な努力の結果生じたものではなく、日本語を学ぶ必要性を認めた外国人側の強い要望と圧力（主として多数の来日留学生の存在）に押された日本側が止むを得ず立ち上がったという、完全に受け身の構造で進められてきた点である。（傍点は原文のまま）[25]

さらに鈴木孝夫は、「世界的な拡りを見せている日本語学習に対する熱意に、日本側が正面から充分に応えていない」のは、「一つは明治以後、欧米の言語と接触した結果、日本人の心に深く染み込んで今も抜けない日本語に対する劣等感」[26]、すなわち「日本語は欠陥の多い、不完全な、やたらと煩雑で学習に困難を極め、日本人自身も扱いかねている困った言語だといった思い込み」[27]と、「日本人が過去に朝鮮、台湾、および南洋諸島などにおいて、現地の人々に日本語を強制したという事実にうしろめたさを感じていること」[28]の二点が原因だったとしている。このような「劣等感」と「うしろめたさ」が、日本政府や国際交流基金の日本語普及事業に実際どの程度まで影響していたのかは、必ずしも明らかではないのだが、たしかに日本政府も国際交流基金も、少なくとも一九七〇年代までは、「日本語の普及」という営みに「あまり積極的ではなかった」[29]と言うことができる[30]。

しかし、海外における日本語学習者数の増加という現象を受けて、国際交流基金は一九八〇年代以降、「日本語の普及は、基金が今後最も力を注ぐべき事業であり、またもっとも発展の可能性ある事業である」[31]と認識するとともに、「いま我が国として抜本的な対応策の検討と確立を急がなければ、将来必ず禍根を残すことになると思われます」[32]と判断し、その「国際文化交流事業」全体に占める日本語普及事業の比重を拡大していった。ただしそれは、その経緯からも明らかなとおり、日本政府や国際交流基金の何らかの理念に基づくものというよりは、むしろ海外における日本語学習者数の増加という外的な要因を受けての「完全に受け身」の措置だったと言うことができる。

この時期に日本語普及事業が拡大された理由としては、日本国内における要因も指摘することができる。しかし、それは予算の確保というきわめて現実的な要因だった。

もともと国際交流基金は、その「基金」という名称が端的に示しているように、財団として設立された。その資本金の規模については、国際交流基金の設立時に外務大臣を務めていた福田赳夫が、一九七二年三月二二日に開催された衆議院外務委員会において、「大体千億円を見当にいたした基金規模にいたしたい」と述べている。すなわち、そもそも国際交流基金は一〇〇〇億円の資本金を運用した利息を用いて業務を遂行することが想定されていたのであるが、一九七三年の第一次石油危機やその後の緊縮財政により、同基金の資本金は一九七五年の時点で三〇〇億円、一九八一年の時点でも四八五億円にとどまっていた[33]。このように国際交流基金の資本金は当初の計画に比べて半分程度しか確保できていなかったのであるが、その一方で日本政府は同じ時期に政府開発援助予算（ODA予算）の拡大を図り[34]、また、一九八二年以降は国際交流基金の事業にもODA予算を投入するようになった。一九八七年度には同基金事業予算の約三〇%をODA予算が占めるまでに至っている[35]。そして、同基金はこのODA予算で新規の事業を開発することよりも、ODAというスキームに合致すると考えられた日本語普及事業を拡大する方向を選択することになった。すなわち、開発途上国がその「人づくり」のために行う日本語教育を「開発援助」の観点も加味して支援するという枠組を整え、その枠組の中で日本語普及事業を拡大する方向を選択したのである。一九八〇年代から一九九〇年代にかけての時期に、国際交流基金はその事業全体に占める日本語普及事業の比重を、とりわけ開発途上国に対する日本語普及事業の比重を拡大していった[36]。

したがって、この時期に国際交流基金の日本語普及事業が拡大されていったのは、同基金や外務省の何らかの理念に基づくものというよりは、むしろ海外における日本語学習者数の増加という外的な要因と、ODA予算の活用という現実的な要因によるものだったと言うことができる。

三　「現地主導」主義

国際交流基金は日本語普及事業を実施するにあたり、「現地主導」主義という考え方を採用した。たとえば、同基金の常務理事は一九八八年に次のように述べている。

　国際交流基金は現地主導ということを中心に考えております。海外での日本語教育は、その国あいはその機関の教育方針のもとに行われるべきである。その国の方々が責任を持って行われる必要がある。ですから日本語を教える先生も、その国の先生に中心になっていただくのが基本であろうというふうに考えております。したがいまして、カリキュラムにしても教材にしましても、基本的にはそれぞれの国で、それぞれの機関において学習者の教育目的、学習目的に従って構成されるのが大切だというふうに認識しているのであります。ですから基金としましては、一つのモデルを示して、それを各国に持っていくということではなくて、現地主導によって行われます日本語教育に対して、後ろのほうから私どものできる範囲内のご援助をしていきたいという基本的な立場をとっております。

例えば日本から諸外国の教育機関に日本語教師を派遣しております。派遣しておりますが、これはとりあえず派遣しているわけでございまして、その教師のポストにそれぞれの国の方々がつかれたら、私のほうは派遣をやめたいと思っています。そしてその国の方々がそのポストにつかれたとき、もし必要があれば、私どもはその先生のポストを維持するための財政的な援助はしたい。そういうことで、基本的にはそれぞれの国の、それぞれの機関の主導、イニシアチブにおきまして日本語学習が推進されるということを願っているわけであります。

したがいまして、今日、私どもで派遣しております専門家も、専門家が現地に行って直接学習者に教えるということよりは、むしろ私どもはできましたら教育行政機関とか、ないしは大学にしても、その国の先生の研修会とか講習会、そういうところに出かけていって教える、こういう役割の変化と申しますか、そういうことでなるべくなら対応していきたい（中略）。

カリキュラムや教材につきましても、これも全く同じ基本的な考えでございます。あくまでも現地主導でいきたい。これまではどちらかといえば日本語学習の教材等は不足しておりました。ですから、国際交流基金が誘い水的に若干作ってまいりました。しかしこれからは、やはり各国それぞれで、ないしは各機関それぞれで作っていただきたい。それぞれの地域に応じた、それぞれの学習者のニーズに応じたものを作っていただきたい。それに対して私どもはできるだけのご援助を申し上げたい、こういう考えでございます。ごく最近の例では、西ドイツのギムナジウム用の日本語教科書に援助をいたしました。インドネシアでは今、高等学校の日本語教材が作られつつあります。これに対しても若干のご援助をしています。さらに中国では、一般成人向けの日本語教科書がごく最近できました。これにつきましてもご援助をしています。こうしたことで、私どもとしてはなるべくそれぞれの地域に応じた教材を作るということで進んでいきたいと思っています。37

この「現地主導」主義という考え方は、二つの要素から構成されていたと言うことができる。一つは、日本が海外諸国に日本語教育を押しつけるのではなく、「現地主導によって行われます日本語教育に対して、後ろのほうから私どものできる範囲内のご援助をしていきたい」との立場を堅持するという意味での「現地主導」主義、換言すれば、日本語普及事業を実施する「前提」として、各国の主導性を尊重するという考え方である。

もう一つは、「日本語を教える先生も、その国の先生」が中心になることを目指す、またカリキュラムや教材についても、各国が「それぞれの地域に応じた、それぞれの学習者のニーズに応じたものを作って」いくことを目指すという意味での「現地主導」主義、すなわち日本語普及事業のニーズに応じたものを作って、各国で「現地主導」による日本語教育が行われるようになることを目指すという意味での「現地主導」主義である。この意味での「現地主導」主義は「日本語教育の現地化」[38]という表現でも呼ばれた。

その「日本語教育の現地化」という考え方を、国際交流基金が「声を大」にして唱えるようになった経緯については、一九七〇年代から一九八〇年代にかけての時期に同基金に勤務した椎名和男が次のように証言している[39]。

筆者がかつてニュージーランドの教育省を訪問した際、教師不足の話になり、当方から一案として、ネイティブの若い日本語教師を日本から送ってはどうかと話したところ、あなたはニュージーランドの教師の職を奪うことになる。中等教育機関の教師はあくまでニュージーランド人でなければならぬ。それこそ日本の文化侵略ととられますよ、と注意された。

これらのことがきっかけで国際交流基金は教師の現地化、教材の現地化ということを声を大にするようになったのである。もちろん海外の日本語教育機関においてネイティブ・スピーカーである日本人日本語教師の役割を否定するものではないが、日本の中等教育においても、英語教育は日本人英語教師が主役であるように。[40]

この「日本語教育の現地化」については、そこからさらに財政面での「自立化」に至ることも目標とされた。すなわち、国際交流基金は「各国の実情に沿った日本語教育の「現地化」「自立化」を支援」[41]しようとしたのである。同基金の関係者は、二〇〇五年の時点で次のように述べている。

国際交流基金は、一九七二年の設立以来一貫して、海外における日本語教育に力を注いできた。世界各国の多様なニーズと基盤整備状況に応じて、それぞれの国において日本語教育の財源上の「自立化」と人的資源の「現地化」を達成するにはどうしたらよいかを、常にその国の教育政策と連携して、その国に最も適した手段を選択して、二〇年、三〇年の長期間にわたって支援している。[42]

前記のように、「現地主導」という考え方は、「前提」としての「現地主導」主義と、「到達目標」としての「現地主導」主義という二つの考え方から成り立っていたと言うことができるのであるが、これらはいずれも開発途上国に対する「経済協力」あるいは「技術協力」の分野では以前からすでに採用されていた考え方だった[43]。すなわち、日本の対外的な「経済協力」「技術協力」の分野では、各国の主導性を尊重し、その要請がない限りは支援しないという「要請主義」[44]の考え方と、その支援の目標として、日本からの協力がなくてもよい状況にもっていくという「現地化」あるいは「自立化」という考え方が採用されていたのだが、これは国際交流基金の日本語普及事業における二つの「現地主導」主義、すなわち「前提」としての「現地主導」主義と「到達目標」としての「現地主導」主義という考え方にそれぞれ一致する。国際交流基金の日本語普及事業は、外務省がすでに一九六〇年代から実施していた「日本研究講座寄贈事業」などのほか、海外技術協力事業団の日本語教育専門家派遣事業を継承して開始されたのであるが、同基金は事業そのものだけでなく、その事業を実施するに際しての基本的な考え方も海外技術協力事業団から継承したと言うことができる。

このように、国際交流基金の日本語普及事業における「現地主導」主義という考え方は、同基金に特有のものではなく、「経済協力」あるいは「技術協力」の分野ですでに採用されていた考え方を「国際文化交流事業」の一環としての「日本語の普及」に応用したものと言えるのだが、同時にこの考え方は、他国の自国語普及活動にも見られた考え方であり、日本に特有のものというわけではなかったとも言うことができる。たとえば、ドイツ語の普及機関であるゲーテ・インスティトゥート(Goethe Institut)は、「他国から明確な要請があってはじめて行動し、強制はしない」[45]という「非強制の原則」[46]を戦後期におけるドイツ語普及事業の基本方針として掲げていたが[47]、この「非強制の原則」は国際交流基金の「前提」としての「現地主導」主義とも共通する考え方であろう。

国際交流基金の「現地主導」主義という考え方は、日本政府の各種審議会や委員会からも支持された。たとえば、同基金設立二年後の一九七四年に中央教育審議会は、『教育・学術・文化における国際交流について』と題する答申を文部大臣に提出しているが、そこでは、「長期的観点から見れば、海外における日本語教育は、その国の人が中心的役割を担うようになることが望ましい」[48]との認識が示されている。これは国際交流基金の「日本語教育の現地化」を図るという考え方、すなわち、日本語普及事業の「最終目標は、現地において現地の人材により日本語を教えることができる体制をつくりあげることである」[49]という考え方と共通している。また、通商産業省(当時)の外郭団体である財団法人地球産業文化研究所が設置した「地球時代の日本語を考える研究委員会」は、一九九三年に『地球時代の言語政策樹立に関する提言』と題する提案書を発表しているが[50]、この提案書には、「海外における日本語教育は、わが国が一方的に乗り出すのではなく、各国がそれぞれの必要によりまた国情に応じて独自の教育システムをつくり、わが国はこれを支援する立場に立つことを根本方針とすべきである」[51]との文言が見られた。さらには文化庁の国語審議会も、二〇〇〇年に発表した答申『国際社会に対応する日本語の在り方』において、「海外における多様な学習需要に応じたきめ細かな支援を推進するとともに、各国が主体的に日本語教育体制を整え、自律的に日本語教育を実施していけるよう、協力を行っていくことが必要である」[52]と提言したが、これも国際交流基金の「現地主導」主義という考え方を支持した提言だったと言うことができる。「現地主導」主義という考え方は、「国際文化交流事業」の一環としての日本語普及事業においてだけではなく、日本が「経済協力」や「技術協力」の観点から日本語教育を実施する際にも重視された。たとえば、国際交流基金が設立されたのと同じ一九七二年に対外経済協力審議会は、『開発協力のための言語教育の改善について』と題する答申報告書を総理府(当時)に提出しているが、そこには次のように記されている。

開発協力に関する限り、外国人に対する日本語教育は必須のものと認められる。ただ、この場合において三つの重要な点に関して十分の配慮がなされなければならない。第一は、外国人に対する日本語教育については、先方の機関なり、個人なりの要求に応じ便宜を供与するという形で、その普及・奨励に努力すべきであり、日本語の学習を押しつけるような態度はとるべきではないと考えられることである[53]。開発途上国においては、ほとんど例外なく、強い民族主義的傾向が見られ、民族主義の最も強い表現は言語問題に見出されるからである。[54]

すなわち、対外経済協力審議会は「開発協力」の観点から実施される「外国人に対する日本語教育」において、「先方の機関なり、個人[illegible]応じ便宜を供与する」という姿勢を重視していたのであるが、これは国際交流基金の「前提」としての「現地主導」主義という考え方とも共通するものだった言うことができるだろう。

前記のように、国際交流基金は「現地主導」主義という考え方を採用した。このため、同基金は法律(国際交流基金法)の中で使用されていた「日本語の普及」という表現が醸し出す主体的かつ能動的な姿勢からというよりは、むしろ「後ろのほうから」の援助という形態で海外の日本語教育と関わることになった。この時代、国際交流基金はその事業内容を表現するのに、「日本語の普及」[55]という表現のほかに、「海外の日本語教育に対する支援事業」[56]という類の表現を使用している[57]。

二〇世紀最後の四半世紀は、海外で日本語学習者数が急激に増加した時代だった。それは同時に、国際交流基金があえて日本語を「普及」しなくても、かってに日本語が海外へ「普及」していった時代でもあったのだが、このような時代に同基金が「現地主導」主義の立場をとっていたことは、四つの点で有効だったと考えることができる。

一つは、この「現地主導」主義という考え方がODA予算と親和性を持っていたことである。前述のように、もともと「現地主導」主義という考え方は「経済協力」あるいは「技術協力」の分野ですでに採用されていた考え方だった。また、「経済協力」や「技術協力」の観点から日本語教育を実施する際にも重視されていた考え方だった。したがって、「国際文化交流事業」の一環としての日本語普及事業にODA予算が投入されるようになってからも、国際交流基金は同事業を実施する上での基本的な考え方を変更する必要がなかったのである。逆の言い方をすれば、「現地主導」主義という考え方はODA予算の受け皿になりえたのである。

二点目は、どの国のどのような日本語教育を重点的に支援するかという問題に関して、国際交流基金はあまり悩む必要がなかったのではないかという点である。すなわち、「現地主導」主義が適用されるためには、海外の各地で「現地主導」によって日本語教育が行われること、あるいは現に行われていることと、そこから支援要請の寄せられることが前提になるので、極端な言い方をすれば、国際交流基金は自ら支援対象を発掘する努力をするよりも、海外からの要請に基づいて支援の優先順位を決定していればよかったのである。この点に関しては、二一世紀の初頭に国際交流基金の関係者すらからも、「意識的であるにしろ無意識的であるにしろ、「ニーズに応える」ことが理想である」[58]という「一種の「姿勢」や「習い性」が醸成された」[59]との批判が聞かれるようになるのであるが、「日本語学習者の驚異的な増加が、支援すべき日本側にも対症療法で措置せざるを得ないほど巨大なモメンタムであったこと」[60]を勘案するならば、当時の国際交流基金にとっては現実的な対処法でもあったと言うことができるだろう。

三点目は、海外の初等中等教育への日本語普及事業を拡大することができたという点である。この点は第五章であらためて論ずる予定だが、どの国でも初等中等教育は基本的に当該国の政府(地方政府を含む)の教育行政下に置かれている。したがって、日本政府の関連機関である国際交流基金が海外の初等中等教育に日本語の「普及」を積極的に図った場合には、内政干渉との批判を受ける可能性もある。しかし、「現地主導」主義の立場からの「支援」という形態であれば、すなわち相手国からの「要請」に基づく「支援」という形態であれば、かかる批判を受ける可能性は低いだろう。国際交流基金は一九八〇年代の後半期以降、海外の初等中等教育への[redacted]拡大していくことになるのだが、これが可能になった要因としては、同基金が「現地主導」主義の立場を採用していたことも指摘することができる。

四点目は、「歴史の影」[61]に対応しえたことである。

一九七〇年代から一九八〇年代にかけての時代は、日本がその経済力を背景に国際社会で存在感を増していった時代だった。しかし、それと同時に日本の歴史認識問題があらためて浮上した時代でもあったのであり、ある国で「日本語熱が高まっているからといって、日本語を押しつけるような行動は禁物」[62]と認識されていた。すなわち、日本はかつてアジア太平洋地域の人々に日本語学習を強制した歴史を有しているだけに、日本政府やその関連機関が海外に対して積極的に日本語を「普及」することは、「反日感情に火をつけかねない」[63]と考えられていたのである。

これに対して、国際交流基金の「現地主導」主義は、「戦争中に果たした日本語教育の役割に対する反省」からも生まれた考え方であるとされていた。一九九二年に国際交流基金の関係者は次のように発言している。

> 戦後の海外に対する日本語教育という政策の中では、戦争中に果たした日本語教育の役割に対する反省もありまして、現地主導型と言いましょうか、それぞれの国がイニシアティブを持って日本語教育に取り組む。それに対して支援、協力をしていくというのが私どもの基本的な姿勢であります。[64]

このように、国際交流基金の「現地主導」主義という考え方は、「戦争中に果たした日本語教育の役割に対する反省」からも生まれた方針であるとされていた。したがって、同基金は「現地主導」主義を標榜することで、「戦争中に果たした日本語教育の役割に対する反省」をあらかじめ宣言しておくことにもなったのであり、その「反省」の程度と範囲はともかくとして、国際交流基金の日本語普及事業は、「歴史の影」と直接対峙することから免れることができたのである。

これに関連して言えば、「予防」という効能も「現地主導」主義という考え方には期待されていたと言うことができる。すなわち、日本語普及事業が海外の人々から「文化侵略」と受けとめられた時に、それに対して日本の立場を説明できるようにしておくという観点からも、「現地主導」主義という考え方は採用されていたとすることができるのである。国際交流基金が一九八五年に設置した「日本語普及総合推進調査会」の委員だった梅棹忠夫は、一九九二年に同基金の機関誌上で次のように述べている。

東アジア、東南アジアなどの地域においては、戦争のきずあとはいまものこっている。かつて日本は、これらの地域に対して武力侵略をおこなった。戦後の日本の経済的発展は、これらの地域からみれば、ときには経済侵略とうつったであろう。そこへまた、日本語の普及というようなことを不用意におしだすとすれば、「つぎは文化侵略か」という反発がでてくる可能性もある。日本語の国際的なありかたをかんがえるにあたっては、このことをじゅうぶんに考慮しておかなければならないだろう。こういう声に対して、どう説明するかをかんがえておかなければならない。

日本側としては、もちろん文化侵略の意図などまったくもちあわせていないし、もつべきではない。こちらから積極的に日本語をおしつけるというようなことは必要でもないし、可能でもない。この問題に関しては、どこまでも先方の自主性を尊重し、むこうさまがまなびたいというから、それに協力していくという姿勢が、基本的に必要であろう。この姿勢をくずすことはできない。[65]

すなわち、「現地主導」主義という考え方は、「つぎは文化侵略か」という批判が生じた場合に、それに対して日本の立場を「どう説明するかをかんがえておかなければならない」という「予防」の観点からも採用されていた考え方だったと言えるのである。この「予防」という観点で「現地主導」主義という考え方が実際にどのくらい効能を発揮したのかは不明だが、かかる「予防」という効能を別にしたとしても、「現地主導」主義という考え方は前述のように、(一)ODA予算と親和性を有していたこと、(二)事業対象の選定を容易にしたのではなかったかと考えられること、(三)海外の初等中等教育への日本語普及事業を拡大できたこと、(四)「歴史の影」と直接対峙することから免れられたことの四点で、国際交流基金には有効な考え方だったと言うことができる。

このような利点もあって、国際交流基金は「現地主導」主義という考え方を標榜していたのではなかったかと考えることができるのだが、それでは同基金の日本語普及事業が、すべて例外なく「現地主導」主義という考え方に基づいて実施されていたかと言えば、そうは言い切れないケースも見られた。エジプトのカイロ大学に対する日本語普及事業はその一例である。

一九七三年一〇月に勃発した第四次中東戦争において、中東の産油国は米国に対する石油輸出を停止した。このため同国の大手石油資本を介して石油を調達していた日本は経済面で大きな打撃を受けた。いわゆる第一次石油危機である。

この危機的な状況を打開するための一環として、日本政府は中東産油国との文化交流を促進することとし、副首相の三木武夫を団長とする使節団を中東諸国に派遣した。三木使節団はエジプトも訪問し、同国政府との間でカイロ大学文学部に日本語日本文学科を設立することで合意した。この合意に基づき日本サイドでは国際交流基金が一九七四年に日本研究の専門家をひとりカイロ大学に派遣したが、一九七八年からは日本語教育専門家も含めて四名の専門家を同大学に派遣することとなった。この間の事情については、同基金からカイロ大学に派遣された池田修が次のように証言している。

三木ミッションの約束は国際交流基金が実現に協力することになり、翌七四年春慶応大学助教授黒田寿郎氏（七六・六帰国）を派遣、とりあえず自由講座として日本語の授業が開始された。同年夏、当時の文学部長バクル氏が国際交流基金の招きで来日し、カイロでの日本語教育の可能性、日本側の協力姿勢などで関係者と打合せ、帰国後直ちに日本語日本文学科（以下日本学科と略称する）を同年十月の新学期から正規の四年制学科として発足させることを決定した。

翌七五年十二月には一、二年と学年が進行し、法政大学助教授久山宗彦氏（七八・一帰国）が派遣された。（中略）

学年進行に伴い、三学年をかかえる日本学科に久山氏と筆者の二名しか派遣しなかったところから、教官増派問題が起った。カイロ大側は教官数を最低一学年一名、従って学年進行で四年まで学生が出来れば四名まで日本人教官を増派してくれなければ、既設の英・仏・独学科などと同等扱い出来ないし、縮小閉鎖もやむを得ない、かわって中国などからの援助申し出を受けたいとの意見を強く出した。（事実日本学科存続決定後、中国はアインシャムス大学に中国語学科を開設した。）スビフー文学部長が七六年九月来日、国際交流基金ともこの件で交渉を持ったが解決がつかなかった、日本側は三名までの専門家派遣には応じ、あと一名はスタッフ・エキスパンジョン・プログラム（現地大学が教官を採用し、日本側がある程度の資金援助をする）の枠内で解決する案を出していた。しかしカイロ大学が採用したくても今まで日本研究の背景がないエジプトではそれにふさわしい人物がいないという事情があった。エジプト人で日本語を身につけている人達は日本に留学した経験のある理工系の研究者が大半をしめている。従って現地人による教授体制が確立するまでは常時最低四名の日本人教官を派遣してもらわなければ学科存続はおぼつかないというのがカイロ大の要望であった。

こうして増派問題が解決しないまま、三学年（約八〇名）の学生をかかえて、一定のカリキュラムへの対応を強いられることになった。（中略）一部の有力教官は学内外の新聞に日本側の協力姿勢に批判記事を発表し、ユースフ副学部長は学内集会において日本学科は一人前の学科ではないと公言するなど、この問題の解決が急がれた。七七年二月、国際交流基金から富田日本語課長が来埃、実情聴取、結局七月になって、カイロ大学への援助は中東全域への文化協力に波及する効果が将来的に期待出来るとの理解のもとに、国際協力基金（ママ）が常時四名派遣に協力するという形で結論が出された。この線にそって同年九月には海外技術者協力センター（ママ）の関正昭氏、同年十一月には大阪外国語大学教授田中章夫氏が増派要員として派遣されて来た。[66]

日本政府はエジプト政府に対して日本語教育の実施を押しつけたわけではない。あくまでも両国政府間の合意に基づいてカイロ大学には日本語日本文学科が開設され、同大学では日本語教育が開始された。

しかし、右記の池田の証言からは、エジプト政府やカイロ大学に自らの主導で（すなわち日本からすれば「現地主導」で）日本語教育を実施しようという意志があったようには思われない。むしろ、エジプト政府やカイロ大学は「日本主導」で日本語教育が実施されることを期待していたと言うべきだろう。すなわち、「前提」としての「現地主導」が欠けていたにもかかわらず、国際交流基金はカイロ大学日本語日本文学科の開設に協力することになり、同学科に日本語教育専門家も派遣するようになったのである。ここでは、国際交流基金の「現地主導」主義という基本方針よりも、石油資源の確保という国益のほうが優先されていたと言うことができる。

ただし、「到達目標」としての「現地主導」という観点では、日本政府と国際交流基金はカイロ大学における「日本語教育の現地化」を企図したと言える。たとえば、日本政府は同大学日本語日本文学科の卒業生に日本留学の機会を提供したが、これは将来的にカイロ大学で日本語教育に従事することになる人材の養成を目的としたものだった。また実際のところ、一九八〇年代の後半期からは、日本で学位を取得した卒業生がカイロ大学に日本語教員として採用されるケースが増加し、それに合わせて国際交流基金は同大学に対する日本語教育専門家の派遣人数を減らしていった。また、カイロ大学の卒業生の中からは、同大学のみならずエジプト国内の他大学や他の中東諸国でも日本語教育に従事する者があらわれるようになった。たとえば、エジプト国内では二〇〇〇年にアインシャムス大学も日本語学科を設置したが、同学科の教員にもカイロ大学の出身者が採用された。また、サウジアラビアではキングサウド大学が一九九四年に同国最初の日本語専攻コースを設置（一九九八年に学士課程として認可）しているが、同大学にもカイロ大学日本語日本文学科の卒業生が日本語教員として採用された。したがって、「到達目標」としての「現地主導」という観点においては、カイロ大学に対する日本語普及事業は一定の成果をあげたと評価することができるのだが、前述のように、「前提」としての「現地主導」主義という点に関して言えば、必ずしも堅持されてはいなかったと言うことができるだろう。

このようにカイロ大学の場合は、「前提」としての「現地主導」が欠けていたと言わざるをえないのだが、それに対して「到達目標」としての「現地主導」という観点では、一定の成果をあげたと評価することができる。しかし、後者の「現地主導」がなかなか達成されないケースも見られた。たとえば宮岸哲也(一九九七)は、一九九〇年代におけるスリランカのケラニア大学日本語講座の事例を考察し、同大学は「日本からの長年にわたる人的物的援助を受けてきたが、日本語能力に優れた卒業生を輩出できず、教師も育成できずにいた」[67]と述べている。このケラニア大学の事例は、「当事者間の意見交換が不十分」[68]だったことに起因したケースで、宮岸によれば、「任地の状況を的確に捉え、援助先が抱える問題を全体的かつ個別的に分析した上で、合理的な対策を打ち出すことが必要だった」[69]にもかかわらず、そうすることが困難だったがゆえに、「日本語教育の現地化」がなかなか実現しなかったケースであるという。

四 「日本語の普及」事業の拡大

前記のように、国際交流基金の「現地主導」主義は、「前提」としてのそれが堅持されなかった場合もあったし、あるいは、「到達目標」としての「現地主導」がなかなか達成されなかったケースもあったのだが、いずれにせよ同基金はかかる考え方を掲げて日本語普及事業を実施していた。また、その事業規模は前述のように、海外における日本語学習者数の増加とＯＤＡ予算の活用という要因を受けて、一九八〇年代から一九九〇年代にかけての時期に拡大した。国際交流基金は、たとえば一九八〇年には対中国日本語教育特別計画として北京に「日本語研修センター」（日語教師培訓班）[70]を設置し、中国の主として高等教育機関に所属する日本語教師を対象とした研修事業を開始した。また、一九八一年には戦後の日本語教材の歴史に一時代を画した日本語教科書『日本語初歩』を出版した。さらに一九八二年にはマレーシアで渡日前日本語予備教育事業を開始した。これは一九八一年に同国の首相に就任したマハティール・ビン・モハマド（Mahathir bin Mohamad）が打ち出した「東方政策」（Look East Policy）によって開始された日本留学プログラムに協力する事業だった。この渡日前日本語予備教育の分野では、中国政府が日本留学予定者（中国政府派遣）のために吉林師範大学（のちの東北師範大学）に設置した日本語講座や、一九八二年にインドネシア政府（科学技術応用庁）が渡日予定の科学技術者のために開設した日本語講座にも、国際交流基金は日本語教育専門家を派遣した。

このような渡日前日本語予備教育分野の日本語普及事業は、一九八〇年代に拡大した。その背景には、一九八三年に当時の中曾根康弘首相の指示で文部省に設置された「二一世紀への留学生政策懇談会」が、その報告書において、二一世紀初頭の滞日留学生数を当時のフランスの受入人数と同等レベルにまで引き上げることを提言したことも影響している。いわゆる「留学生一〇万人計画」であるが、この報告書は、「日本への留学者が母国で多少なりとも日本語能力を身につけて来日し得るとすれば、日本での学習効果は画期的に高まるであろう」[71]との認識を示していた。

また、前記の「二一世紀への留学生政策懇談会」の提言を具体化するために設置された「留学生問題調査・研究に関する協力者会議」が一九八四年六月に文部省に提出した報告書『二一世紀への留学生政策の展開について』においては、「我が国で学ぶ外国人留学生が、専攻する学問分野で学習成果をあげるとともに、日本について理解を深めて帰国することが留学の重要な意義であり、日本語の修得はその基礎となるものである」[72]との認識から、「海外における日本語の普及・教育体制の一層の整備拡充に努めつつ、留学生のニーズに応じた多彩な日本語教育体制を整備する必要がある」[73]とされた。そして、「日本語の海外での普及を図るため、外国政府派遣留学生予備教育への積極的協力や日本語普及のために国際交流基金が行っている事業等の充実を図る」[74]ことが求められた。

日本政府の中にあって留学生施策は、基本的に文部省(当時)の所掌業務である。しかし、その留学生施策の一部である渡日前日本語予備教育は、「国際文化交流事業」の一環として「日本語の普及」を行っていた国際交流基金が担当した。それは、同基金の設立まもない時期に当時の政権与党である自由民主党の国際文化交流特別委員会において、日本語教育という分野の所掌に関しては、「日本国内は文部省、海外は国際交流基金」[75]が担当すると取り決められたからである。このため、たとえば前述のマレーシアにおける渡日前予備教育の場合も、その予備教育を実施していたマラヤ大学には、国際交流基金が日本語教育専門家を派遣し、文部省が数学や物理などの教師(現職高校教員)を派遣するという役割分担になっていた。

このように、国際交流基金は「日本国内は文部省、海外は国際交流基金」という業務分担に基づいて、渡日前日本語予備教育の分野にも関わったのであるが、当然のことながら、同基金の日本語普及事業はそれに限定されていたわけではなかった。むしろ事業規模の面ではそれ以外の日本語教育への関与のほうが大きかった。とくに一九八〇年代の中頃からは、海外の初等中等教育レベルの日本語教育への関与を拡大していった。その一環として、一九八五年には外国政府の教育行政機関に対する日本語教育アドバイザーの派遣事業も開始している。この日本語教育アドバイザーは、それまで国際交流基金が海外に派遣していた日本語教育専門家の場合とは異なり、学習者を対象に直接日本語教育を行うのではなく、将来的に初等中等教育機関で日本語を教えることになる教師の養成や、現職の日本語教員を対象に実施される各種再研修プログラムに、「教師の教師」(Teacher of Teachers)として携わることが期待されていた。その意味で日本語教育アドバイザー派遣事業は、人材面で「日本語教育の現地化」を図ることを目指した事業だったとも位置づけることができる。

国際交流基金は一九八九年に「外国人及び日本人教師の養成と確保、教授法・教材の開発と提供」[76]および「日本語普及関連情報の収集・整理・提供」[77]を行う機関として、埼玉県浦和市(当時)に日本語国際センターを設立した。同センターは、海外に在住する日本語教師(日本語母語話者・日本語非母語話者)を対象とした日本語教育研修事業を重視したが、これも、「現地の人を日本語の先生として養成していくことで日本語の先生を増やしていく」[78]という「現地主導」主義の考え方に基づいた判断だった。

また、国際交流基金は一九九一年から「中等教育レベルを中心に、当該国の日本語教育に対する総合的な支援を実施する」[79]ための「海外日本語センター」を外国の主要都市に開設するようになった。さらに、一九九七年には「職務上・研究活動上日本語能力を必要とする人々を対象とした専門日本語研修、海外の大学・日本研究機関等で日本語を学ぶ人々を支援する日本語学習奨励研修」[80]を実施するため、大阪府泉南郡田尻町に関西国際センターを設置した。

このように、国際交流基金は一九八〇年代から一九九〇年代にかけての時期に、その日本語普及事業を拡大していった。しかし、それは前述のように、外務省や国際交流基金の何らかの理念に基づくものというよりは、むしろ海外における日本語学習者数の増加という外的な要因と、ＯＤＡ予算の活用という現実的な要因を受けてのものだったと言うことができる。

この一九八〇年代から一九九〇年代にかけての時代は、日本政府が政府全体として「国際文化交流事業」を重視した時期でもあった。一九八〇年代後半期の竹下内閣や一九九〇年代前半期の細川内閣が、それぞれ首相直轄の「国際文化交流に関する懇談会」を設置したのを契機として、「国際文化交流事業」を政府全体として推進していく体制が整えられた。さらに、村山内閣は終戦五〇周年にあたる一九九五年に「平和友好交流計画」を策定し、その一環として知的交流や青少年交流の拡大を図った。

これらの施策は国際交流基金の事業規模が拡大する契機ともなった。とくに知的交流事業や市民交流事業などのように、それまであまり重視されてこなかった事業が拡大する契機となったという点では画期的なものだった。また、従来は「わが国に対する諸外国の理解を深め」るための事業に比べて軽視されていた「わが国民の諸外国に対する理解を深める」[81]ための事業が拡大したという点でも特筆すべき施策だったと言うことができる[82]。

日本語普及事業もそれらの施策の恩恵を受けた。たとえば竹下内閣の時に設置された「国際文化交流に関する懇談会」は、一九八九年五月に『国際文化交流に関する懇談会報告』と題する報告書を政府に提出しているが[83]、この報告書では「国際交流基金の「日本語国際センター」における日本語教育協力事業を飛躍的に拡充する」[84]ことや、「需要の高い地域に「日本語センター」を開設」[85]することの必要性が指摘されていたことから、日本政府は国際交流基金日本語国際センターの事業規模を拡大するとともに、一九九一年以降、同基金の海外事務所や海外日本文化センターに、前述の「日本語センター」を順次開設していった[86]。また、同報告書が、「近年諸外国において中高校レベルでの日本語学習熱も高まっているので、今後は高等教育部門に限らず、中等教育部門の日本語教育へも協力活動を広げるべき」[87]と提言していたのを受けて、国際交流基金は海外の中等教育機関に若手の日本人日本語教師をティーチング・アシスタントとして派遣する「青年日本語教師派遣事業」（ＴＡＰ：Teaching Assistant Program）[88]を一九九〇年に開始した[89]。

おわりに

前記のように、一九八九年に発表された『国際文化交流に関する懇談会報告』によって、国際交流基金の日本語普及事業は拡大することになった[90]。しかし、この報告書は日本語普及事業の理念や哲学を提示したものではなかった。また、日本語普及事業の実施目的に関して、あらたな視点を提供するものでもなかった。ただ、その重要性をあらためて強調しただけのものだった。そこには、日本語普及事業の重要性について、次のように記されている。

近年の対日関心の増大を背景として、海外における日本語学習熱が急激な高まりを見せており、その関心の方向と学習の目的も益々多様化しています。この要望に適切かつ迅速に対応するため、日本語教育に対する協力事業を、国際文化交流のなかの重点事業として抜本的に拡充することとし、あわせて関連する諸施策を進めることが重要です。91

ここでは、海外の「日本語教育に対する協力事業」が国際文化交流の「重点事業」と位置づけられているのであるが、その理由は、「海外における日本語学習熱が急激な高まり」を見せるとともに、「関心の方向と学習の目的も益々多様化」しているので、それに「適切かつ迅速に対応」する必要があるからだという。すなわち、この報告書では「海外における日本語学習熱」の「急激な高まり」が日本語普及事業を推進すべき理由の一つとしてあげられているのであるが、かかる論理展開は、一九三〇年代の国際文化振興会や一九七〇年代の外務省が、日本語普及事業を本格的に実施すべき理由として、海外における「日本語研究熱」や「日本語学習熱」の高まりという外的な要因をあげていたことを彷彿させずにはいない。その意味では、一九八〇年代から一九九〇年代にかけての時期に日本政府が海外に対する日本語普及事業を拡大していったのも、それまでの時代の場合と同様、何らかの理念や哲学に基づいてというよりは、むしろ外的な要因に大きく影響されてのものだったと言うことができるのである。

注

1 たとえば、河路由佳（二〇〇七）を参照。

2 ただし、コロンボ計画加盟以前にも日本は海外から技術研修生を受け入れている。一九五三年から一九五八年まで、日本政府はインドネシア政府が派遣した技術研修生合計六〇名を受け入れ、その日本語教育を国際学友会（現在の日本学生支援機構東京日本語教育センター）に委託して実施した。

3 アジア協会は一九六二年に海外技術協力事業団に吸収され、海外に対する日本語教育専門家派遣事業も同事業団に継承された。なお、海外技術協力事業団は一九七四年に海外移住事業団と合併して国際協力事業団（二〇〇三年に独立行政法人国際協力機構へ改組）となった。

4 この協定に基づいて日本政府は、合計五〇〇名のインドネシア賠償留学生を受け入れることになった。その予備教育（一年間）は国際学友会が担当した。

5 日本文化学院日本語学校は、一九五四年に南方特別留学生などの日本留学経験者によって開設された。一九六三年には同学院関係者が中心となって「インドネシア日本留学同窓協会」（Persatuan Alumni Dari Djepang）が、そして一九八六年にはその「インドネシア日本留学同窓協会」の関係者が中心となってダルマ・プルサダ大学が設立されている。

6 国際協力事業団国際協力総合研修所（一九八九）によれば、「アジア協会による日本語教育関係の諸資料はその殆どが散逸され、正確な実績の把握は困難である」（四頁）という。

7 それまでは情報文化局文化課が国際文化交流事業を担当していた。

8 南洋大学は一九八〇年にシンガポール大学と合併し、南洋大学の日本研究講座はシンガポール大学日本研究学科となった。

9 ただし、この日本語教育専門家派遣事業に関して野津隆志（一九九六）は、「日本語教育の普及自体が積極的に目指されていたわけ」ではなく、「結局、当時の日本語教育は日本の援助政策全体の中で付帯業務的な役割しか与えられていなかったと言えるだろう」と指摘している（九六頁）。

10 外務省文化事業部（一九七三）四五頁

11 たとえば、「日本研究講座寄贈事業」に関して、外務省文化事業部（一九七三）には、「これら諸国の国造りに間接的に協力することになり長期的に極めて有意義な計画であること、同時にそれはこれら諸国とわが国との間の学術、教育、文化等の交流促進に寄与し、かつ、わが国の実態についての正確な認識と理解を醸成するための正しい方途でもあると判断し、わが国の負担において日本研究講座を東南アジアの主要大学に寄贈することとした次第である」(二七頁)と記載されており、この「日本研究講座寄贈事業」には「国造り」への協力(経済協力・技術協力)と国際文化交流の促進という二つの目的があったことがわかるのだが、基本的には「海外における日本研究に対する協力」(二五頁)、すなわち国際文化交流事業の枠組で実施されていた。

12 外国人留学生の日本語教育に関する調査研究会議(一九六五)一八一頁

13 国立国語研究所は一九七四年に日本語教育部を、そして一九七六年には同部を拡大して日本語教育センターを設置している。この日本語教育センターは、「外国人に対する日本語教育に関する基礎的、実際的調査研究及びこれに基づく研修、教材作成等の指導普及に関する業務」(国立国語研究所長裁定の所内規程「国立国語研究所組織規程」による)を任務とした。なお、国立国語研究所は二〇〇一年に独立行政法人、そして二〇〇九年には大学共同利用機関法人に改組されている。

14 一九七〇年、東京外国語大学には国費学部留学生に対する予備教育を実施するための日本語教育施設として、外国語学部附属日本語学校が設置された。のちに同校は留学生日本語教育センターに改組された。

15 外国人留学生の日本語教育に関する調査研究会議(一九六五)一八一頁

16 外国人留学生の日本語教育に関する調査研究会議(一九六五)一八一頁

17 外国人留学生の日本語教育に関する調査研究会議(一九六五)一八一頁

18 外務省文化事業部(一九七三)四四頁~四五頁

19 国際文化フォーラム(一九八九)八頁

20 国際交流基金はその設立に際して、外務省や海外技術協力事業団が行っていた日本語教育専門家派遣事業を継承した。また、外務省が東南アジアおよび南西アジアの高等教育機関に対して実施していた「日本研究講座寄贈事業」も引き継いだ。

21 高橋力丸(一九九九)一四三頁

22 高橋力丸(一九九九)一四三頁

23 国際交流基金(一九八四)「はじめに」

24 梅棹忠夫(一九九二)六頁~七頁

25　鈴木孝夫（一九九五）三五頁〜三六頁
26　鈴木孝夫（一九九五）四頁
27　鈴木孝夫（一九九五）四頁
28　鈴木孝夫（一九九五）五頁〜六頁
29　梅棹忠夫（一九九二）七頁
30　前述のように、重視されていたのは、「日本語の普及」というよりは、むしろ「日本研究」への支援だった。
31　国際交流基金運営審議会（一九八三）二五二頁
32　国際交流基金（一九八四）「はじめに」
33　一九八二年度から国際交流基金に対する日本政府の追加出資金はゼロになった。この状態は、一九八八年度補正予算と一九八九年度予算で合計五一億円の増資が決定されるまで、約七年間つづいた。その後、日本政府は一九九〇年度の補正予算で国際交流基金に四〇〇億円を追加出資し、同基金の資本金は一九七二年の設立当初に想定されていた一〇〇〇億円にほぼ到達した。ただし、その運用収入の約半分は日米親善交流事業に充当された。
34　ODA予算は一九七九年度以降、概算要求基準（シーリング）の対象外とされていた。
35　戦後日本国際文化交流研究会（二〇〇五）六二頁
36　これに関して、国際交流基金一五年史編纂委員会編（一九九〇）には次のように記載されている。「（筆者注　昭和）五七年度以後は出資金増ゼロの状態となった。これは、五六年（一九八一）以後、行政改革と財政再建が政府の基本政策となり、財政支出の伸びを極力抑制する政策がとられたことが主因であるが、これとともに、政府出資増、すなわち運用益増によるよりも、国庫補助金増による事業拡大を図るのを得策とする考え方が、政府部内に強まったことも一因であった。このような背景のもとに、五六年度から発展途上国向け日本語教育事業を中心として、政府開発援助（ODA）補助金の導入が積極化した。基金に対するODA補助金の額は、五六年度の六、九〇〇万円から六二年度には一六億六、二〇〇万円へと大幅に伸びており、六二年度には基金の事業予算の約三〇%を占めるに至った。（中略）ODA補助金が発展途上国向け事業のみを対象とするものであるため、基金の各事業部門において先進国向け事業が伸び悩み、発展途上国向け事業の比重が増大するという傾向が生じたことは否定できない。とりわけ、もともと発展途上国向けの比重の高い日本語普及事業は、事業費に関する限り成長度の最も高い部門となった。」（四五頁）

37 国際交流基金・国際文化フォーラム編（一九八九）九三頁〜九五頁

38 国際交流基金一五年史編纂委員会編（一九九〇）四五頁

39 椎名の経歴については、椎名和男教授古希記念論文集刊行委員会編（二〇〇二）による。

40 椎名和男（一九九一b）一二頁

41 清水陽一（二〇〇一）七頁

42 岡眞理子（二〇〇五）一〇頁

43 海外の日本語教育には、日本政府の関係機関として国際交流基金のほかに青年海外協力隊も関与しているが、野津隆志（一九九五）によれば、「青年海外協力隊の場合も同様に「現地主導」が援助の基本姿勢となっている」という。それは、「本来、青年海外協力隊は、現地の生活に密着し、現地にとけ込んで技術支援を行うことを目的にしているので、当然「現地主導」による協力という姿勢が生まれてくる」からである。また野津は次のようにも指摘している。「青年海外協力隊の場合は、「自立化」への援助について直接言及した資料はないが、「自立化」という目標は間接的に存在しているといってよい。青年海外協力隊事業は制度上、開発途上国への技術協力を行う国際協力事業団の事業の一部であるため、技術協力の専門用語で活動が説明されている。すなわち、技術協力とは相手国の「国造り」の基礎となる「人造り」を目的とする援助形態で、わが国の技術が相手国の人材（技術協力の「カウンターパート」と呼ばれる）に伝達され、さらにそれが伝播・普及し、この技術が相手国の発展に寄与する（「技術移転」と呼ばれる）こととされる。こうした文脈から、青年海外協力隊の活動は「現地の住民とともに生活しながら、自らの技術を役立て、移転する援助形態」と表現されている。日本語教育に即して言い換えるならば、日本語教育の技術・知識が相手国の日本語指導者に伝達され、その技術・知識によって日本語教育機関が自立的に発展することが目標となっていると表現できる。したがって、青年海外協力隊の日本語教育への協力活動も、国際交流基金と同様に「自立化」を支援する援助と呼べるだろう。」（六一頁〜六二頁）

44 たとえば国際協力事業団（一九九五）は、「要請主義」という考え方について、「援助を行うにあたっては、わが国は相手国からの正式な要請を受けて行う、いわゆる要請主義の立場を原則的にとっています。つまり、まず開発途上国政府から日本政府に対して要請が出され、それに基づく検討、協議を経て実施されるというものです」（四頁）と説明している。

45 アモン、ウルリヒ（一九九二）五三頁

46 アモン、ウルリヒ（一九九二）五三頁

47 アモン、ウルリヒ（一九九二）によれば、この「非強制の原則」は「ドイツ語学習の宣伝を排除しない」し、また実際のところ一九八〇年代には、「非強制の原則」を基本としつつも、「需要の喚起」を図ることもあったという（五四頁）。

48 中央教育審議会（一九七四）二八七頁

49 国際交流基金運営審議会（一九八三）二五二頁

50 西尾珪子（一九九六）によれば、この提言は「時の内閣総理大臣宮沢喜一氏に提出」されたのだが、「総理大臣がめまぐるしく変わる当時の国内情勢の中で、このことは残念ながら当事者が期待するほどの反響を生むところまでには至らなかった。そして日本語教育をはじめとする言語教育関係者にも十分知れ渡るところまでには至らなかった」という（一三頁〜一四頁）。

51 西尾珪子（一九九六）一九頁

52 国語審議会（二〇〇〇）八頁

53 ほかの二点は、「日本語を一応習得した者に対するアフターケアーの問題」と、「日本語習得者の能力を維持し、日本語を普及するためには、日本語の背後にある日本の文化、学術その他に常に接し得る機会を供与しなければならない」という問題が指摘されていた（対外経済協力審議会（一九七二）二八〇頁〜二八一頁）。

54 対外経済協力審議会（一九七二）二八〇頁

55 この表現に関して百瀬侑子（一九九八）は、「日本政府が対外文化交流事業の政策として掲げる「日本語の普及」は、アジアの人々にとって文化侵略的な意味合いを残す言葉であり、日本との間に顕然たる意識のギャップが存在する」という「語彙の歴史的意味からくる問題」を指摘するとともに、「国際交流基金日本語事業の基本姿勢である「現

「地主導」主義をさらに推進するためにも、日本からの一方的なイメージを想起させる「日本語の普及」は望ましい言葉ではない」し、「また、自国の日本語教育の充実に向けて努力する外国人日本語教師が増えつつある現在、「日本語の普及」という日本中心的な観点の転換が迫られている」としている（四七頁）。

56 国際交流基金日本研究部企画開発課（二〇〇四）九三頁

57 この時期には外務省も公刊文書で「海外における日本語教育支援」という表現を使用している。たとえば、外務省文化交流部（一九九七）八頁を参照。

58 嘉数勝美（二〇〇五）四〇頁

59 嘉数勝美（二〇〇五）四〇頁

60 嘉数勝美（二〇〇五）四〇頁

61 朝日新聞社（一九八八）

62 朝日新聞社（一九八八）

63 朝日新聞社（一九八八）

64 日本語教育学会編（一九九二）一八頁〜一九頁

65 梅棹忠夫（一九九二）九頁

66 池田修（一九七九）三四頁〜三五頁

67 宮岸哲也（一九九七）一〇四頁

68 宮岸哲也（一九九七）一〇六頁

69 宮岸哲也（一九九七）一〇六頁

70 同センターは一九八五年に在中国日本学研究センター（現在は北京日本学研究センター）へと拡大され、日本語教員に対する研修のほか、日本研究者の養成も行うようになった。

71 二一世紀への留学生政策懇談会（一九八三）三九頁

72 留学生問題調査・研究に関する協力者会議（一九八四）三九頁

73 留学生問題調査・研究に関する協力者会議（一九八四）三九頁

74 留学生問題調査・研究に関する協力者会議（一九八四）三九頁
75 国立国語研究所創立五〇周年記念事業実施委員会編（一九九九）一〇八頁〜一〇九頁
76 日本語普及総合推進調査会（一九八五）二五四頁
77 日本語普及総合推進調査会（一九八五）二五四頁
78 国際交流基金編（一九八五ａ）二三頁
79 国際交流基金（一九九八）四六頁
80 国際交流基金関西国際センター（一九九九）一頁
81 衆議院外務委員会における「国際交流基金法案に対する附帯決議」（一九七二年四月一四日）
82 国際交流基金は、アセアン諸国の文化を日本へ紹介するための「アセアン文化センター」を一九八九年に、そして、その事業対象をアジア全域に拡大した「アジアセンター」を一九九五年に設置している。これらのセンターにおいて、国際交流基金は「わが国民の諸外国に対する理解を深める」ための事業を本格的に実施することになった。なお、「アジアセンター」は、国際交流基金の独立行政法人化に伴う組織改革により、二〇〇四年に機構としては廃止された。
83 この報告書が提出された直後に竹下内閣は総辞職をしたため、その実現は後継の宇野内閣に委ねられた。宇野内閣は、一九八九年六月に内閣官房副長官を議長とする「国際文化交流推進会議」を設置している。しかし、この宇野内閣も短命で終わったため、その後の施策は海部内閣に継承された。同年九月、海部内閣は一九八九年度から一九九三年度までの五年間に政府が行うべき国際文化交流強化策をとりまとめた「国際文化交流行動計画」を発表している。この「国際文化交流行動計画」には、日本語普及事業に関する計画として、国際交流基金日本語国際センター事業の拡充、日本語能力試験の充実、渡日前予備教育体制の整備等が盛り込まれていた。
84 国際文化交流に関する懇談会（一九八九）六頁
85 国際文化交流に関する懇談会（一九八九）六頁
86 「日本語センター」は一九九一年から二〇〇二年にかけて、インドネシア（ジャカルタ）、タイ（バンコック）、オーストラリア（シドニー）、米国（ロスアンジェルス）、ブラジル（サンパウロ）、マレーシア（クアラルンプール）、英国（ロンドン）、韓国（ソウル）に順次開設されていった。なお、これらの日本語センターは、国際交流基金の独立行政法人化に伴う組織改革により、二〇〇四年に同基金海外事務所・海外日本文化センターの日本語部となった。

87 国際文化交流に関する懇談会（一九八九）六頁

88 のちに青年日本語教師は中等教育機関に限らず、高等教育機関や教育行政機関、あるいは国際交流基金の海外事務所へも派遣されるようになった。

89 一九九〇年には文部省も、「我が国の中・高等学校の教員を日本語指導教員として海外の中等教育施設に派遣」する「外国教育施設日本語指導者派遣事業」（REX：Regional and Educational Exchanges for Mutual Understanding）を開始している（文部省編（一九九〇）五五七頁）。

90 細川内閣の時に設置された「国際文化交流に関する懇談会」も、その『新しい時代の国際文化交流』と題する報告書で、「日本語学習者の急増と学習目的の多様化に対応するために、国立国語研究所日本語教育センター、国際交流基金日本語国際センター、関西国際センター及び海外日本語センターをはじめとする日本語教育の推進体制を充実する」ことと、「海外への専門家・若手日本語教師の派遣、外国人日本語教師の育成、各国の日本語研究者との交流、日本語能力試験実施体制の強化、多様な需要と多様な言語・文化の伝統に合致した日本語教材や辞典、教授方法の開発の強化などにより、国内外の日本語学習を奨励するとともに、日本語教育機関の質的向上を総合的に支援する」ことを提言していた。しかし、細川内閣は一九九四年四月に総辞職したため、この報告書は後継の羽田内閣に提出された。しかし、羽田内閣も短期間で瓦解し、また政権与党の交代もあったため、同懇談会の日本語普及事業に関する提言が実際に活かされることはほとんどなかった。

91 国際文化交流に関する懇談会（一九八九）六頁

第三章　「日本語の普及」の現状

はじめに

第一章と第二章で、「日本語の普及」の前史と変遷について見てきたが、本章では、その「日本語の普及」の現状について分析する。考察対象は主として一九九〇年代末から二一世紀初頭にかけての時期である。その考察を通じて、「日本語の普及」という営みが現在の日本でどのような位相にあるのかを考えてみたい。

一　「日本語の普及」の機能

序章で触れたように、一九七二年に制定された「国際交流基金法」（一九七二年法律第四八号）の条文を読むかぎり、日本政府が国際交流基金に求めたことは、なによりもまず「わが国に対する諸外国の理解を深め」るための「国際文化交流事業」の実施だったと言うことができる。したがって、その「国際文化交流事業」の一環としての「日本語の普及」という営みも、「国際相互理解を増進する」ことや「国際友好活動を促進する」ことよりも、一義的には「わが国に対する諸外国の理解を深め」ることに貢献しなければならなかったとすることができるだろう。すなわち、海外で対日理解を促進することこそが、「日本語の普及」事業（以下、本章では「日本語普及事業」と言う）を実施する最大の目的だったと言えるのである。

それでは、その対日理解を促進する上で、「日本語の普及」という営み、あるいはかかる営みにおいて普及されるべき日本語という言語にはどのような役割や機能が期待されていたのだろうか。

国際交流基金が「わが国に対する諸外国の理解」を深めるという観点から「国際文化交流事業」を行う時、また、かかる「国際文化交流事業」の一環として日本語普及事業を行う時、その「わが国に対する諸外国の理解」を深めるという目的から海外へ発信すべき日本文化と、海外へ普及すべき日本語という言語の関係については、二つの考え方が成り立つだろう。すなわち、日本語普及事業に影響または刺激を受けて日本語の学習を始めた人々（あるいは、日本語学習を継続している人々）が、その獲得した日本語能力を道具として使い、各種日本語メディアや日本語母語話者と接することで、結果的に日本文化を理解していくことを想定する場合と、日本語は日本文化そのもの、あるいはその一部だから海外へ普及すべきと考える場合の二つである。むろんこの二つの考え方は相反する関係にはないし、「国際交流基金法」に明記された「日本語の普及」という営みの役割や機能としても、そのどちらか一方のみを想定していたとは考えにくいのだが、国際交流基金は日本語普及事業の実施機関として、一九七二年の設立時から少なくとも二一世紀初頭までの約三〇年間、いかなる言語観に基づいて「日本語の普及」を図るのかという点を明確にしてこなかった[1]。明確にこそしなかったものの、同基金が組織した調査会の答申を読む限りでは、国際交流基金は一九八〇年代の後半期には「コミュニケーションの手段」としての日本語という考え方を重視していたのが、一九九〇年代の後半期には「日本文化を映し出す鏡」としての日本語という考え方に軸足を移したようである。

国際交流基金が「海外における日本語普及の抜本的対応策」について諮問するために一九八五年に設置した「日本語普及総合推進調査会」が、同年一一月に国際交流基金理事長へ提出した答申では、「国際交流における日本語の位置づけ」に関して、次のように規定されている。

一　言語は、意思疎通の基本的手段である。国際社会の安定した発展は、諸国民間の相互理解を促進することによってもたらされるものであり、特に文化には感性的、情緒的な面が内在しているので、文化を中心とする多面的な交流においては、日本語を含め多様な言語が使われることが自由で活発な交流と相互理解の前提になる。

二　我が国が、東西文化の影響の下に蓄積した高度の文化的・文明的所産を、日本語を通じて国際社会に還元していくことも、世界の中の日本の責任である。

三　日本語の普及によって、我が国の諸情報の外国への伝達が容易となり、我が国の文化が外国人に、より深く理解されるとともに、日本人も、日本語を通じ諸外国の文化に接し得ることになる。諸国民が言語の背景にある異文化に、より深く接することは、それだけ新しい人類文化の創造と発展を期待させることになる。[2]

このように「日本語普及総合推進調査会」は、「言語は、意思疎通の基本的手段である」との言語観をはじめに示している。それは右記の引用から明らかなように、同調査会が「わが国に対する諸外国の理解を深め」ることよりも、「諸国民間の相互理解を促進すること」を重視していたからであると言うことができるのであるが、いずれにせよ、バブル経済期直前の一九八五年に国際交流基金の調査会は、「言語は、意思疎通の基本的手段である」との言語観をはっきりと示した。そして、この言語観に基づいて同調査会は、「海外における日本語普及にあたっては、日本語が諸国間における相互交流の媒体として使用される言語になる(日本語の国際化)との認識にたって、長期的・計画的に諸事業を推進すべきである」[3]と提言した。

国際交流基金は、日本が金融危機の時代を迎えようとしていた一九九六年にも調査会を設置している。この「海外日本語普及総合調査会」は、翌年の一九九七年に『海外における日本語普及事業の抜本的対応策について』と題する答申を国際交流基金の理事長に提出したが、そこでは「言語は文化を映し出す鏡」[4]という観点からの「海外における日本語教育の振興」[5]が求められている。すなわち、ここでは「言語」と「文化」の密接な関連性が前提とされているのである。

また、この一九九七年の答申は、「海外における日本語教育の振興は、日本文化について諸外国の理解を深めるうえで極めて効果の大きいもの」[6]であること、あるいは「海外における日本語教育の推進は、わが国の良き理解者を着実に増やしていくこと」[7]につながるものであることに繰り返し触れている。換言すれば、一九八五年の答申に比べて、「国際相互理解を増進する」ことよりも、「わが国に対する諸外国の理解を深め」ることの方を重視していると言うことができるのである[8]。

このように国際交流基金の調査会は、バブル経済の発生と崩壊の時代をはさんだ約一〇年の間に、「日本語の普及」という営み、あるいはかかる営みにおいて普及すべき日本語という言語に求められる役割や機能に関する考え方を変化させた。また、「わが国に対する諸外国の理解を深め」ることをあらためて重視する方向へと転じたのである。

二〇〇三年に国際交流基金は独立行政法人に改組された。またその事業目的も、「我が国に対する諸外国の理解を深め、国際相互理解を増進し、及び文化その他の分野において世界に貢献し、もって良好な国際環境の整備並びに我が国の調和ある対外関係の維持及び発展に寄与すること」(二〇〇二年法律第一三七号「独立行政法人国際交流基金法」第三条)という表現に変更された。この「独立行政法人国際交流基金法」の第三条を一九七二年に制定された「国際交流基金法」の第一条と比較するならば、「我が国に対する諸外国の理解を深め」[9]るという表現と、「国際相互理解を増進」するという表現には変更がないが、独立行政法人としての国際交流基金は、それまでの「国際友好活動を促進する」ことに換えて、あらたに「文化その他の分野において世界に貢献」することを求められるようになったことがわかる。一方、その最終目標は、「世界の文化の向上及び人類の福祉に貢献すること」という表現から、「良好な国際環境の整備並びに我が国の調和ある対外関係の維持及び発展に寄与すること」という表現に変更されており、同基金は日本の安全保障上あるいは外交上の国益への貢献を強く要求されるようになったとも言うことができるのであるが、この「独立行政法人国際交流基金法」においても、それまでの「国際交流基金法」の場合と同様に、「我が国に対する諸外国の理解を深め」るという表現が最初に置かれ、「国際相互理解」の増進という表現が二番目に置かれていることには留意する必要があるだろう。

しかし、国際交流基金は二一世紀に入ると、その二番目に置かれている「国際相互理解」という表現とよく似た「相互理解のための日本語」[10]という考え方を提示するようになった。これは同基金が「日本語の普及」を行う上での「言語」観を示したものというよりは「言語教育」観を示したものなのであるが、国際交流基金が「日本語の普及」という営み、あるいはかかる営みにおいて普及されるべき日本語という言語に期待する役割や機能を、調査会の答申という形態においてではなく、自身の言語で示したものとしては初めてのものと位置づけることができる。そして、同基金はこの「相互理解のための日本語」という考え方に基づく日本語教育の「政策や目的、理念を枠組みとして提示し、シラバスやカリキュラムの作成、教材・教授法の開発、能力評価などの具体的な教育活動の指針」[11]となるべきものとして、「JF日本語教育スタンダード」の開発に着手した。

国際交流基金は「相互理解のための日本語」という表現を、「発信者と受信者がある領域や場で特定の課題を共同で遂行するための日本語」[12]と定義している。また、「相互理解のための日本語」とは、「国籍や民族を超えた日本語使用者のコミュニケーションに資するものである」[13]ともしている。したがって、この「相互理解のための日本語」という考え方においては、「言語は文化を映し出す鏡」であるとする言語観よりも、「意思疎通の基本的手段」であるとする言語観が重視されていると言うことができる。また、法律との関連性では、「我が国に対する諸外国の理解を深め」ることよりも、「国際相互理解を増進」することの方が重視されているとも言うことができる。かかる二重の意味で、この「相互理解のための日本語」という考え方は、一九九七年の「海外日本語普及総合調査会」の答申に見られた方向性よりも、むしろ一九八五年の「日本語普及総合推進調査会」の答申で述べられていた内容を継承したものと位置づけることが可能なのであるが、前記の「JF日本語教育スタンダード」に関して国際交流基金が発行した文書や資料には、後者の答申への言及が全く見られない。それに対して、ヨーロッパ評議会（Council of Europe）が二〇〇一年に発表した『言語のためのヨーロッパ共通参照枠―学習・教育・評価―』（CEFR：Common European Framework of Reference for Languages: Learning, Teaching, Assessment）の内容が頻繁に言及されている。それは、同基金が「JF日本語教育スタンダード」の構築作業に際して「CEFRに範を求めた」[14]からである[15]。また、このCEFRの基盤にある言語教育政策は、「複言語主義（plurilingualism）の促進」「言語の多様性（linguistic diversity）の促進」「相互理解（mutual understanding）の促進」「民主的市民（democratic citizenship）の推進」「社会的結束（social cohesion）の促進」の五点を重視しており[16]、国際交流基金はこの「五つの理念に共鳴することが大き」[17]かったとしているが、このうち「相互理解の促進」とは、「独立行政法人国際交流基金法」の第三条にも類似した表現（「国際相互理解を増進」）が見られる言葉である。すなわち、法律との整合性が保証されていた理念でもあった。したがって、国際交流基金が「JF日本語教育スタンダード」を開発するに際して「基本的な視座」[18]としたところの「相互理解のための日本語」という考え方は、一九八五年に発表された「日本語普及総合推進調査会」の答申に記されていた考え方を継承したものというよりも、同基金が「範を求めた」ところのCEFRの言語教育政策の中から、「独立行政法人国際交流基金法」の規定にも整合していた「相互理解の促進」という部分を採用し、それを発展させたものと考えることができる。すなわち、「日本語の普及」に関する過去の蓄積や議論を踏まえて打ち立てられた考え方というよりも、CEFRの誕生という外的な要因に影響または刺激を受けて設定された考え方と位置づけることができるのである。

二　「文化その他の分野において世界に貢献」するための「日本語の普及」

前節で触れたように、一九八五年に組織された「日本語普及総合推進調査会」が国際交流基金理事長に提出した答申には、「国際交流における日本語の位置づけ」に関して、「我が国が、東西文化の影響の下に蓄積した高度の文化的・文明的所産を、日本語を通じて国際社会に還元していくことも、世界の中の日本の責任である」との表現が見られたが、この表現が答申の中に盛り込まれたのは、同調査会の会議席上においで委員のひとり梅棹忠夫が次のように発言したことを契機としている。

私、是非この席上で皆様方にご意見を伺いたいと思っていることが一つあるんです。それは何故日本語を普及させるのかという問題です。日本語普及は本当に必要なのか。必要であるとすればどういう根拠に基づいてかという日本語普及のための理論ですね。これをやっぱり固めておく必要があるんじゃないか。あるいは要求があるからなんだということで基金はつっ走ってしまわれるのかどうか。私は相当議論しておかなければ、危険なのではないかと思っておるんです。

日本は戦後、敗戦国ですから、日本の文化的、あるいはそのほかの面でも自己主張というものはタブーになっていたわけです。このタブーはもう解けたのかどうか、もう解けたという状況認識があればそれはそれでよろしいんですけれど、やはり残っている部分があると思うんです。それに基金が日本語普及に非常に熱を入れ始めたということに対して、東南アジア諸国その他で、これは日本の新たな文化侵略が始まったという捕え方がないわけではないと思うんです。そういう反応が出てきたときに、こちらはどう切り返すのかということですね。

いまこういう問題が出てきたということは、一つには戦後における日本の日本文明に対する自信ということがあるんだと思うんです。その自信というものを客観的な形で、日本文明の持っている普遍性というところまで押し返せるだけの地盤固めをやっておきませんとね、やはりちょっと難しい点があると思うんです。[19]

このように梅棹忠夫は、国際交流基金の日本語普及事業が「日本の新たな文化侵略」と受けとめられた場合に、それを「切り返す」という観点からも、「日本語普及のための理論」を「固めておく必要がある」とした。また、それを目的として、「戦後における日本の日本文明に対する自信」というものを「客観的な形で、日本文明の持っている普遍性というところまで押し返せるだけの地盤固め」をしておく必要があるとした。この梅棹の見解に対しては、「大変重要なこと」[20]とそれを支持する委員もいたが、「基金がこの問題をここ（筆者注　日本語普及総合推進調査会）で取り上げたということは、やっぱり実用的に日本語が扱える人を沢山世界に広げることも必要だ、というくらいに考えればいいのではないか」[21]との観点に立って、かかる「日本語普及のための理論」を「持っちゃうとかえって悪いんじゃないか」[22]と消極的な意見を表明する委員もいた。

結果的に梅棹の見解は、前記のように、「我が国が東西文化の影響の下に蓄積した高度の文化的・文明的所産を、日本語を通じて国際社会に還元していくことも、世界の中の日本の責任である」という表現で答申の中に盛り込まれた。この表現に関しては、のちの時代に、たとえば石井米雄のように、「日本文明の普遍性の認識と、それを体系的に伝達する必要性、その手段としての日本語という位置付け」[23]がなされているとの見解から、これを「非常に面白い、新しい考え方」[24]と評価するむきもあったのだが、右記の答申に見られた「高度の文化的・文明的所産」という表現については、「高度の日本文化・日本文明」と解釈することもできるため、たとえば木村哲也（二〇〇二）のように、「日本の文明・文化の国際的優位性を定立」[25]しているとする見方もあった。したがって、かかる表現は「日本の新たな文化侵略」という批判を「切り返す」という目的にはいささか不都合な表現だったとも言うことができるのだが、二〇世紀末から二一世紀初頭にかけての時期には、「日本語の普及」に関係する人々の間で、この「高度の文化的・文明的所産」という概念が二つの要素から構成されていると考えられるようになった。たとえば、国語審議会が二〇〇〇年に発表した答申『国際社会に対応する日本語の在り方』には、次のように記されている。

日本語は、古代から現代に至るまで、日本人の思考や心情を支える基盤となり、数々の文学や思想を生み出し、近代国家としての日本の発展や、日本における近代科学や技術の発展をも支えてきた。また、日本は中国や西洋など海外の文化を積極的に取り入れてきた歴史を持ち、現在においても外国語で書かれた文献の自国語への翻訳点数において世界有数であることから、諸外国の文物に関する日本語による豊富な蓄積が生じている。これらの日本語による所産の蓄積は、世界の文化資産の一つとして活用し得るものであり、現に、日本独自のものを学ぶことと並んで、アジアからの留学生がヨーロッパの文献を、アメリカからの留学生が中国の文献を日本語で学んでいるような例も見られる。[26]

ここでは、「日本語による所産の蓄積」というものが、日本語を基盤として成り立ってきたところのもの(たとえば、「日本人の思考や心情」「数々の文学や思想」「近代国家としての日本の発展や、日本における近代科学や技術の発展」)と、「外国語で書かれた文献の自国語への翻訳」によって生じてきたところのもの(すなわち、「諸外国の文物に関する日本語による豊富な蓄積」)の二つに分けられている。このうち、もし前者を「日本文化・日本文明」と呼ぶことが許されるとしたら、後者は「日本語によって蓄積された世界文化・世界文明」と呼ぶことができるだろう。いわば国語審議会は、「日本文化・日本文明」と「日本語によって蓄積された世界文化・世界文明」の二つを「日本語による所産の蓄積」と位置づけ、その両方を「世界の文化資産の一つとして活用し得るもの」としたのである。

二〇〇四年に国際交流基金は日本政府に対して、「世界における日本語教育の重要性を訴える」有志の会が作成した提案書を提出している。この提案書では、日本語という言語が次の理由から「世界の文化財」[27]と位置づけられている。

日本には古代から育くまれてきた文学、思想、科学技術の蓄積があり、また古今東西の膨大な文献や資料が日本語で翻訳出版されています。高度情報化社会にあって、これらは、学者や専門家に限らず、世界中の一般大衆にとっても、日本語を通じて触れることのできる知的・文化的共有財産です。[28]

この提案書は、「古代から育くまれてきた文学、思想、科学技術の蓄積」と、「日本語で翻訳出版」された「古今東西の膨大な文献や資料」の二つを、「日本語を通じて触れることのできる知的・文化的共有財産」とみなしている。すなわち、ここでも「日本文化・日本文明」と「日本語によって蓄積された世界文化・世界文明」の二つが世界的資産と位置づけられているのである。

前述のように、「日本語普及総合推進調査会」は一九八五年に、「我が国が東西文化の影響の下に蓄積した高度の文化的・文明的所産を、日本語を通じて国際社会に還元していくことも、世界の中の日本の責任である」としたのであるが、二〇世紀末から二一世紀初頭にかけての時期には、その「文化的・文明的所産」というものが「日本文化・日本文明」と「日本語によって蓄積された世界文化・世界文明」の二つに分けて考えられるようになったとすることができる。このうち前者の「日本文化・日本文明」を「世界の文化資産の一つ」あるいは「世界の文化財」として海外に発信するための「日本語の普及」は、たしかに「文化その他の分野において世界に貢献」するという目的にもかなうであろうが、基本的には「我が国に対する諸外国の理解を深め」ることを目的としたものになるだろう。それに対して、後者の「日本語によって蓄積された世界文化・世界文明」を海外に発信するための「日本語の普及」においては、「我が国に対する諸外国の理解を深め」ることよりも、むしろ「文化その他の分野において世界に貢献」することの方が主要目的となろう。

二〇〇二年に制定された「独立行政法人国際交流基金法」では、「国際文化交流事業」の実施目的の一つとして、従来の「国際交流基金法」には見られなかった、「文化その他の分野において世界に貢献」（第三条）するという表現が使われるようになったのであるが、かかる表現の法律における使用と前後して、「日本語の普及」という営みに関しても、それは「我が国に対する諸外国の理解を深め」るためだけのものではなく、「文化その他の分野において世界に貢献」するものでもあると位置づけることを可能にするような考え方が、「日本語の普及」に関係する人々の間から提案されていたのである。

三 「日本語の普及」と「外交政策に係る日本語教育」

一九九〇年代から二一世紀初頭にかけての時期は、長期化する経済低迷を背景に、日本のさまざまな分野で従来のシステムや「常識」に再検討が加えられるようになった時代だったと言えるだろう。そして、それは「国際文化交流事業」の一環としての「日本語の普及」という分野においても、例外ではなかったとすることができる。

一九七〇年代から一九八〇年代までの時代、海外に対する「日本語の普及」は外務省および国際交流基金の所掌業務とされ、日本国内での日本語教育を管掌していた文部省およびその外局である文化庁との間では、「日本国内は文部省、海外は国際交流基金」[29]という業務分担が成り立っていた。この業務分担が成立した経緯については、国際交流基金の関係者が次のように証言している。

国際交流基金法（第二三条）に業務の範囲が示されてあるのですが、「海外における日本語の普及」ということがはっきり明文化されております。そして、基金が発足して、文部省の留学生政策や国内の日本語教育機関との関係について調整するため昭和四八年に自民党政調会国際文化交流特別委員会において、基金、外務省及び文部省が出席して、日本語普及においてどういう役割分担をするか何回か議論がありました。そして、実質的に国内の日本語教育は文部省、海外の日本語普及は基金が担当し、海外に日本語センター[30]を増設せよという文書（留学生対策および関連国際教育交流対策の推進について—昭和四八年八月二八日自由民主党政務調査会国際文化交流特別委員会）ができたわけです。[31]

このように、当時の政権与党の斡旋あるいは指示によって、「日本国内は文部省、海外は国際交流基金」という業務分担が一九七三年に成立した。しかし、この業務分担は同時にセクショナリズムとしても機能したようで、「国内の日本語教育は文部省、海外は外務省とタテ割りのセクショナリズムが強くて、教師養成や教材開発などもバラバラにやっている」[32]という事態を招くことにもなった。これに関して、外務省の文化交流担当審議官や国際交流基金の専務理事を務めた加藤淳平は次のように証言している。

日本語教育には、国内では文部省とその外郭機関、国立国語研究所や国際学友会、日本国際教育協会、民間の日本語教育施設と日本語教育振興協会、海外の事業は外務省と在外公館、国際交流基金、国際協力事業団など、多くの機関・団体が関与しています。同じ日本政府内でも、外務省と文部省、あるいは二つの省の外郭機関の間に、ときとして基本的な考え方の違いがあり、また業務の重複や連絡の不備もあります。日本語教育を効率的に進める上での、一つの問題点です。[33]

このように、外務省と文部省の間には「ときとして基本的な考え方の違い」があった。また、「業務の重複」も見られた。たとえば、竹下内閣時の一九八八年に設置された「国際文化交流に関する懇談会」が、その報告書『国際文化交流に関する懇談会報告』において、「近年諸外国において中高校レベルでの日本語学習熱も高まっているので、今後は高等教育部門に限らず、中等教育部門の日本語教育へも協力活動を広げるべき」[34]と提言したのを受けて、国際交流基金は海外の中等教育機関に若手の日本人日本語教師を派遣する「青年日本語教師派遣事業」(TAP：Teaching Assistant Program)を開始したが、時期を同じくして文部省も、「海外における日本語教育に関しては、近年、特に中等教育レベルにおける日本語学習熱が高まっていることにかんがみ、こうした日本語学習需要にこたえると同時に、我が国の学校教育における国際化と、地域レベルの国際化を促進する」[35]という目的から、日本の中学校や高等学校の教員を日本語指導教員として海外の中等教育機関に派遣する「外国教育施設日本語指導者派遣事業」(REX：Regional and Educational Exchanges for Mutual Understanding)を開始した。このREX事業は、前記のように海外の「日本語学習需要にこたえる」ことのほかに、「我が国の学校教育における国際化と、地域レベルの国際化を促進する」ことも目的としていたのだが、前者の目的に関して言えば、国際交流基金のTAPと重複する事業だったと言うことができる。

このように、外務省およびその関連機関である国際交流基金と文部省との間には「業務の重複」が見られた。また、「外務、文部両省の意思疎通は、必ずしも円滑には行われて」[36]いなかったのであるが、その原因は、国際交流基金の設立時に「国際文化交流事業の所管について文部省と外務省との間で問題となった」[37]ことにまでさかのぼることができる。すなわち、国際交流基金の設立に際しては、「国際的な問題を解決する上での文化交流を文化庁と外務省のどちらの分掌とするか、「国際文化交流」という用語をどう取り扱うかなど」[38]の問題が生じたのである。結果的に同基金は外務省所管の特殊法人として設立されることになり、またその名称も、「文化施策は文部省の仕事ということで、国際文化交流基金の構想から「文化」の文字がとれて国際交流基金」[39]となったのだが、同基金の設立後も「国際文化交流事業」の所掌をめぐっては[40]、また、前述のように当時の政権与党の斡旋あるいは指示によって定められた、「日本国内は文部省、海外は国際交流基金」という日本語教育施策の業務分担をめぐっては、関連省庁間(とくに外務省と文部省の間)に火種がくすぶっていたと言うことができる。

その火種が一九九〇年代の後半期に燃えあがった。

一九九八年一月、国際交流基金運営審議会の特別委員会は、その報告書『国際交流基金運営審議会特別委員会報告―さらに開かれた活力ある国際交流基金のために―』において、「海外における日本語教育の推進は、日本の良き理解者を増やしてゆく点で、基金事業の重要な一分野であり、海外の要請や情報を把握している基金が、引き続き中心的役割を果たしてゆくべきである」[41]と提言した。これに対して、同じ一九九八年に文化庁が「国内外の国際化に伴い日本語教育の重要性が増していることにかんがみ、日本語教育のより一層の振興を図るため、現在の日本語教育をめぐる諸問題を踏まえ、今後の日本語教育施策の推進に関して調査研究を行う」[42]ために設置した「今後の日本語教育施策の推進に関する調査研究協力者会議」は、翌年の一九九九年に発表した報告書『今後の日本語教育施策の推進について―日本語教育の新たな展開を目指して―』において、「現在、国内外の日本語教育に対する需要の増大と多様化に応じて、多くの機関・団体等において、それぞれの所掌事務に基づく目的に応じて多様な日本語教育に関連する事業が行われている」[43]が、それらは「各機関等がそれぞれの設置目的に関連する日本語教育事業を独自に判断して実施してきた」[44]ものであり、「全体としての日本語教育施策が効果的・効率的に推進されているとは言い難い状況が生じている」[45]との認識の下に、「各機関等の連絡調整を図り、長期的・総合的な観点に立った施策を推進するための連携・協力体制を確立することが重要である」[46]と提言した。

この提言は、「国内の日本語教育は文部省、海外は外務省とタテ割りのセクショナリズムが強くて、教師養成や教材開発などもバラバラにやっている」という現状、あるいは関係省庁・関係機関間の「業務の重複や連絡の不備」を改善しようとした試みだったのだが、それと同時に、当時急速に発達しつつあったインフォメーション・テクノロジーを利用した日本語教育、すなわち「新しい情報メディア(媒体)を活用した日本語教育の可能性が登場してきている」[47]という状況にあっては、日本語教育の実施場所を「国内」と「海外」に分けて考えることが、もはや適切ではないという現状認識も反映した提言だったと言うことができる。

こうして文化庁の調査研究協力者会議は、「関係機関等の間の連携・協力の抜本的強化」[48]を求めたのであるが、その「連携・協力」の方法については、「各機関等の連携・協力を推進するに当たって、横断的にすべての機関等の間に対等な立場での緩やかな関係性を築き、各機関等が個別的・自発的に連携・協力を図っていくだけでは必ずしも実効性のある統一のとれた連携・協力を確保することは難しい」[49]こと、「このため、各機関等が行う事業の状況を常に掌握し、各機関等の意向をも踏まえ連絡調整しつつ、日本語教育施策の総合的な計画作りへ向けての連絡調整等を行う中心的な機関を明確に位置付け、そこが連携・協力の核となっていくことが大切である」[50]との認識から、「文化庁が連携・協力の核となる役割を果たし、より緊密かつ実質的な連携・協力を行えるような体制に拡充することが望まれる」[51]と提言した。

このように文化庁の調査研究協力者会議は、国内外の日本語教育に関する施策を文化庁に実質的に一元化することを提案した。すなわち、従来は「日本国内は文部省、海外は国際交流基金」という業務分担だったのが、この調査研究協力者会議は、「国内」の日本語教育も「海外」の日本語教育も、その施策に関しては、文部省の外局である文化庁が一元的に所掌し、その管轄下で「海外」の部分は外務省と国際交流基金が担当するという構図を描いたのである。これは、「海外」への「日本語の普及」を所掌していた外務省と国際交流基金にとっては、とくに自己の運営審議会から「海外における日本語教育の推進」についでは今後も「引き続き中心的役割を果たしてゆくべきである」と提言されたばかりの国際交流基金にとっては、その「海外における日本語教育の推進」という分野における主導性を失うことを意味しており、とうてい受け入れられるものではなかっただろう。

文化庁の調査研究協力者会議が日本語教育施策の一元化を提言した背景としては、中央省庁の再編成を行うために一九九八年に制定された「中央省庁等改革基本法」(一九九八年法律第一〇三号)が、外務省と「教育科学技術省」(当時の文部省と科学技術庁を統合して設立することが予定されていた官庁の仮称)に対して、「国際文化交流」の分野における「連携を更に緊密化すること」(第一九条および第二六条)と、「文化庁がより重要な役割を果たすこと」(第二六条)を求めていたという事情も指摘することができるだろう。なぜなら、同法の「文化庁がより重要な役割を果たすこと」という文言を「今までよりも」という意味ではなく、「外務省よりも」という意味で解釈するならば、「国際文化交流事業」は基本的に文化庁の所掌業務となり、かかる「国際文化交流事業」の一環としての日本語普及事業も、同庁の管掌下に置かれることになるからである[52]。

このような事情もあってか、文化庁は一九九〇年代の後半期に、海外の日本語教育と積極的に関わるようになった。たとえば、同庁は一九九九年三月に海外五か国の日本語教育関係者を日本に招聘し、「国際化時代の日本語教育支援とネットワーク」と題する国際シンポジウムを開催している。このシンポジウムは、「国内」と「海外」、すなわち「国内外の日本語教育関係機関の代表者・関係者の間で、国際化時代における今後の日本語教育推進方策と関係機関間のネットワーク構築について協議する」[53]ことを目的として開催されたものだった。また、同年七月に文化庁が主催した日本語教育研究協議会では、「海外における日本語学習支援について」の分科会が設けられた。この日本語教育研究協議会で「海外」の日本語教育が主要テーマの一つとされたのは初めてのことだった。

文化庁の調査研究協力者会議の提言、すなわち「国内」と「海外」の日本語教育に関する施策の実質的な一元化という提言に対しては、外務省も国際交流基金も効果的な反論はできなかったのではないかと推測することができる。なぜなら、それまでの「日本国内は文部省、海外は国際交流基金」という業務分担については、その弊害のほうが指摘されるようになってきていたし、また前述のように、インフォメーション・テクノロジーの発達に伴って、日本語教育の実施場所を「国内」と「海外」に分けて考えることが、もはや適切ではなくなっていたからである。

このような状況下にあって、外務省と国際交流基金が見つけ出した活路は、「外交政策に係る日本語教育」という考え方ではなかったかと思われる。すなわち、「日本語の普及」という営みを「外交政策に係る日本語教育」と位置づけることではなかったかと考えることができる。

本書の序章で触れたように、「外務省組織令」(二〇〇〇年政令第二四九号)と「文部科学省組織令」(二〇〇〇年政令第二五一号）を一緒に読むと、「日本語の普及」とは「外交政策に係る日本語教育」にほかならないことを、日本政府も暗黙のうちに認めていると言うことができるのであるが、この「外交政策」こそは外務省の専管事項であり、文部省や文化庁などの他省庁が容喙しえない分野である。したがって、「日本語の普及」という営みを「外交政策に係る日本語教育」と位置づけることは、外務省を主管官庁とする国際交流基金が、将来的にも「日本語の普及」という分野で「中心的役割を果たしてゆくこと」を保証する考え方だったと言うことができる。

このような理由から、国際交流基金は「外交政策に係る日本語教育」という方向性を選択したのではなかったかと考えることができるのだが、これに関しては、もう一つの事情も指摘しておきたい。すなわち、同基金は二一世紀に入ってから、「日本語の普及」に限らず、すべての事業で「外交政策」との関連性を強く求められるようになっていたのである。それは、行政改革の一環としての特殊法人改革によって、国際交流基金の事業は「外交政策上必要性の高いものに限定することにより事業量を縮小する」（二〇〇一年一二月一九日閣議決定「特殊法人等整理合理化計画」）とされていたからである。換言すれば、「外交政策上必要性」が低い事業またはその必要性がない事業については、廃止しなければならなかったのである。したがって、二一世紀に入ってからの国際交流基金が「外交政策」を強く意識するようになったとしても、あるいは「外交政策に係る日本語教育」という方向性を選んだとしても、それは同基金自身が主体的に選択したことではなく、事業領域の防衛あるいは行政改革への対応という現実的な要因に由来するものだったと言うことができる。

国際交流基金の独立行政法人化の前提として、従来の「国際交流基金法」は廃止され、かわりに「独立行政法人国際交流基金法」が制定された。そして、同基金の最終的な事業目標も、それまでの「世界の文化の向上及び人類の福祉に貢献すること」から、「良好な国際環境の整備並びに我が国の調和ある対外関係の維持及び発展に寄与すること」に変更された。すなわち、国際交流基金は日本の安全保障上あるいは外交上の国益への貢献を強く要求されるようになったのである。

むろん国際交流基金は、二〇〇三年に独立行政法人へ移行する前から、あるいは一九七二年の設立時から、外交上の観点に立った「国際文化交流事業」の実施を求められていた。また、そもそも同基金の設立からして、一九七一年の夏に「アメリカが抜き打ち的に発表した二つの重要措置」[54]、すなわち米国大統領補佐官の中国訪問と新たな通貨政策の採用が「わが国に何らの事前協議なしに行われた」[55]ことに衝撃を受けた日本政府が、「日米関係改善のためのプログラムの一翼」[56]として構想したものであったから、国際交流基金の「国際文化交流事業」が外交と無縁ということは本来的にもありえなかったのであるが、その外交と「国際文化交流事業」の関係はどのようなものだったかと言えば、たとえば外務省文化交流部参事官の河東哲夫は、国際交流基金が独立行政法人に移行する約一〇年前の段階で、次のように述べている。

政府ベースの文化交流の特徴は、交流を通じて彼我の文化を豊かなものにするという純文化的な目的だけでなく、各国との相互理解の醸成を通じて関係促進の基盤作りをするという、短期・中期の外交政策目的をも持っているという点にある。[57]

さらに河東は、「政府ベースの文化交流は外交の一部でもある」[58]が、その「政府ベースの国際文化交流の大きな部分」[59]を担っているのは国際交流基金であるとも述べている。すなわち、河東は国際交流基金の「国際文化交流事業」を「外交」の枠内に位置づけているのである。したがって、その「国際文化交流事業」の一環としての日本語普及事業も従来から「外交」の枠内にあったと言うことができるのであるが、二一世紀に入ると、とりわけ二〇〇三年に国際交流基金が独立行政法人に移行してからは、「外交政策に係る日本語教育」という考え方が強くなっていった。

この「外交政策に係る日本語教育」という考え方は、国際交流基金が今後も「日本語の普及」という分野で「中心的役割を果たしてゆく」ことを保証する考え方でもあった。なぜなら、前述のとおり、外交という分野は文部省(およびその後身の文部科学省)をはじめとする他省庁が容喙しえない分野だからである。二一世紀に入ると、結果的に文化庁の日本語教育施策は、日本国内を対象としたものに回帰していった。

しかし、その後の経緯を見てみると、この「外交政策に係る日本語教育」というものは「日本語の普及」というものよりも範囲が広いものであることが明らかになってきた。すなわち、「日本語の普及」とは「外交政策に係る日本語教育」の一部に過ぎないことが明らかになってきたのである。二〇〇六年頃から国際交流基金は、海外への「日本語の普及」を直接的な目的とはしないが、「外交政策に係る日本語教育」という範疇には含まれうる(あるいは、含まれるかもしれない)事業も行うようになった。たとえば同基金の関西国際センターは、「アジア各国の将来を担う人材の育成支援のため、日本の大学院へ留学するアジア一一ヵ国の大学卒業生を招へいし、日本での日常生活および大学での研究生活に必要な日本語運用能力と、専門分野における発表能力の基礎、研究活動に関する情報・資料収集能力の習得、及び日本文化・社会への理解を深めること」[60]を目的とした「アジア・ユース・フェローシップ高等教育奨学金訪日研修」を二〇〇六年度に開始した[61]。これは全国の国立大学留学生センターが国費研究留学生を対象に実施している日本語予備教育にほぼ相当する事業であり、海外への「日本語の普及」を主要目的とした事業と位置づけることは難しい。

第二章で触れたように、国際交流基金はそれまでの時代も、日本留学予定者を対象とした日本語予備教育事業を実施していた。しかし、その実施場所は「海外」であり、それらの日本語予備教育事業も海外への「日本語の普及」という範疇にかろうじて含めることができた。しかし、右記の「アジア・ユース・フェローシップ高等教育奨学金訪日研修」の実施場所は日本国内だった。また、その日本語教育の目標は、「日本での日常生活および大学での研究生活に必要な日本語運用能力」の養成と規定されており、彼らが日本での留学生活を終えて母国に帰国した後に、その獲得した日本語運用能力を生かして「日本語の普及」や「国際相互理解」に貢献することまでは、少なくとも文書の上では目標とされていなかった。むろん、すべての留学生は「国際相互理解」の架け橋となる可能性を有していることから、彼らに「日本での日常生活および大学での研究生活に必要な日本語運用能力」を獲得させ、その留学生活を支援することは、外交上の観点からも重要なことであろう。しかし、それならば全国の国公私立大学が留学生を対象に実施している日本語教育は、そのすべてが「外交政策に係る日本語教育」という範疇に含まれることになる。いやそればかりか、日本以外の国の国籍を有する日本語非母語話者を対象に日本の教育機関が実施している日本語教育は、すべて「外交政策に係る日本語教育」と呼ぶことが可能になる。

この「アジア・ユース・フェローシップ高等教育奨学金訪日研修」以外にも、国際交流基金関西国際センターは「日本語の普及」を主要目的としない事業を実施するようになった。同センターが二〇〇八年に外務省から委託を受けて実施した「インドネシア人介護福祉士候補者日本語研修」もその一つである。この日本語研修事業は、日本とインドネシア共和国との間で締結された経済連携協定（EPA：Economic Partnership Agreement）に基づいて来日したインドネシア人介護福祉士候補者を対象とした事業であり、彼らは日本語研修を受講した後、日本全国の医療福祉施設に散らばり、その施設で日本語を駆使して働きながら日本の介護福祉士国家試験に合格することをめざす予定になっていた[62]。すなわち、この日本語研修事業も前述した「アジア・ユース・フェローシップ高等教育奨学金訪日研修」の場合と同様に、日本国内で生きていくための日本語能力を得させるためのプログラムであり、海外への「日本語の普及」を主要目的とした事業と位置づけることは難しいのである。

日本政府にとって、インドネシア政府との間で合意した事項を誠実に履行していくことは、かりにそれによって医療・福祉関係者の「育成コストを供給国が負担し、先進国が即戦力として利用するという構図」[63]を固定化する結果になったとしても、少なくとも外交という観点からは重要なことなのだろう。したがって、来日した介護福祉士候補者を対象とした日本語研修事業も、たしかに「外交政策に係る日本語教育」の一環に位置づけることはできるかもしれない。しかし、それを海外への「日本語の普及」を主要目的とした事業と位置づけることは難しいだろう。

二一世紀に入って、国際交流基金は「外交政策に係る日本語教育」という大義名分を手に入れることができた。しかし、その「外交政策に係る日本語教育」という枠組と海外への「日本語の普及」という枠組とは一致しない。後者は前者の一部にすぎないのである。このため、同基金は前述の「アジア・ユース・フェローシップ高等教育奨学金訪日研修」や「インドネシア人介護福祉士候補者日本語研修」のように、海外への「日本語の普及」を主要目的としない事業すらも、しかも日本国内で実施することができるようになった。むろん、国際交流基金の関西国際センターがこれらの研修プログラムを実施するようになった背景としては、「当センター（筆者注　国際交流基金関西国際センター）に蓄積された専門日本語研修のノウハウに対する評価の高まりを反映して、国内外の外部機関から当センターでの研修を要請されることも多くなって」[64]きたという積極的な理由のほかに、「国際交流基金の予算も一九九七年をピークとして次第に縮小され、二〇〇七年度の予算は一九九七年度に比べて約二〇%、四四億円少なくなって」[65]いたことから、外部資金を導入できるような新規事業を実施しなければならなくなったという消極的な理由もあったのだろうが、いずれにせよ、それらの事業を実施する前提としては「外交政策に係る日本語教育」という枠組がなければ、すなわち従来の「日本国内は文部省、海外は国際交流基金」という業務分担のままでは、同センターで実施することは困難だっただろう。

また、前述のように国際交流基金は、「言語運用能力の国際的標準を自ら整備」[66]するため「JF日本語教育スタンダード」の開発に着手した。これは「教育の場の内外を問わない」[67]国際標準として、その開発が構想されたものだという。すなわち、この「JF日本語教育スタンダード」は日本国内の日本語教育も視野に入れてその構築が開始されたものなのである[68]。

芝崎厚士（二〇〇七）は、「トランスナショナル・ランゲージとしての日本語教育」[69]という観点から、「これまで日本語の普及の活動領域を海外としてきた」[70]ところの国際交流基金に対して、「日本に住む外国人に対する日本語教育にも積極的にコミットすることで、日本社会の多文化共生の維持・構築に貢献できるようになること」[71]を求めている。この「日本に住む外国人に対する日本語教育」に関しては、従来の「日本国内は文部省、海外は国際交流基金」という業務分担のままでは、同基金が関与することは難しかったであろうが、これを「外交政策に係る日本語教育」という範疇に含めた場合には、国際交流基金もかかる日本語教育に関与することが可能になる。

このように、「外交政策に係る日本語教育」という枠組は、国際交流基金が他省庁からの攻勢に対して自己の事業領域を防衛するのに役立ったばかりでなく、それを拡張するのにも貢献した(あるいは今後も貢献する可能性がある)と言うことができる。しかし、その枠組が出てきた経緯を振り返ってみるならば、この方向性は国際交流基金が自ら主体的に選択したものというよりは、むしろ事業領域の防衛あるいは行政改革への対応という現実的な要因に由来するものだったと言うことができるだろう。

四 「支援」から「推進」へ

一九九〇年代は、日本経済の長期低迷を背景として、日本語学習者数が減少する国も目立つようになってきた。国際交流基金が一九九三年に実施した「海外日本語教育機関調査」の結果によると、一九九〇年に実施された同種調査の結果と比較して、中国やペルーなどで日本語学習者数が減少していることがわかった。このように、海外の日本語学習者数が統計の上で、「たとえ一部分であっても減少したということは四〇数年の日本語教育の歴史の中ではかつてなかったこと」[72]だった。

国際交流基金は一九九八年にも「海外日本語教育機関調査」を実施している。その調査結果は二〇〇〇年に発表されたが、それによると、日本語学習者数の減少した国が二一か国にのぼることが判明した[73]。二〇か国以上で日本語学習者数が減少するというのは、外務省や国際交流基金が海外の日本語学習者数に関する統計調査を開始した一九七〇年代以降では初めてのことであり、かりに日本語学習者数を「国際社会における日本の地位を示すバロメータ的数値とも見なし得」[74]るものであるとするならば、二〇以上の国で日本の地位が低下しつつあることが明らかになったのである。

しかし、海外全体で見た場合は、一九九〇年代から二一世紀初頭にかけての時期にも、日本語学習人口は拡大した。海外の日本語学習者数は、一九九〇年には約九八万人だったのが二〇〇六年には約三〇〇万人と三倍に増加している。また、この時期には従来にも増して、日本語「学習者の関心や目的が多様化」[75]した。そして、このような状況から、国際交流基金は二〇〇七年に次のような「認識」を表明するに至った。

> ジャパン・ファウンデーション（筆者注　国際交流基金）によるこれまでの日本語教育事業は、各国・地域のニーズに応じて「支援」するという形で行われてきました。それぞれの主体性を尊重し、自立化・現地化を促すためには、それが最も望ましい方法であると考えたからにほかならず、その結果、実際に日本語教育の基盤が整備されてきた国々があります。しかし一方で、日本語教育の世界的な広がりは、グローバリゼーションの浸透に伴い、私たちの想像以上に急速に進んでいて「もはや従来の方法では立ち行かないほどの勢いである」との認識を新たにしました。[76]

この「認識」に基づいて、国際交流基金は日本語教育の「体系化や標準化」[77]を図る方向を選択することになり、「JF日本語教育スタンダード」の構築に着手した。これは同基金が従来の「量的な需要拡大に対応する「支援型」事業形態から、質的な変化も捉えながら需要を発掘していく「推進型」事業形態へ、徐々にその重点をシフト」[78]していくための事業でもあったのだが、この「JF日本語教育スタンダード」の開発も、「日本語教育の世界的な広がりは、グローバリゼーションの浸透に伴い、私たちの想像以上に急速に進んで」いるという外的な要因を受けてのものだったことには留意する必要がある。また、かかる「支援型」事業形態から「推進型」事業形態への方向転換を国際交流基金が表明するようになったのは二一世紀に入ってからであるが、それに対して外務省の関係者は一九九〇年代にそれと類似の考え方をすでに表明していることにも留意する必要があるだろう。たとえば、同省文化交流部長の榎泰邦は、一九九九年の段階で次のような認識を示している。

国際交流基金が設立され、ようやく日本語普及事業が緒についた一九七〇年代半ば以降の四半世紀の歴史を見る限り、ともかく海外での日本語学習者の急増ぶりがものすごく、専門家を送れ、教材を送れ、日本で研修をさせてくれとの各地からのさまざまな要望への対応に追いまくられてきたのが現実と言わざるをえない。

すなわち、「ニーズの掘り起こし」よりも「ニーズに追われてきた」と言うべきである。[79]

そして、このような認識から榎は、「日本語普及の基本戦略作りが必要である」[80]と指摘する。また、「これまでは「ニーズに追われる日本語普及」であったが、これからは「ニーズを育てる日本語普及」を中心にする必要があろう」[81]との考え方を示した。

このような時間的順序を勘案するならば[82]、「ニーズに追われる日本語普及」から「ニーズを育てる日本語普及」への方向転換、あるいは「支援型」事業形態から「推進型」事業形態への方向転換は、外務省が口火を切ったものではなかったかと考えることができるのであるが、国際交流基金がその日本語普及事業を「これまでの受動的な支援から積極的な推進へと転換」[83]したのと歩調を合わせるかのように、外務省や国際交流基金以外の政府機関・政府関連機関も「日本語の普及」という営みに対して積極的な態度を示すようになった。たとえば、二〇〇六年五月には経済財政諮問会議が「ODA等による日本語教育事業等の拡充により、海外における日本語学習者数を三〇〇万人程度に増加させる」[84]ことと、「長期的には五〇〇〇万人程度を目指す」[85]ことを目標として掲げた[86]。日本の政府機関が日本語普及事業の達成目標を学習者数という形で明示したのは、これを嚆矢とする。

また、内閣総理大臣を議長とする海外経済協力会議は、二〇〇七年二月に左記の事項について合意した。

> 日本語教育については、世界的な日本語学習熱の高まりも踏まえ、我が国として日本語教育政策を戦略的に進めていくため、海外の日本語教育拠点を整備拡充すること、日本語教育に係る関係機関の連携強化を図ること等について合意した。[87]

このように、海外経済協力会議は「海外の日本語教育拠点を整備拡充する」とともに、「日本語教育に係る関係機関の連携強化を図る」としたのであるが、それは「我が国として日本語教育政策を戦略的に進めていく」ためだった。ここには、日本政府の日本語普及事業にかける積極性が反映していたと言うことができるだろう。

しかし、海外経済協力会議は、「我が国として日本語教育政策を戦略的に進めていく」前提として、「世界的な日本語学習熱の高まり」があることに触れている。すなわち、日本が「日本語教育政策を戦略的に進めていく」のは、海外で「高まり」つつある「日本語学習熱」に応えるという側面もあるのだとしているのであるが、このような論理展開は、一九三〇年代の国際文化振興会や一九七〇年代の外務省が、日本語普及事業を本格的に実施すべき理由として、海外における「日本語研究熱」や「日本語学習熱」の高まりをあげていたこと、あるいは一九八〇年代の「国際文化交流に関する懇談会」がその報告書の中で、日本語普及事業を推進する理由の一つとして、「海外における日本語学習熱」の「急激な高まり」をあげていたことを思い起こさずにはいられない。

この海外経済協力会議の「海外の日本語教育拠点を整備拡充する」という方針を受けて、国際交流基金は二〇〇八年に「JFにほんごネットワーク」の構築に着手した。これは「海外の中核的な日本語教育機関をつなぐ」[88]ネットワークであり、「日本語を学ぶ人々が増え、日本語教育の環境と質の向上がますます求められている現在、世界各地の日本語教育機関が連携・協力し、日本語教育を推進していくことがますます重要になって」[89]きたことから構築が開始されたものだった。また、「外務省も同ネットワークを財政的に支援しており、今後三年間に海外拠点の数を約一〇〇か所に増やしたい考え」[90]を持っていた。

この「JFにほんごネットワーク」の拠点を約一〇〇か所に増やすという計画、および前述の経済財政諮問会議が打ち出した「海外における日本語学習者数」を「長期的には五〇〇万人程度」にまで増やすという計画に関しては、二〇〇八年に国際交流基金の関係者が次のように述べている。

日本政府筋は、この勢い（筆者注　国際交流基金が二〇〇六年に行った調査の結果、海外の「日本語学習者数が約三〇〇万人に達する勢い」であることがわかったこと）に乗じて、早々に学習者五〇〇万人達成を目論んで、世界に一〇〇か所の日本語教育拠点を設置することを声高に主張している。ただし、その背景に、やはり同じ潮流の中で急激な世界展開を進める中国による「孔子学院」への対抗意識があることを公言して憚らないのであるから、実際はその本音がグローバルな視点での多言語化への対応でなく、「国益」という視点からであることは明らかである。[91]

このように、国際交流基金の関係者は、「JFにほんごネットワーク」の拠点を一〇〇か所に増やすという計画[92]と、それによって海外の日本語学習者数を「長期的には五〇〇万人程度」にまで増やすという計画は、いずれも中国政府の「孔子学院」を通じた中国語普及事業の「急激な世界展開」に対する「日本政府筋」の「対抗意識」がその基盤にあることを認めている。「孔子学院」とは、中国政府が二〇〇四年から世界各国にその設置を開始した中国語教育機関である。

また、前述の「JF日本語教育スタンダード」の開発にしても、国際交流基金の関係者が述べているところによれば、「中国の活発な言語政策の展開に刺激を受け」[93]たものだという。なぜなら、「語弊を恐れずにいえば、世界の学習者の取り合いのようなもの」[94]があるからである。すなわち、その開発動機には、「日本政府筋」が「目論ん」だ「学習者五〇〇万人」計画や、「世界に一〇〇か所の日本語教育拠点を設置する」という計画の場合と同様に、外国政府の動向という要因も作用していたと言うことができるのである。

おわりに

第二章および本章で見てきたように、戦後期における「国際文化交流事業」の一環としての日本語普及事業は、一九三〇年代における「国際文化事業」の一環としての「日本語海外普及」の場合と同じく、海外における「日本語学習熱」の高まりという外的な要因を受けて本格的に取り組まれることになった。そして、日本語学習者数の増加というこれまた外的な要因と、ODA予算の利用という現実的な要因によってその事業規模を拡大してきたのであるが、二一世紀に入ってからは、事業領域の防衛ならびに行政改革への対応という現実的な課題に由来する「外交政策に係る日本語教育」という枠組と、中国政府による中国語普及事業の「急激な世界展開」という外的な要因を受けて、その事業範囲が拡張された。さらには、「日本語教育の世界的な広がり」が「私たちの想像以上に急速に進んで」いるという、これまた外的な要因と、「中国の活発な言語政策の展開」およびヨーロッパにおけるCEFRの誕生に影響または刺激を受けて、その事業方針が変わった。

このように、「国際文化交流事業」の一環としての日本語普及事業は、日本政府の何らかの理念または哲学という内的な要因に基づいてというよりは、むしろ外的あるいは現実的な要因によって、その規模や範囲、さらには在り方を常に変化させてきたと言うことができるのである。その意味で、日本政府には「日本語の普及」に関する理念や哲学が「欠如」していたと捉えることも可能かもしれないが、かりにそうだとしたら、かかる理念や哲学が「欠如」していた理由としては、かつて日本はアジア太平洋地域の人々に日本語学習を強制したことがあるだけに、「日本語の普及」に関する理念や哲学をあらためて明示し、またそれらに基づいて日本語普及事業を実施するということに対する躊躇の念があったのではなかったかと考えることもできる。しかしそれと同時に、「日本語の普及」という営みが国民世論から必ずしも積極的に支持されていたわけではなかったという事情にも留意しておく必要があるだろう。たしかに、二〇〇〇年に文化庁が行った「国語に関する世論調査」（対象は全国の十六歳以上の男女三千名、有効回収率は七三・二％）の結果によれば、「近年、海外で日本語を学ぶ人が非常に増えており、現在では数百万人にも達すると言われています。あなたは、これから世界中で日本語を学ぶ人がもっと増えていくとよいと思いますか、それともそうは思いませんか」との質問に対して、八一・八％の人が「そう思う」と回答しているが、この「日本語の普及」に関する問題をそれだけに限定せず、他の項目と一緒に質問した場合には、別の様相があらわれてくる。たとえば、これは右記の調査とは違う時期に実施された調査なのだが、総理府が一九九三年の二月から三月にかけて全国の成年男女五千名を対象に実施した「国際文化交流に関する世論調査」（有効回収率は七四％）の結果によれば、「今後の国際文化交流の重点分野」（複数回答）として「海外への日本語の普及」をあげた者の割合は一二・二％で、これは「海外における日本研究の振興」をあげた者の割合（一〇・六％）につづき、下から二番目に小さかった[95]。また、文化庁が一九九五年四月に全国一六歳以上の男女三千名を対象に実施した「国語に関する世論調査」（有効回収率は七三・七％）は、必ずしも海外の日本語教育に焦点を合わせた調査ではなかったが、それの結果によれば、「日本人が、外国語を話せるようになるための教育を重視すべきである」という質問項目に「そう思う」と回答した者の割合が六七・五％（「そうは思わない」は二一・三％）であったのに対して、「外国人が、日本語を話せるようになるための教育を重視すべきである」という質問項目に「そう思う」と回答した者の割合は三五・五％にとどまっていた（それに対して、「そうは思わない」は四七・二％）。すなわち、「世界中で日本語を学ぶ人がもっと増えていく」ことと自体は「よい」ことと認識されていても、そうするための施策を実行することに対しては、必ずしも積極的な支持が寄せられていたわけではなかったと言うことができるのである。

右記の調査はすべて実施時期と調査対象者を異とするので、緻密な対照分析を加えることはできない。できることは傾向を読みとることだけであろう。また、この種の世論調査が行われたのは一九九〇年代が初めてであり、これらの調査結果をそれまでの時代の調査結果と比較することもできないのだが、右記の結果からは、少なくとも一九九〇年代の場合、日本の国民世論は「日本語の普及」という営みに必ずしも積極的ではなかったと言うことができるだろう。したがって、その「日本語の普及」に関して特定の理念や哲学を持たず、またそれらに基づいて日本語普及事業の規模や範囲あるいは在り方を変化させることもしてこなかったという点では、むしろ日本政府や国際交流基金は国民世論に沿っていた、あるいは柔軟な姿勢だったと評価することも可能かもしれない。

しかし、日本政府や国際交流基金がそれに基づいて日本語普及事業の規模や範囲あるいは在り方を変化させてきたところの諸要因のうち、とくに外的な要因については、それが今後も従来と同様の傾向にあるとは限らない。第二次世界大戦後、少なくとも統計の上で確認できる限りでは、海外の日本語学習者数は一貫として増加しているが、将来的には日本語学習者数が減少傾向に転じることも、可能性としては考えられうる。その時に日本政府や国際交流基金は、日本語学習者数が減少している「から」という理由でその日本語普及事業を縮小することになるのか、それとも日本語学習者数が減少している「からこそ」という理由で日本語普及事業のさらなる拡大を図ることになるのか。その二つの可能性が考えられるところに、特定の理念や哲学を有さない日本語普及事業の脆さと危うさがあるとするのは穿ちすぎだろうか。

注

1　これに関し、高橋力丸（一九九九）は次のように指摘している。「日本文化理解を日本語普及の目的とする国際交流基金の政策は、日本語を日本文化情報にアクセスするための媒体として捉えるのか、それとも日本文化そのものとして捉えるのかについての前提を曖昧のままにしているため、その曖昧さゆえに、駒込（筆者注　駒込武）の指摘のように日本語自体が日本文化のエッセンスであるかのような文化本質主義的な論理が導き出され、日本語学習と一体化した日本文化学習に帰結し、「宗主国家語」的イデオロギーが入り込む余地を与えている。無論、戦後の日本語普及は学習者の自発性に基づくものであって、強制的手段を用いた戦前の日本語普及とは事情が異なる。しかしながら、文化理解を過度に強調すれば、戦前同様に文化理解を半ば強要する結果になりかねない。」（一五一頁）

2　日本語普及総合推進調査会（一九八五）二五四頁

3　日本語普及総合推進調査会（一九八五）二五四頁

4　海外日本語普及総合調査会（一九九七）三五七頁

5　海外日本語普及総合調査会（一九九七）三五七頁

6　海外日本語普及総合調査会（一九九七）三五七頁

7 海外日本語普及総合調査会（一九九七）三五七頁

8 この「海外日本語普及総合調査会」の答申に基づき、国際交流基金は日本語普及事業予算の拡充を目指したが、答申が出た翌年度（一九九七年度）は、「財政構造改革の推進に関する特別措置法」（一九九七年法律第一〇九号）が成立し、政府全体の予算が縮小された（とくに日本語普及事業がその多くを依存していたODA予算は前年度比で一〇％削減された）年度でもあり、この答申に基づいて国際交流基金の日本語普及事業が拡大されることはなかった。

9 ただし、それまでの「わが国に対する諸外国の理解」という表記が「我が国に対する諸外国の理解」という表記に変更されている。

10 国際交流基金（二〇〇九）一七頁

11 国際交流基金（二〇〇九）一七頁

12 国際交流基金（二〇〇九）一七頁

13 国際交流基金（二〇〇九）一八頁

14 国際交流基金（二〇〇九）六頁

15 国際交流基金の関係者によれば、「まさに基金自身が参照すべき思想や方法論がCEF（筆者注　CEFRのこと）によって最も多く示唆されている、と認識」したという（嘉数勝美（二〇〇六a）五四頁）。

16 ヨーロッパ日本語教師会（二〇〇五）二〇頁

17 国際交流基金（二〇〇九）六頁

18 国際交流基金（二〇〇九）一七頁

19 国際交流基金編（一九八五a）二九頁〜三〇頁

20 国際交流基金編（一九八五a）三〇頁

21 国際交流基金編（一九八五a）三〇頁

22 国際交流基金編（一九八五a）三一頁

23 石井米雄・田中克彦・西江雅之・比嘉正範（一九八七）三頁

24 石井米雄・田中克彦・西江雅之・比嘉正範（一九八七）三頁
25 木村哲也（二〇〇二）一八二頁
26 国語審議会（二〇〇〇）三頁
27 「世界における日本語教育の重要性を訴える」有志の会（二〇〇四）一頁
28 「世界における日本語教育の重要性を訴える」有志の会（二〇〇四）一頁
29 国立国語研究所創立五〇周年記念事業実施委員会編（一九九九）一〇八頁～一〇九頁
30 当時、国際交流基金は「日本研究国際センター」の設置を検討していたが、一方で国立国語研究所も「日本語教育センター」の設置準備を進めていたため、両者の役割分担が問題となった。国際交流基金の「日本研究国際センター」は財政上の理由から結局のところは開設されなかったが、同センターは日本研究事業のほかに「日本語の普及」も担当するとされ、さらには「海外の各地に日本語普及のための「海外センター」を設ける」ことも検討されていた（国立国語研究所創立五〇周年記念事業実施委員会編（一九九九）一一六頁）。一九八九年に国際交流基金が埼玉県浦和市（当時）に開設した「日本語国際センター」は、この「日本研究国際センター」の設立構想が約一〇年の後に、「日本研究」よりも「日本語」に重点を置いて再生したものと位置づけることができる。
31 国際交流基金編（一九八五b）一三頁
32 朝日新聞社（一九八七）
33 加藤淳平（一九九六）八五頁
34 国際文化交流に関する懇談会（一九八九）六頁
35 文部省編（一九九〇）五五七頁
36 加藤淳平（一九九六）一九三頁
37 国立国語研究所創立五〇周年記念事業実施委員会編（一九九九）一〇六頁
38 国立国語研究所創立五〇周年記念事業実施委員会編（一九九九）一〇六頁
39 国立国語研究所創立五〇周年記念事業実施委員会編（一九九九）一〇六頁
40 外務省所管の国際交流基金が「国際文化交流事業」を実施することに関して、光田明正（一九九九）は芸術交流事業を例にあげ、「創造の場にないものが、日本を代表するものを選択するという図式」（七〇頁）になっていると指摘している。また、光田は次のようにも述べている。「外務省は外交担当の部署である。文化担当ではない。文化担当の部署は文部省である。したがって、交流基金設立は外交の要請によりなされたという側面が否めない限り、それは文化の内在的欲求の発露ではなく、文化に対する外からの呼びかけである。文化の創造者の内在的要請であったとする。それが政府の関わりを求めるなら、関係者は所管官庁である文部省へ働きかけ、政府としての対応を求めるのが近代国家の仕組みである。外務省所管として組織されたというのは、「国際的に交流が必要ですよ」と、直接創造の場にはない部門からの呼びかけである。その呼びかけをする組織として（筆者注　国際交流基金が）発足したという点に留意する必要がある。（中略）文化交流の基本形として、例えば芸術家が内在的創造的意欲の爆発として海外へもアプローチしたい、そのチャンネルを求めて外交部門へ接触する場合が考えられる。もう一つは、外交交渉など国際接触をしている過程において文化を紹介する必要を感じて交流を促進する場合である。国際交流基金が発足したのは後者のケースであろう。」（六八頁～六九頁）

41 国際交流基金運営審議会特別委員会（一九九八）六六頁

42 今後の日本語教育施策の推進に関する調査研究協力者会議（一九九九）四三頁

43 今後の日本語教育施策の推進に関する調査研究協力者会議（一九九九）六頁

44 今後の日本語教育施策の推進に関する調査研究協力者会議（一九九九）六頁

45 今後の日本語教育施策の推進に関する調査研究協力者会議（一九九九）六頁

46 今後の日本語教育施策の推進に関する調査研究協力者会議（一九九九）八頁

47 今後の日本語教育施策の推進に関する調査研究協力者会議（一九九九）四頁

48 今後の日本語教育施策の推進に関する調査研究協力者会議（一九九九）五頁

49 今後の日本語教育施策の推進に関する調査研究協力者会議（一九九九）九頁

50 今後の日本語教育施策の推進に関する調査研究協力者会議（一九九九）九頁

51 今後の日本語教育施策の推進に関する調査研究協力者会議（一九九九）九頁

52 二〇〇二年五月に文化庁は「国際文化交流懇談会」を設置したが、その設置目的は、「文化庁が国際文化交流においてより重要な役割を果たすことが求められていることを踏まえ、我が国の官民を通じた国際文化交流の現状を把握・分析するとともに、関係機関・団体等がそれぞれの特色を生かしつつ、国際文化交流を総合的、計画的に進める上での基本的な方針や具体的な方策等についてのマスタープランを作成する」こととされていた（文化庁ウェブサイトより二〇〇九年四月二五日引用）。

53 文化庁編（一九九九）二頁

54 国際交流基金一五年史編纂委員会編（一九九〇）一五頁

55 国際交流基金一五年史編纂委員会編（一九九〇）一五頁

56 国際交流基金一五年史編纂委員会編（一九九〇）一六頁

57 河東哲夫（一九九四）一八頁

58 河東哲夫（一九九四）一八頁

59 河東哲夫（一九九四）一八頁

60 国際交流基金関西国際センター研修事業評価委員会編（二〇〇七）一九七頁

61 「アジア・ユース・フェローシップ」は一九九五年度に開始された事業で、国際交流基金関西国際センターがその日本語予備教育を担当するようになるまでは、この事業によって奨学金を得た学生は、クアラルンプール（マレーシア）に設置されていた「アジア・ユース・フェローシップ・マレーシア予備教育センター」で一年間の予備教育を受けた後、日本の大学院に進学することになっていた。

62 この国家試験には来日後四年以内に合格しなければならないことになっていた。

63 春原憲一郎（二〇〇九）二八頁

64 内山直明（二〇〇八）三頁

65 内山直明（二〇〇八）三頁

66 嘉数勝美（二〇〇九a）八〇頁

67 嘉数勝美（二〇〇九a）八〇頁

68 これに関して、国際交流基金の関係者は二〇〇九年に、「JF日本語教育スタンダード」は「海外での日本語教育にとどまらず、国内のそれにも一役買うことができる、と国際交流基金は考えています」と述べている（嘉数勝美（二〇〇九b）三九頁）。

69 芝崎厚士（二〇〇七）三六頁

70 芝崎厚士（二〇〇七）三七頁

71 芝崎厚士（二〇〇七）三七頁

72 水谷修（一九九五）一四頁

73 日本語学習者数が減少したのは、中国、インドネシア、ミャンマー、パキスタン、グアテマラ、トリニダード・トバゴ、パナマ、ホンジュラス、アルゼンチン、コロンビア、ブラジル、ベネズエラ、ペルー、ボリビア、アイルランド、オーストリア、オランダ、デンマーク、ノルウェー、ベラルーシ、ユーゴスラビア、アラブ首長国連邦の二二か国であり、とくに中南米地域と西欧地域で日本語学習者数の減少した国が多かった。

74 海外日本語普及総合調査会（一九九七）三五七頁

75 国際交流基金（二〇〇七）二〇頁

76 国際交流基金（二〇〇七）二〇頁

77 国際交流基金（二〇〇七）二〇頁

78 国際交流基金日本語グループ（二〇〇五）「まえがき」

79 榎泰邦（一九九九）一五七頁

80 榎泰邦（一九九九）一六三頁

81 榎泰邦（一九九九）一六三頁

82 榎が「ニーズを育てる日本語普及」を主張した一九九九年から二年が経過した二〇〇一年の段階でも、国際交流基金は「現地主導による日本語普及への協力」を基本方針として外部に提示している。たとえば、清水陽一（二〇〇一）七頁を参照。

83 「世界における日本語教育の重要性を訴える」有志の会（二〇〇四）二頁

84 経済財政諮問会議（二〇〇六）九頁

85 経済財政諮問会議（二〇〇六）九頁
86 これらの目標のうち、「海外における日本語学習者数を三〇〇万人程度に増加させる」という目標については、この目標が設定された二〇〇六年中にほぼ達成されていたことが二〇〇八年に確認された。国際交流基金（二〇〇八a）によれば、二〇〇六年における海外の日本語学習者数は約二九八人である。
87 首相官邸ウェブサイトより引用（二〇〇九年四月二八日）。
88 高島まな（二〇〇八）一頁
89 高島まな（二〇〇八）一頁
90 讀賣新聞社（二〇〇八）一三面
91 嘉数勝美（二〇〇八）一頁〜二頁。
92 これに関して国際交流基金の関係者は、二〇〇八年三月に開催された日本言語政策学会の関東月例研究会において、「孔子学院」の「急速な世界展開の前で、日本語教育の対応が圧倒的に劣っている、という認識」が日本の「政財官界」で高まっており、「これを看過すれば、日本のプレゼンスがますます低下するとして、国際交流基金に対して、一〇〇ヵ所の日本語教育の海外拠点を早急に開設せよという新たなミッションが課された」と述べている（嘉数勝美（二〇〇九c）一四七頁〜一四八頁）。
93 嘉数勝美・胡志平・野山広（二〇〇六）三三頁
94 嘉数勝美・胡志平・野山広（二〇〇六）三三頁
95 他の回答項目（複数回答可）は、「青少年の交流」が三五・四％、「現代日本の紹介」が二三・三％、「スポーツの交流」が二二・九％、「日本の伝統文化の紹介」が二一・〇％、「留学生の交流」が一九・七％、「学者、芸術家、文化人などの交流」が一六・五％、「外国の文化の日本への紹介」が一六・一％だった。

第四章　国会では何が議論されてきたか

はじめに

一九七二年六月に制定された「国際交流基金法」(一九七二年法律第四八号、二〇〇三年一〇月廃止)には、「わが国に対する諸外国の理解を深め、国際相互理解を増進するとともに、国際友好活動を促進する」(第一条)ための「国際文化交流事業」(第一条)の一環として、国際交流基金は海外への「日本語の普及」(第二三条)を行うと明記されていた。これは法律の中に「日本語の普及」という表現が用いられた嚆矢である。それに対して、「日本語教育」という表現が法律の中で初めて用いられたのは、二〇世紀末に制定された「独立行政法人国立国語研究所法」(一九九九年法律第一七一号、二〇〇九年一〇月廃止)と、二一世紀初頭に制定された「文化芸術振興基本法」(二〇〇一年法律第一四八号)であったから、戦後の日本では少なくとも法体系の上で、「日本語の普及」という営みが「日本語教育」という営みよりも約三〇年早く国策の一つとして公認されたと言うことができる。そして、かかる「日本語の普及」という表現は、それまでの「国際交流基金法」に代わり二〇〇二年に制定された「独立行政法人国際交流基金法」(二〇〇二年法律第一三七号)に引き継がれて、今日に至っているのであるが、この国策の一つとして公認された「日本語の普及」という営みに関しては、その実施主体である外務省や国際交流基金の事業方針や事業内容を分析した先行研究は存在するものの[1]、「国権の最高機関であって、国の唯一の立法機関である」（日本国憲法第四一条）ところの国会では、どのような論議がなされてきたのかという点を考察した研究はほぼ皆無の状況にある。本章ではこのような状況を勘案し、戦後期の日本において立法府の議員たちは、海外における日本語教育・日本語学習の振興という問題に関して何に関心を寄せてきたのか、また日本の海外に対する「日本語の普及」（以下、本章では「日本語普及」と言う）に関してどのような論議をしてきたのかを、国会会議録[2]を材料として探ってみたい。

一　一九五〇年代から一九六〇年代まで

日本は一九五二年に再独立を果した後、ラジオによる国際日本語放送事業を再開した。これに関連して衆議院議員の松前重義（日本社会党）[3]は、一九五七年三月一一日に開催された同院逓信委員会において、「アジアに残した日本の唯一の遺産である日本語というものを、すべてのものを失ったけれどもたった一つ残っておる日本語というものを、どう歴史的に維持していくか」という観点から、その国際日本語放送事業の拡充を求めた。翌年の一九五八年にも松前は、「大東亜戦争が多くの罪悪を犯しましたけれども、なおそこに残したものは日本語というものであります」（一九五八年一〇月八日、衆議院逓信委員会）との観点に立って、日本語という言語をアジア地域で維持していくことを目的の一つに、国際日本語放送事業の拡充を求めている。

海外における日本語の「維持」に関する問題は、一九六〇年代に入ると他の議員たちによっても取りあげられるようになった。ただし、それは松前の場合とは異なり、アジア地域ではなく、主として米州地域の日系「二世、三世」[4]の間における日本語の維持に関する問題だった。そして、この問題に対処するため、「外務省のどの局かに、在外日本語普及課というものをつくるか、あるいは特例の委員会をつくる」[5]ことが求められたりもした。また、日本は戦後も中南米諸国に移住者を送出したことから、その「子弟に対する日本語の普及」[6]事業の実施も要請されるようになった。

一九六〇年代には、「在外勤務者の子弟の日本語教育」[7]の拡充も国会の場で求められるようになった。その背景としては、日本の高度経済成長とそれに伴う日本企業の海外進出を指摘することができる。この時期、海外に対する「日本語教育の普及」という範疇には、当時の文部省調査局長によれば、「海外における日本人の在住者の子弟の教育という問題と、それから現地の国民が日本に関する関心が非常に深いということから、日本語教育に関心を持っておる、その日本語教育の問題と、それからもう一つは、これは特殊な地域になるかと思いますが、日本の移住者の多い地域におけるいわゆる二世、三世の教育の問題と、大きく分けて三種類ある」[8]と認識されていたのだが、このうち国会の場で主に取りあげられたのは、「日本人の在住者の子弟」に対する帰国準備教育としての日本語教育の問題を除けば、「日本の移住者の多い地域におけるいわゆる二世、三世」に対する日本語教育についての問題だけだったと言うことができる。換言すれば、「日本に関する関心が非常に深いということから、日本語教育に関心を持って」いる人々を対象とした日本語普及については、ほとんど論議の対象とならなかったのである[9]。

日本政府は一九五四年に国費外国人留学生招致制度を設けた。同年、日本は東南アジア諸国から合計二三名の国費留学生を受け入れている。また、同じ一九五四年には社団法人アジア協会（今日の独立行政法人国際協力機構の前身）が設立され、海外から技術研修生を招聘するようにもなった。

これらの留学生や技術研修生を受け入れるに際して、日本政府およびその関連機関は日本国内において日本語教育施設の整備を図った。たとえば国費留学生の受け入れにあたっては、東京外国語大学（学部留学生対象）と大阪外国語大学（研究留学生対象）にそれぞれ留学生別科[10]を設けた。このうち学部留学生を対象とした予備教育制度については、一九六〇年に東京外国語大学（文科系）と千葉大学（理科系）にそれぞれ三年制の留学生課程を設置する制度に改められている[11]。また技術研修生に対する日本語教育は、当初はアジア協会が財団法人国際学友会（現在の日本学生支援機構東京日本語教育センター）に委託する形態で実施していたが、その後は財団法人海外技術者研修協会や海外技術協力事業団（一九六二年にアジア協会を吸収して設立）が日本語教育施設を整備して、そこで行われるようになった[12]。このように、留学生や技術研修生を受け入れるために、日本政府およびその関連機関は日本国内で日本語教育施設の整備を図っていったのであるが、「語学的なことばの問題で日本に留学しても効果があがらない」[13]という認識から、一九六〇年代には渡日前日本語教育の拡充を求める議員もいた。

このように、一九六〇年代には立法府においても、海外に対する日本語普及に関する問題が取りあげられるようになった。しかし、それらのほとんどは、日系人や渡日予定者を対象とした日本語普及であって、いわば海外移住政策や留学生受入政策または海外技術協力政策など、他の政策を円滑に進めるための手段としての日本語普及だったと言うことができる。

政府あるいはその関連機関が行う国際文化交流事業を「文化外交」と呼ぶことがある。管見の限り、戦後の日本において「文化外交」という表現が国会の場で用いられたのは、一九三〇年代に財団法人国際文化振興会の副会長を務め、戦後期には参議院議員を務めていた徳川頼貞（民主自由党）が、一九四九年五月六日に開催された参議院内閣委員会において、「特に日本の今後におきましては、文化外交が最も重要なことと思います」と発言したのを嚆矢とするのだが、かかる文化外交の一環としての日本語普及について、その必要性や重要性が国会の場で指摘されるようになったのは、一九六〇年代の後半期に入ってからである。

ただし、その必要性や重要性が立法府の場で指摘されるようになる以前に、すでに行政府は、文化外交の観点からも日本語普及事業を実施していた。第二章で述べたように、外務省は一九六五年に東南アジアおよび南西アジアの高等教育機関に対する「日本研究講座寄贈事業」を開始している。また、同省は一九六〇年代の後半期から、在外公館での日本語講座運営や海外に対する日本語教育専門家派遣等の事業も実施していた。

したがって、戦後期の日本において文化外交としての日本語普及事業は、立法府よりも行政府の主導によって開始されたと考える方が適当なのであるが、一九六〇年代の後半期には、その行政府の施策に呼応するかのように、立法府においても文化外交の一環としての日本語普及事業の必要性や重要性が指摘されるようになった。たとえば参議院議員の平泉渉（自由民主党）は、一九六八年四月一九日に開催された同院決算委員会において、「だんだん世の中が世論を非常に重視する時代になってきて、相手の国がそういう時代になってきておるわけでありますので、こういう点、特に日本の国というものが世界の中でいい印象を持たれておるということは、これは安全保障の上において非常に大きな価値がある」という観点から、「日本語ということばをもう少し世界的に広めていかないと、これは世界のほかの主要な、日本に匹敵する国力を持った国（中略）と比べて極端に日本語ということばが知られていないというような非常なアンバランスがあるような気がいたすんです」と発言している[14]。しかし、一九六〇年代にかかる観点から日本語普及事業の必要性や重要性について言及した議員の数は少なく、当時では例外的な存在だったと言うことができる。

二　一九七〇年代

衆議院議員の渡部一郎（公明党）は、一九七一年二月二三日に開催された同院予算委員会第二分科会において、海外に対する「日本語の普及がいま非常におくれて」いるとの認識を示している。また彼は、「文化事業に対しては、ドイツにおいて行なわれておりますように、外務省外局または外務省の中のこういうような専門の財団あるいは専門の公共機関のごときものを設立」してはどうかと提言した。

この渡部の提言に対して外務大臣の愛知揆一（衆議院議員・自由民主党）は、「文化事業」の専門機関を新たに設立することは昭和「四十六年度の問題としてはなかなか実現もむずかしい」と答弁している。しかし、同じ一九七一年の一一月に福田赳夫（衆議院議員・自由民主党）が外務大臣に就任すると、その専門機関の設立構想が急速に具体化し、政府は翌年の一九七二年に、「日本語の普及」を任務の一つとする国際交流基金を設立するための法案を国会（第六八回国会）に提出した。

福田は同年一月二九日に開催された参議院本会議において次のように演説している。

近年、海外諸国における対日関心は、とみに高まっておるのでありますが、同時に、諸方面にゆえなき警戒心や不当な誤解も台頭しつつあるやにうかがわれるのであります。わが国の対外活動が経済的利益の追求に偏するとする批判や、さらには、日本軍国主義の復活を懸念する声すら聞かれる状態であります。このようなときにあたり、平和国家、文化国家を志向するわが国の正しい姿を海外に伝え、誤った認識の払拭につとめることは、わが外交にとっての急務であります。特にわが国の場合、独特の文化的伝統と言語の障害のため、外国との意思疎通が困難なことを考えれば、このことは、一そう必要かつ緊急を要すると思うのであります。

福田によれば、諸外国で日本に対する「ゆえなき警戒心や不当な誤解も台頭しつつあるやにうかがわれ」たり、「わが国の対外活動が経済的利益の追求に偏するとする批判や、さらには、日本軍国主義の復活を懸念する声すら聞かれる」のは、日本「独特の文化的伝統と言語の障害のため、外国との意思疎通が困難なこと」が原因の一つであるという。すなわち福田は、日本語という言語を海外で対日理解を促進する上での「障害」の一つとみなしていたのである。

日本語を「障害」とみなす考え方は、なにも福田に特有のものではなかった。たとえば衆議院議員の石井一（自由民主党）は、国際交流基金法案について審議していた同院外務委員会（一九七二年三月二二日）において、「日本語というのは非常に難解なことばでありまして、語学のハンディというものが日本文化の交流をする場合に非常に大きなハンディになると思います」と述べている。また、同年四月一二日の衆議院外務委員会においては、同院議員の永田亮一（自由民主党）が、日本語は「非常に難解でありまして、外国の人にはなかなか理解しにくい」言語であり、「ことばの障害ということが大臣（筆者注　福田）の意欲されておる心と心の触れ合いというようなことに非常にネックになっておるのではないか」との認識を示している。そして永田は、「このことばの障害を克服するということで大臣はどういうおつもりを持っておられるか」と福田に質した。

この永田の質問に対して、福田は次のように答弁している。

まさに永田議員御指摘のように、わが国は世界では非常に特殊な立場にあると思うのです。その第一は、日本語ということばを使う民族である。これはほかの国では一般的には使われないことばです。また、その他人種的にも世界でもただ一つの民族である。そういうこと、それから風俗、宗教、習慣、そういうような点につきましてもこれは独自の立場に日本はある。こういうことを考えますと、わが国が国際社会における立場というものを考えまして、これに溶け込むという上にずいぶん障害が多いのです。それだけに私ども日本国は、それらの障害を乗り越えて国際社会の中でその任務を尽くさなければならぬ、こういう努力をしなければならぬ、こういうふうに考えるわけでありますが、その中でもことばの問題ですね、これはほんとうに越えがたい障害だ、こういうふうに考えておるわけであります。

そこで、私の考えを率直に申し上げます。これは日本語をもう少し海外に普及したらいいじゃないか、こういうような考えを打ち出しておる人もあります。しかし、私はこれはなかなかむずかしいことだ、言うべくしてむずかしいことだ、こういうふうに思うのです。（中略）しかし、日本に親近感を持つという以上、英語が世界語である、こういうふうにいたしましても、やはりある程度の日本語への理解というものは、これは捨ててはならない、こういうふうに思うのです。ただ、日本語を主軸にした国際交流というものを考えたら、これはとうてい実現できないことである、こういうふうに思います。

この発言内容から判断する限り、福田は日本語普及を国際交流基金が行うべき国際文化交流事業の中核的な事業とは考えていなかったとすることができるだろう。たしかに彼は、「ある程度の日本語への理解というもの」を「捨ててはならない」としていたものの、それと同時に、日本語の海外普及は「言うべくしてむずかしいことだ」とも認識していたのである。

このような認識から外務大臣の福田は、日本語普及事業よりも、むしろそれ以外の国際文化交流事業を重視していたようなのであるが、それに対して永田は、日本語の海外普及が「むずかしいこと」であるならば、むしろ「世界語というものを日本が率先して普及させたらどうか」と提案する。そして、「いま世界語としてあるのはエスペラント語」であるとの認識から、エスペラントを「日本が率先して世界に普及をする」ため、新たに設立されるべき国際交流基金は、エスペラントの普及事業も行うべきではないかと提言した。

この永田の提言に対して福田は、「エスペラントというものが普及し得る可能性があるか、こういうことを考えてみると、なかなかこれはむずかしいことじゃないか」との認識から、また、「世界語」としては「英語あたりが基盤になるのが、これが実際的じゃないか」との認識から、国際交流基金がエスペラントの普及に取り組むことを婉曲的に拒否している。しかし、福田がエスペラントに対して否定的だったのは、「わが国に対する諸外国の理解」は日本語学習によってしか深まらないと考えていたからではなく、エスペラントが「現実政治の問題」として「世界語」になっていなかったからであることには留意する必要がある。

また、一方の永田にとっても、「わが国に対する諸外国の理解を深め」る上で、日本語の学習は必要不可欠なものではなかったと言える。なぜなら、彼にとって国際文化交流の使用言語はエスペラントでもよかったからである。

国際交流基金法案が審議された第六八回国会において、国際文化交流における言語の問題を取りあげた議員には、右記の石井一と永田亮一のほかにもうひとり参議院議員の森元治郎（日本社会党）がいる。しかし、その森も日本語普及には積極的でなかった。彼は五月一一日に開催された同院外務委員会において、「日本語の普及だの勉強したい人というのは、これはごく一部の高い大学の先生、あるいは特殊なような人」であるのに対して、「一般のマスを相手に交流することがほんとうに底力のある、長く続く文化交流の基礎になる」との理由から、日本語普及以外の事業に重点を置くべきだと主張していた。

このように、国際交流基金法案の審議過程において、少なくとも国会の場で発言した議員たちは、同法案の中で国際交流基金がその実施を義務づけられていた「日本語の普及」という営みに対して、総じて積極的ではなかった[15]。また、前述の石井一、永田亮一、森元治郎の三名を除けば、野津隆志（一九九六）が指摘しているように、「合計九回にわたる衆参議院での国際交流基金法審議の中では、日本語教育に関わる議論はほとんどされ」[16]なかったのであり、これは当時の立法府における「日本語教育に関する関心の低さを表している」[17]とも言うことができるだろう。

国際交流基金法案は政府原案のまま衆参両院を通過し、一九七二年六月一日に法律として制定された。そしてこの法律に基づいて日本政府は同年一〇月に国際交流基金を設立して、「わが国に対する諸外国の理解を深め」ることを最重要課題に「国際文化交流事業」を、そしてその一環として海外への日本語普及事業を行うことになった。

日本が「わが国に対する諸外国の理解」を深めるという観点から国際文化交流事業を行う時、また、かかる国際文化交流事業の一環として日本語普及事業を行う時、その「わが国に対する諸外国の理解」を深めるという目的から海外へ発信すべき日本文化と、海外へ普及すべき日本語という言語の関係については、二つの考え方が成り立つだろう。すなわち、日本語普及事業に影響または刺激を受けて日本語の学習を始めた人々(あるいは、日本語の学習を継続している人々)が、その獲得した日本語能力を道具として使い、各種日本語メディアや日本語母語話者と接することで、結果的に日本文化を理解していくことを想定する場合と、日本語は日本文化そのもの、あるいはその一部だから海外へ普及すべきと考える場合の二つである。むろんこの二つの考え方は相反する関係にはないし、「国際交流基金法」に明記された「日本語の普及」という営みの機能としても、そのどちらか一方のみを想定していたとは考えにくいのであるが、一九七〇年代の前半期においては後者の考え方、すなわち日本語を日本文化と重ね合わせる考え方から日本語の普及を求める意見は、少なくとも国会の場では聞かれなかった。また前者の考え方、すなわち言語を文化理解の道具と捉える考え方においては、「世界語」であるところのエスペラントを「日本が率先して世界に普及」すべきではないかという意見が表明されなければならなかったほど、日本語という言語は国際文化交流の道具として信用されていなかったと言うことができる。

三　一九八〇年代から一九九〇年代まで

前述のように、一九七〇年代に入るまでの国会では、基本的に海外に対する日本語普及は、海外移住政策や留学生受入政策または海外技術協力政策など、他の政策を円滑に進めるための手段と位置づけられていた。そして、このような手段としての日本語普及事業を拡充することの必要性あるいは重要性に関しては、国際文化交流事業の一環としての日本語普及事業が開始された一九七〇年代以降も、国会の場では指摘されつづけた[18]。とくに一九八〇年代の前半期に当時の中曾根内閣がいわゆる「留学生一〇万人計画」を打ち出すと、この計画を実現するという観点からも海外に対する日本語普及事業を拡充すべきとの意見が唱えられるようになったのだが[19]、一九八〇年代には、「海外におきます日本語教育の問題は、単に留学生対策ばかりでなくして、もっと広く文化交流の問題として考えていかなければならない」[20]との意見が主流になった。これは、一九七二年に「国際交流基金法」が成立し、日本語普及という営みが文化外交あるいは政府やその関連機関が行う国際文化交流事業の一つとして公認されたことが直接的な契機になっていたと言うことができる。しかしそれと同時に、この時期に海外では日系人や渡日予定者以外の日本語学習者も増加していたことが、これには影響していたものと思われる。一九八〇年代には日本語普及事業の拡充を主張する際に、その理由として、海外における日本語学習者数の増加をあげるケースが多くなっていく。たとえば参議院議員の林健太郎（自由民主党）は、一九八五年三月一五日に開催された同院予算委員会で次のように述べている。

イギリスのブリティッシュカウンシルとかドイツのゲーテ・インスティチュートなんというのができましたのは、元来外国における自国語の教育というのから始まっております。つまり、英語は世界的に使われておりますので、ブリティッシュカウンシルなんかは英語教育ということですね。それからゲーテ・インスティチュートはもちろんドイツ語の教育。そこから始まっているものですから、しかも長い歴史があるものですから、非常に大きな規模の団体になっているわけですね。日本はその点非常におくれております。というのは、外国で日本語を勉強する人間の数というのは非常に少なかったわけです。ところが最近、皆さん御承知と思いますが、非常にふえてまいりましたね。ですから、外国における日本人（筆者注「日本語」の誤り）の教育、これをこの際うんと拡充しなければいけないと思うのです。

このように一九八〇年代の国会においては、海外で日本語学習者数が増加しているということを論拠の一つとして、日本語普及事業の拡充を求める声も聞かれるようになった。すなわち、海外で日本語学習者が増加していることに、日本も積極的に応えるべきとの立場から、日本語普及事業の拡充が求められたのである[21]。

この一九八〇年代は、国際社会における日本の存在感が大きくなり、「ジャパン・バッシング」(Japan-bashing) という言葉さえも生まれた時期である。かかる事情を勘案するならば、右記のように、海外における需要の拡大を理由の一つとして、日本語普及事業の拡充を求めるという論理展開がなされるようになった背景としては、かつて日本はアジア太平洋地域の人々に日本語学習を強制したことがあるという歴史的事実からくる不安感や躊躇の念も存在していたのではなかったかと想像することができる。

一方、一九七〇年代の国会で主流だった、「日本語というのは非常に難解なことば」であるという言語観については、一九八〇年代以降の時代においても支持されつづけた。たとえば、衆議院議員の松浪健四郎（新進党）は一九九七年五月二七日に開催された同院決算委員会第二分科会において、「日本語という言葉は特殊な言葉であり、外国人からすれば、もしかすれば難しい言葉ではないのか、つまり外国人に対して普及のしがたい言葉に、言語になってはいないのか、私自身、そういう認識を持っております」と発言している[22]。ただし、松浪の場合は、その日本語が「難しい」言語であるという言語観に依拠することで今まで日本は、「我々が逆に外国語を学べばいいではないか、この一方通行に陥り過ぎていたのではないのか」と指摘し、むしろ「私たちのこの言語を、つまりこれは日本文化であるわけですけれども、これも諸外国の人たちに身につけていただきたい、学習していただきたい、そういうふうに思わなければならない」のではないかと提言した。

前述のように、一九七〇年代の国会議員の中には、たとえば永田亮一のように、日本語を「難しい」言語と捉える立場から、エスペラントの普及を主張する者もいた。それに対して一九九〇年代の松浪は、日本語が「難しい」言語だとしても、日本語を「諸外国の人たちに身につけていただきたい、学習していただきたい」と考えなければならないとする。すなわち、日本語を「難しい」言語と捉える点で両者は共通しているのだが、その後の対応、換言すれば日本語普及に対して消極的な立場をとるか、それともそれを積極的に行うべきと考えるかという点では、両者の間に大きな違いが見られるのである。

また、前記のように松浪健四郎は、「私たちのこの言語を、つまりこれは日本文化であるわけです」とも発言している。すなわち、松浪は「私たちのこの言語」(日本語)と「日本文化」を重ね合わせているのであるが、かかる観点から日本語普及事業の必要性について言及した議員は、戦後期の国会では松浪が最初である。

松浪が衆議院決算委員会で右記の発言を行った一九九七年五月の直前には、国際交流基金の諮問委員会「海外日本語普及総合調査会」が「言語は文化を映し出す鏡」[23]いう表現を用いた答申を同基金理事長に提出している。国際交流基金がその一二年前の一九八五年に設置した諮問委員会「日本語普及総合推進調査会」の答申では、言語を「意思疎通の基本的手段」[24]と捉える考え方からの日本語普及が重視されていたのであるが、一九九七年の答申では、それに比べて言語と文化を重ね合わせる考え方が強くなっていたのである。

このような状況を勘案するならば、松浪健四郎が前記のような発言をした背景には、国際交流基金の調査会、すなわち行政府の関連機関が設けた調査会の答申における考え方の変化も影響していたのかもしれない。

四　二〇〇〇年代

二〇〇〇年代に入ると、行政府の役職を兼ねる議員からも、日本語と日本文化を重ね合わせる考え方が示されるようになった。たとえば二〇〇一年二月一四日に開催された衆議院予算委員会において、文部科学大臣の町村信孝（衆議院議員・自由民主党）は、「日本語の普及というのはまさに日本の文化の普及そのものである」と述べている。

その町村は、二〇〇一年三月一日に開催された衆議院予算委員会第四分科会で次のように発言している。

率直に言って、日本語を外人に教えるというのは、今まで余りうまくやってこれなかったと思うのですよ。それは多分、例えばフランス語であれば、たしかアリアンスフランセーズという機関があって、これはもう百年以上前から、世界にフランス語を普及しようという目的で、文化的な世界普及ということのシンボルとしてフランス語の普及をやってきた。

日本語はどうかというと、多分第二次大戦の敗戦という結果、余り日本語を普及するなんというのはもうやめておこう、ろくなことは考えないで、もうじっとしていようということが背景にあったのではないかという説をなす人もいますが、多分そうだろうと私は思うのです。日本語を海外に普及する、あるいは日本語を外国の人に教えるということに、極めて後ろ向きであった、慎重であった。（中略）

そういう中で、（中略）非常にむしろ日本に来る人がふえてきた。それから、実は日本語を学びたいという外国にいる人が物すごく多いのですね。そういうニーズにうまくこたえられていないという問題があると思いまして、この問題は、私も随分個人的にも政治家として取り組んできたテーマであります。

町村は同年三月二七日に開催された参議院文教科学委員会においても、「戦後、やっぱり戦争に負けたという反省といいましょうかショック」から、日本が海外に対して日本語普及を「積極的にやると日本の文化のまた侵略だみたいなそういう批判が怖くて、多分非常に憶病だったんだろう」との認識を示した上で、「しかし、今現実にもう海外で何万という日本語を学びたいという人たちがいる、あるいは国内に来て働きたいという人たちがいる、そういう現状を踏まえたときに、私は、積極的にそうした日本語の海外普及(中略)はこれから非常に重要になってくると、こう思っております」と述べている。

このように町村は、「日本語を海外に普及すること」に関して、従来は「極めて後ろ向き」だったとするとともに、その理由を「日本の文化のまた侵略だみたいなそういう批判が怖くて、多分非常に憶病だったんだろう」ということに求めている。しかし、その町村も「日本語の海外普及」を「積極的」に行う前提として、「日本語を学びたいという外国にいる人が物すごく多いこと」や、「今現実にもう海外で何万という日本語を学びたいという人たちがいる」ことをあげている。これは、一九八〇年代の国会で、日本が海外に対する日本語普及事業を拡充すべき理由として、海外における日本語学習者数の増加が論拠の一つとされていたことと類似している。すなわち、すでに日本語を学びはじめている人々とこれから「日本語を学びたいという人たち」の違いこそあれ、いずれの場合も、海外の需要に対して日本も積極的に応えていくべきとの観点から、日本語普及事業を拡充することの必要性や重要性が述べられているのである。そして、一九八〇年代におけるかかる論理展開の背景として、かつて日本はアジア太平洋地域の人々に日本語学習を強制したことがあるという歴史的事実からくる不安感や躊躇の念があったのではなかったかということを想像することが許されるとしたら、町村の場合にも同様の想像をしても差し支えないのではないか。すなわち、町村もその発言内容とは裏腹に、「日本の文化のまた侵略だみたいなそういう批判」に対する恐れと完全に無縁というわけではなかったのではないかと想像することができるのである。

町村の主張、すなわち海外の需要に対して日本も積極的に応えるべきという主張は、国会会議録で確認する限り、少なくとも与党の議員たちにはおおむね支持されていたようだ。たとえば、衆議院議員の丸谷佳織（公明党）は、二〇〇二年一一月一二日に開催された同院の「特殊法人等改革に関する特別委員会」において、「日本語の普及ということに関しては、非常にニーズも多いですし、力を入れていくべきだというふうに思います」と述べている。

しかし、二一世紀の初頭には、その海外の需要が縮小する可能性についても、立法府の場では指摘されるようになった。たとえば、前出の丸谷佳織は二〇〇六年一〇月二七日に開催された衆議院外務委員会において、次のように述べている。

経済がよいとき、バブルの最中には、当然、経済関係の結びつきが自然と多くなってきますので、日本語熱も高まってきたり、民間レベルで日本を知ろう、日本語を勉強しよう、日本文化を知ろうといったような熱というのは大きくなってくるわけですけれども、日本経済の衰退とともに、自然の流れの中で、日本に興味を失っていった人たち、あるいは日本語教育が少なくなって日本語を学習する人口が減っていく、こういった現象はあるんだと思います。

そして、このような認識から丸谷は、「経済の流れに任せて日本語に対する興味とか日本に対する興味、あるいは知日派、親日派が少なくなっていくという現象は外交上よくないというふうに私は考えるわけでございます」として、それに対する見解を外務大臣の麻生太郎（衆議院議員・自由民主党）に質問している。

これに対して、麻生は次のように答弁している。

日本語の点で言わせていただくと、一つだけ、これは私も知らなかったんですが、過去十年間ぐらいの間に、日本の経済力が落ちたと言われた時期に、日本語の学習者は、統計の資料によれば約倍ふえております。経済が落ちたにもかかわらず学習熱はふえた。なぜふえたか。それはほとんど、今子供の間に猛烈な勢いでふえておるという現実を見るときに、間違いなく、いわゆるゲームソフトの解説本です。

ゲームソフトの攻略本を最初に読んで覚えるのが、例えばマレーシアならマレーシアで英雄になりますので、日本語を読んで解説本を読破して、それで攻略ができるようになったらそれが英雄になるから日本語を最初に覚える。これが現実です。したがって、猛烈な勢いで、子供の間で、東南アジアでは日本語学習熱がふえたというのがこの十五年間ぐらいで顕著な例なところだと思っております。

このように麻生は、「ゲームソフトの攻略本」による「日本語学習熱」の高まりを理由に、楽観的な見解を示したのであるが[25]、「日本経済の衰退」によって「日本語を学習する人口が減っていく」という現象もありうるのではないかという指摘が国会の場でなされるということは、それまでの時代にはなかったことである。前述のように一九八〇年代から二一世紀初頭までの時期は、海外の需要に積極的に応える必要があるということを理由の一つとして、日本語普及事業の拡充が唱えられるケースが多かったのだが、その二一世紀の初頭には、「日本経済の衰退」によって、かかる需要が縮小することもありうるのではないかという危機感も表明されるようになったのである。

二一世紀の初頭には、もう一つの危機感が表明されるようになった。それは、中国政府が二〇〇四年以降、「孔子学院」を通じて「世界の国に、大学なんかに中国語の先生や教材を送って、中国語普及」[26]を本格化したことである。すなわち、「孔子学院」が「もう大変なスピードで、それも大変な国家戦略に乗ったやり方でやってきているということは見逃せない」[27]と認識されるようになったのである。そして、この中国政府の動向を理由の一つとして、「国家戦略として日本語を普及すべき」[28]あるいは「パブリックディプロマシーという中で、海外における日本語学習者に対する日本からのアプローチというのがやはり大事なんだろうというふうに思う」[29]との見解が主張されるようになった。

おわりに

本章では、戦後の日本において立法府の議員たちは、海外における日本語教育・日本語学習の振興という問題に関して何に関心を寄せてきたのか、また日本の海外に対する日本語普及に関してどのような論議をしてきたのかということについて、国会会議録を材料に分析した。その結果、日本語普及に対する考え方の上で、所属政党による有意な差は見い出せなかったものの[30]、次の二点を確認することができた。

一つは、「日本語の普及」という営みに対して、一九七〇年代の前半期には全般的に消極的な態度が表明されていたのが、一九八〇年代以降は積極的な意見が多く聞かれるようになったことである。すなわち、一九七〇年代には日本語普及事業よりも、エスペラントの普及や「一般のマスを相手に交流すること」が求められたりしていたのが、一九八〇年代以降は海外における需要の増大を理由あるいは前提の一つとして、「日本語の普及」を積極的に行うべきとの考え方が強くなっていった。

もう一つは、「文化」と「言語」の関係について、一九九〇年代の後半期以降は、日本語と日本文化を重ね合わせる考え方が国会の場で表明されるようになったことである。むろん、そのような考え方が一九八〇年代までの時代も皆無だったとは考えられないのだが、少なくとも国会の場で表明されるようになったのは一九九〇年代の後半期が最初である。

ただし、これらの変化は、国会議員たちの意識がおのずと変わったから生じたというわけではないだろう。むしろ行政府およびその関連機関の事業方針や事業規模の変動を受けての変化だったと考える方が適切だろう。本書第二章で見たように、日本語普及事業は海外における日本語学習者数の増加という現象を受けて、またODA予算を活用することによって、一九八〇年代以降に急拡大した。また、第三章で触れたように、国際交流基金の調査会はバブル経済の発生と崩壊の時期を挟んだ約一〇年の間に、日本語普及事業において普及すべき日本語という言語の位置づけを変化させていた。これらの事情を勘案するならば、立法府における論議は行政府の施策の後追い的な性格を有していたとも言うことができるかもしれない[31]。

しかし、立法府の議員が行った提案の中には、行政府が計画していなかった、そしてその後の時代も検討や実行をすることがなかった施策も含まれていた。たとえば衆議院議員の永田亮一が一九七二年に行った、エスペラントを「日本が率先して普及させたらどうか」という提案は、その一例である。むろん永田がこのような提案をしたのは、日本語を「非常に難解でありまして、外国の人にはなかなか理解しにくい」言語と認識していたからなのであるが、それと同時にこの永田の提案は、国際文化交流事業の観点から日本が言語普及事業を行う時、その普及の対象はなにも日本語に限定しなくてもよいことを示唆している。この点については本書の第八章であらためて触れる予定であるが、立法府の場で提案されながらも行政府が実行に移すことがなかった施策をたどっていくならば、あるいはありえたかもしれない、別の国際文化交流事業や言語普及事業の姿が見えてくるかもしれない。

注

1 たとえば、野津隆志（一九九五）、野津隆志（一九九六）、高橋力丸（一九九九）を参照。
2 会議録を調査するにあたっては、国立国会図書館の「国会会議録検索システム」を利用した。また、会議録を引用するに際しては、官報（紙媒体）と照合した。
3 所属政党名は、いずれも当該議員が本書で引用した部分の発言を行った時に所属していた政党の名称である。
4 田原春次（日本社会党）、衆議院予算委員会第二分科会、一九六四年二月二〇日
5 田原春次、衆議院予算委員会第二分科会、一九六四年二月二〇日
6 田原春次、衆議院外務委員会、一九六六年三月一八日
7 田原春次、衆議院予算委員会第二分科会、一九六四年二月二〇日
8 天城勲（文部省調査局長）、衆議院予算委員会第二分科会、一九六四年二月二〇日

9 ただし、皆無だったわけではない。たとえば、衆議院議員の大西正道（日本社会党）は、一九五八年一〇月一七日の同院外務委員会において次のように発言している。

「もう一つ、この移民をやるにしても、日本に対する理解を深めるにしても、言葉の問題がだいぶ重要であります。ところがあすこ（筆者注　ラオス）には今度大使館が設置されることになりましたが、この前はバンコックの渋沢大使が兼任しておられた。あすこに常駐しておられるのは事務官一人おるだけであります。向うでは日本へ行きたいということと同時に、日本語を学びたいという非常な機運があるようであります。これらに対しても何か有効な手が打てないかというのが現地の―多少日本人がおりますが、その希望であります。これは今御返答をどうこうということはありませんけれども、こういうことも一つ考えておいていただきたい問題だと思います。」

10 教育期間は、学部留学生の場合は一年間、研究留学生の場合は半年間だった。

11 その後、国費学部留学生に対する予備教育は、東京外国語大学外国語学部附属日本語学校（現在の東京外国語大学留学生日本語教育センター）で一年間実施する制度に変更された。

12 たとえば海外技術協力事業団は、一九六四年の東京インターナショナルセンター開設を機に、「同センターを核として日本語教育実施体制を整備した」という（国際協力事業団国際協力総合研修所（一九八九）五頁）。

13 多田省吾（公明党）、参議院内閣委員会、一九六七年五月三〇日

14 この平泉の見解に対して、外務大臣の三木武夫は、「日本語を世界語にするということはなかなかむずかしいことだ」という認識を示しつつも、「たとえば諸外国の大学院の中に日本語科を置くという大学が世界で非常にふえてきておる」という現状を勘案した場合、「これに対してできるだけの日本も協力するという形で日本語の普及をはかる」必要があると答弁している。しかし同時に、「政府でそういうことをやるということに対しては誤解も生じ」るので、「何か有力な民間団体」が日本語普及事業を行うのが適当ではないかとも発言している。

15 ただし、一九七〇年代の前半期にも、日本語普及を「文化外交の柱」と捉える議員は存在した。たとえば、国際交流基金の設立から約一年半が経過した一九七四年三月六日に開催された衆議院予算委員会第二分科会において、同院議員の渡部一郎（公明党）は、「外務省はジャパンファンド（筆者注　国際交流基金）とかなんとか、この間からかっこうのいい基金を海外ではお出しになるが、フランス政府のこうした文化基金の基本的な考え方

というのは全部、フランス語教育をする、フランス語を教えることというのがフランス文化に対する、またはフランス外交に対する理解を深めるための一番大事なことだという考え方」であり、日本政府も「こうしたものの考え方で日本語教育をするということは日本の外交にとって非常にプラスなことなんだ」という考え方を持つと同時に、「日本語を教育するということが文化外交の柱なんだということをぜひとも御認識いただいて、将来それに向かってひとつ何とか御努力を仰ぎたい」と発言している。

16 野津隆志（一九九六）一〇二頁

17 野津隆志（一九九六）一〇二頁

18 たとえば、一九七九年五月三〇日の衆議院外務委員会における井上一成（日本社会党）、一九八〇年一〇月二一日の参議院文教委員会における田沢智治（自由民主党）、一九八九年一一月一〇日の衆議院法務委員会における冬柴鐵三（公明党）の発言を参照。

19 たとえば、一九八五年三月二九日の参議院予算委員会における宮澤弘（自由民主党）の発言を参照。

20 宮澤弘、参議院外交・総合安全保障に関する調査特別委員会、一九八四年八月一日

21 日本語学習者数の増加という「事実」からだけではなく、たとえば一九八八年一一月八日の参議院外務委員会における広中和歌子（公明党）の発言に見られるように、海外では「日本語学習熱」が高まっているという「認識」から、日本語普及事業の拡充を求める声も聞かれた。「日本語学習熱」あるいはそれに類する表現が持つ問題点については、嶋津拓（二〇〇八ａ）を参照。

22 この松浪の日本語観に対し、外務政務次官の高村正彦（自由民主党・衆議院議員）は、「二十八文字のアルファベットを覚えれば、文字としてはそれでいい国の方から見れば、日本語というのは大変難しい言語であるというのが客観的なところではないか」との認識を示している。

23 海外日本語普及総合調査会（一九九七）三五七頁

24 日本語普及総合推進調査会（一九八五）二五四頁

25 麻生は、二〇〇七年五月一一日に開催された衆議院外務委員会においても次のように述べている。「日本語がこれだけやたら東南アジア等々で普及しましたのも、間違いなく、テレビゲームの攻略本の解説、あれを子供が覚

えるがために日本語というのは一番わあっと普及した。これはもう間違いなく子供のときに普及しました。この十年間、東南アジアにおいて、正式に日本語を習うというのを届けている人の数は約倍にふえておりますから、そういったようなところは、あれから入ってきたというのはもう間違いないと思われます。」

26　伊藤公介（自由民主党）、衆議院予算委員会、二〇〇七年二月七日

27　島尻安伊子（自由民主党）、参議院国際・地球温暖化問題に関する調査会、二〇〇七年二月六日

28　伊藤公介、衆議院予算委員会、二〇〇七年二月七日

29　島尻安伊子、参議院国際・地球温暖化問題に関する調査会、二〇〇七年二月六日

30　アモン、ウルリヒ（一九九二）によれば、旧西独では対外文化政策におけるドイツ語あるいはドイツ語普及という営みの位置について、「社会民主党（ＳＰＤ）は、言語を、主としてそれ自身伝達されるには及ばないドイツ文化の伝達手段だと考えるきらいがあった」のに対して、「キリスト教民主同盟（ＣＤＵ、中略）は、文化伝達を容易にするため言語そのものを伝達するという目標を力説した」というように、二大政党の間で考え方に差が見られたという（五三頁）。

31　二〇〇九年八月に行われた衆議院議員総選挙の結果、「官」に対する「政」の主導性を唱える民主党を中心とした政権が誕生したが、その民主党は、「国内における日本語教育を充実させるとともに、海外の日本語学習者への日本語専門家の派遣や、外国人日本語教師の訪日研修など、海外における日本語教育を支援します」（民主党政策集ＩＮＤＥＸ二〇〇九）と宣言している。今後の成り行きが注目される。

第五章　「日本語の普及」と海外諸国の日本語教育政策

はじめに

本書の第二章と第三章では、日本の海外に対する「日本語の普及」事業（以下、本章では「日本語普及事業」と言う）の変遷と現状について見てきたが、海外における日本語学習者の増加、あるいはそこで行われる日本語教育の質的向上は、なにも日本の海外に対する日本語普及事業によってのみ促進されるわけではない。たとえば前者の量的な面では、一九七〇年代から今日まで海外では一貫して日本語学習者数が増加しているが、少なくともこの量的な面に関して言えば、日本の海外に対する意図的なアプローチによるというよりも、他の要因、たとえば日本の経済力や科学技術力の増大あるいは日本のポップ・カルチャー等の魅力によってもたらされたものと考える方が適切だろう。

もっとも、海外の人々は何から直接的な影響を受けて、あるいは何を直接的な契機として日本語の学習を始めるようになるのかという点については、それに関する包括的な調査が過去に一度も行われたことがない。したがって、日本政府や国際交流基金の意図的なアプローチ、すなわち海外に対する日本語普及事業の実施よりも、非意図的な要因によって海外では日本語学習者が増加したのではなかったかというのは、あくまでも憶測に過ぎないのだが、たとえば国際交流基金が「日本語の普及」という事業領域に含めている事業の中身を詳細に点検すると、その「日本語の普及」という言葉が醸し出す積極性とは対照的に、同基金の日本語普及事業は、「すでに日本語の学習を開始している人々」、すなわち「日本語を現に学習中の人々」と、彼らに日本語を教えている機関や教師を対象として、その日本語学習や日本語教育を支援するための事業が大半を占めていることがわかる。換言すれば、「まだ日本語の学習を開始していない人々」に対するアプローチはきわめて限定的なのである。具体的には、国際交流基金の附属機関である関西国際センター（大阪府泉南郡田尻町）が海外諸国政府の外交官や外交官以外の公務員を日本に招聘して入門レベルからの日本語教育を行う「外交官・公務員日本語研修」や、同基金の海外日本文化センター・海外事務所が設置している日本語講座での初級日本語教育事業など限られた事業しか、「まだ日本語の学習を開始していない人々」を対象とした事業は存在しないのである[1]。

したがって、国際交流基金による日本語普及事業の実施を、海外における日本語学習者増加の主因とみなすことはむずかしい。しかし、同基金はその「国際文化交流事業」（一九七二年法律第四八号「国際交流基金法」第一条および二〇〇二年法律第一三七号「独立行政法人国際交流基金法」第三条）の一環として、日本語普及以外の事業も実施している。たとえば学者や文化人を日本から海外に派遣して講演会を開催したり、海外の劇場や美術館で日本の舞台芸術や造形芸術を公演・展示したりする事業である。

これらの人物交流事業や芸術交流事業について、国際交流基金の主管大臣（外務大臣）だった高村正彦は、一九九九年七月二日に開催された衆議院外務委員会において、「国際交流の中には、人物交流あるいは芸術交流等が含まれるわけでありますが、その成果は、例えば、海外における日本語学習者の増加、あるいは大型文化行事の成功という形で具体的にあらわれてきているというふうに考えております」と述べている。すなわち高村は、国際交流基金が実施する人物交流事業や芸術交流事業の成果の一つを「日本語学習者の増加」という現象の中に求めているのであるが、もしこの認識が妥当なものだとしたら、また、「日本語の普及」という表現を、「まだ日本語の学習を開始していない人々」を対象に「日本語の学習を始めさせる」ことと解釈するならば、人物交流事業や芸術交流事業こそが「日本語の普及」事業と呼ばれるべきであり、国際交流基金が「日本語の普及」という事業領域に含めている事業、具体的には、海外の日本語学習者を対象とした研修会や日本語能力試験の実施、海外の日本語教育機関への人的あるいは資金的な援助や日本語教材等の寄贈、海外の日本語教師を対象とした研修会やセミナーの開催等の事業は、「すでに日本語の学習を開始している人々」と、彼らに日本語を教えている機関や教師に対する支援という意味で、「日本語の普及」事業と言うよりは「日本語学習・日本語教育支援」事業と称すべきだろう。

したがって、国際交流基金が「日本語の普及」という事業領域に含めている事業の実施によって、海外で日本語学習者が増加したというのは、あまり適切な表現ではない。むしろ人物交流事業や芸術交流事業など、それ以外の「国際文化交流事業」の実施を通じて、国際交流基金は海外で日本語学習者を増加せしめたと言うべきだろう。

しかし、かりにそのように言い換えたところで、国際交流基金の活動を海外で日本語学習者が増加したことの、あるいは増加しつつあることの主因とみなすことはむずかしいだろう。二〇〇六年現在、海外では約三〇〇〇万人の人々が日本語を学習中であることが確認されているが、そのかなりの部分は、日本の意図的なアプローチ、すなわち国際交流基金の活動によってというよりも、日本の社会状況やポップ・カルチャーの動向など、他からの影響や刺激によって日本語の学習を開始するようになったと考える方が適切なのではないだろうか。

ただし、意図的なアプローチによって日本語学習者が増加することもある。しかし、それは基本的に日本からのアプローチによるというよりも、それぞれの国の政府あるいは教育行政機関のアプローチによってである。すなわち、高橋力丸（一九九九）が指摘しているように、「日本の経済的影響を背景としつつも、各国の国内事情に基づく国家の政策として日本語教育の促進が図られ、それが日本語学習需要の拡大の主因となっていることは見逃せない事実」[2]なのである。今日、海外の日本語学習者はその約五七％（約一七〇万人）が小学校から高等学校までの初等中等教育機関に通う青少年たちであり、また、その数はたとえば一九九〇年に比べて約二・五倍に増加しているのだが、初等中等教育レベルは高等教育レベルや学校教育外分野に比べて教育行政の影響が強いことを勘案するならば、初等中等教育レベルにおける日本語学習者の増加に、それぞれの国の政府や教育行政機関の意図が働いていること、あるいはその意図が結果的に作用していることは否定できないだろう。国際交流基金の関係者は一九八八年の段階で次のように述べている。

日本語はいまや日本研究のための手段としての言語から、実際的な必要性により情報収集やコミュニケーションの道具として求められる実用語へと、その性格を変えつつある。それが一般成人学習者や大学での日本研究を専攻としない日本語学習者の増加をもたらしているが、また一方で、各国政府の外国語教育政策により中等教育機関での学習者が増加していることも見逃せない。あえて言うなら、前者は学習者個人が日本語の必要性を自覚し、後者は国として日本語の必要性を認めたことにより進められている日本語教育である。[3]

本章では、この「国として日本語の必要性を認めた」ことにより進められてきた日本語教育の、その「必要性」の中身について考察したい。すなわち、海外では初等中等教育レベルにおいてどのような理由から日本語教育が実施されてきたのか、換言すれば、海外諸国政府はどのような意図あるいは政策目標から初等中等教育レベルで日本語教育を実施してきたのかを見ていくことにしたい。

一　初等中等教育レベルにおける日本語学習ニーズ

国際交流基金は一九七四年から数年おきに「海外日本語教育機関調査」を実施している。その調査結果によると、海外で日本語を学ぶ人の数は今日まで一貫して増加している。とくに一九八〇年代を中心とした時期には七・七倍に(すなわち、一九七九年の約一三万人から一九九〇年の約九八万人に)増加している。

一九九〇年代は日本経済が低迷し、日本に対する関心の低下や日本離れを意味する「ジャパン・パッシング」(Japan Passing)という言葉さえも生まれた時期である。そして、それと呼応するかのように、いくつかの国では日本語学習者数が減少したが、海外全体では増えつづけ、一九九三年には約一六二万人に、さらに一九九八年には約二一〇万人に増加し、一九九〇年の調査結果と比較して倍増した。また、二一世紀に入ってからも、二〇〇三年には二三六万人、二〇〇六年には二九八万人と、たしかにその伸び率は鈍化したものの、学習者数そのものは増加している。

このように一九八〇年代から二一世紀初頭にかけての時期に海外では日本語学習者数が増加し、二〇〇六年の時点では海外に約三〇〇〇万人ちかい日本語学習者が存在するのだが、その五七％に相当する約一七〇〇万人は初等中等教育レベルで日本語を学んでいる。すなわち、海外の日本語学習者はその約半数が小学生から高校生までの青少年たちということになる。

それでは、彼らはなぜ日本語を学んでいるのだろうか。国際交流基金の「海外日本語教育機関調査」は、その名のとおり海外の日本語教育機関を対象とした調査であり、学習者個人を対象とした調査ではないため、当該調査の結果から個々の日本語学習者の学習動機を直接的に知ることはできないのだが[4]、同基金はこの「海外日本語教育機関調査」を実施する際に、毎回、「日本語教育上の問題点」についても各機関に照会している。

その照会項目に対する回答を見てみると、初等中等教育レベルでは高等教育レベルや学校教育外分野に比べて、「学習者が日本語学習に熱心でない」と回答している機関の割合が大きいことがわかる[5]。ここからは、初等中等教育レベルにおいては、学習者自身が自己の日本語学習ニーズを明確に認識している場合が、高等教育レベルや学校教育外分野の学習者の場合に比べて少ないのではないかと推測することができる[6]。

もしこの推測が的外れのものでないとしたら、それではいったい誰が日本語学習ニーズを有しているのであろうか。まず考えられるのは、彼らの保護者たちだろう。すなわち、日本語能力を身につけておくことが子供たちの将来、たとえば大学進学や就職の際に役立つはずだと信じている保護者たちの存在が考えられる。

つぎに考えられるのは、それぞれの国の政府や教育行政機関がニーズを有している場合だろう。換言すれば、生徒たちが日本語学習ニーズを有しているというよりも、行政サイドが「国として日本語の必要性」を認め、自国の青少年たちに日本語を学ばせたいというニーズを有している場合である。この場合、日本語を実際に学ぶことになる生徒たちはむしろ受身的な立場で日本語を学びはじめることになり、その結果として、中には「日本語学習に熱心でない」生徒も出てくることが考えられる。むろん、日本語を学びたいという意欲がはじめから強い生徒も存在するし、あるいは初期の段階では嫌々ながら日本語を学習していたのが、その日本語学習の進展とともに自身の学習ニーズを明確に認識あるいは発見するに至るケースもある。しかし、「学習者が日本語学習に熱心でない」と回答した初等中等教育機関の割合が他の教育分野に比べて大きいということは、初等中等教育レベルの場合は、高等教育レベルや学校教育外分野の場合と比較して、学習者自身よりも「他者」のニーズの方が大きいことの証左とすることができるだろう。

それでは、その「他者」の中でも政府や教育行政機関の場合は、どのようなニーズを有しているのだろうか。

管見の限り、世界で最も早く初等中等教育レベルに日本語教育を、しかも自主的に最も早く導入した国はオーストラリアである[7]。同国では一九一八年にニューサウスウェールズ州の公立学校フォート・ストリート・ハイスクール（Fort Street High School）に日本語教育が導入されている。また、その数年後には同じニューサウスウェールズ州の公立学校ノース・シドニー・ハイスクール（North Sydney High School）にも日本語教育が導入されているのだが、これらのハイスクールにおける日本語教育の開始には、オーストラリア政府、とりわけ国防省が深く関与していた。すなわち、オーストラリアの国土を日本から防衛するという「国防」上の観点から、ニューサウスウェールズ州のハイスクールでは日本語教育が開始されたのである。

オーストラリアがいつごろから日本に対して軍事的な脅威を感じるようになったかという点に関しては諸説があるが、日露戦争における日本の勝利を契機とすると考えるのが一般的である。ただし、それより一〇年前の日清戦争における日本の勝利を契機とするという見方もある。いずれにせよ、一九世紀から二〇世紀への転換期、すなわち一九〇一年のオーストラリア連邦誕生の時期と前後して、同国では日本の軍事的な「南進」に対する警戒心が醸成されはじめたとすることができる。一九〇五年にはオーストラリア海軍がシドニー沖で日本を仮想敵国とした軍事演習を実施している。

一九一四年から一九一八年までの第一次世界大戦の間、日本とオーストラリアは同盟関係にあった。このため、たとえば日本海軍はオーストラリア軍の輸送を護衛するために巡洋艦を派遣するなどした。しかし、一九一四年一〇月の日本によるドイツ領太平洋諸島の占拠は、オーストラリアの戦前から続く対日警戒心をさらに高めることになった。それは、日豪両国が赤道附近でその実質的な国境を接するようになったからである。

その対日警戒心から、オーストラリア政府は一九一七年に陸軍士官学校とシドニー大学で日本語教育を開始した。そして、それらの教育機関に日本語既習者（初級修了者）を送り込む目的から、オーストラリア政府はニューサウスウェールズ州政府と協議の上、一九一八年に同州のハイスクールに日本語教育を導入したのである。すなわち、オーストラリアの初等中等教育レベルにおける最初の日本語教育、すなわち初等中等教育レベルにおける世界で最初の日本語教育は、「国防」上のニーズから開始されたとすることができる[8]。

それでは、第二次世界大戦の終結から今日に至る時期においては、どのようなニーズまたは政策から、海外諸国の初等中等教育レベルでは日本語教育が開始されたり、あるいはその振興が図られたりしてきたのだろうか。次節では、この点を意識しつつ、とくに初等中等教育レベルで日本語学習者が多い国の中から数か国を例にあげて、その日本語教育政策の変遷と現状について見てみることにしたい。

二 海外諸国の日本語教育政策

(一) 韓国

韓国は世界最大の日本語学習人口(二〇〇六年時点で約八九万人)を擁するが、その約九〇%は初等中等教育レベルの日本語学習者である。

韓国の初等中等教育の場で日本語教育が開始されたのは一九七三年のことである。これは、その前年の一九七二年に大統領の朴正熙が文教部(教育行政を管掌する中央官庁)に対して、日本語を高等学校の第二外国語科目(選択科目)に追加するよう指示したことに由来する。

朴正熙が日本語教育の導入を指示したのは、「韓国と日本は類似面が多く、書籍を通じ、また経済技術分野で、日本から習うべき点が多い」[9]と考えたからなのであるが、日本語科目を高等学校のカリキュラムに導入することに対しては、国民から批判の声が上がった。それは、「日本の経済的・文化的支配に陥る恐れが憂慮された」[10]からである。

しかし朴正熙は、このような「国民の反対を押し切り、日本との経済協力を強化する政策の一環として高校での「日本語」教育をスタート」[11]させることになった。一九七三年二月、文教部令第三一〇号によって日本語は人文系高等学校（普通科）と実業系高等学校の第二外国語科目（選択科目）に導入された。ただし、国民の批判に配慮し、たとえば人文系高等学校の指導目標においては、「日本の文化、経済などに対する理解を増進させ、国際的協力意識を養う」[12]という目標と並んで、「日本語を通じて、われらの固有の伝統と文化を紹介し、正しい意思伝達をすることができる基礎能力を養う」[13]という目標が設定された。しかも後者が前者よりも前に置かれていた。すなわち、日本語を学ぶことで「日本の文化・経済」を「受信」することよりも、日本語で韓国文化を「発信」することの方が、少なくとも教育目標に関する文書の上では優先されていたと言うことができるのである。また、梅田博之（一九九五）によれば、韓国の高校教育用に編纂された「最初の日本語教科書（国定）である『日本語読本』上下は、日本事情や文化の紹介の観点は全くなく、韓国の国土・人物の紹介、韓国の民族主義・当時行われていた維新事業等をテーマとする内容を多く取り入れたもの」[14]だったという。

二一世紀に入ってからも、韓国の高等学校における日本語教育では、「われらの固有の伝統と文化を紹介」するという目標が維持されている。一九九七年一二月に韓国政府の教育部（文教部の後身）によって公布され、高等学校では二〇〇二年から二〇一〇年まで施行された第七次教育課程（日本の学習指導要領に相当）[15]も、高校二年生が履修する「日本語Ⅰ」の指導目標の一つとして、「韓国文化を日本へ紹介する」ことをあげている。しかし、同課程の内容からは、その位置づけが変化した印象を受ける。

第七次教育課程は「日本語Ⅰ」の「性格」を次のように規定している。

日本語は、朝鮮時代半ば頃、通訳官の養成用としての日本語教材が刊行されたことからもわかるように、昔から教育的に必要性が高かった言語である。現在の韓国と日本は、政治、社会、文化的に緊密な相互協力関係にあるが、古くからの友好的な関係が壊れてしまった近代史の影響で両国民の感情の溝は未だ深い。ところが、今、世界は隣接国家間の結束が強化され、地域単位の統合または協力体制を構築し、文化交流を通してお互いを理解し、協力する国際化の動きが活発に展開されている。このような時代の動きを背景に、「日本語Ⅰ」科目は、韓日間のさまざまな交流活動に一翼を担える人材を育むための基礎課程として、言語の四技能を基礎的な水準から扱い、バランスの取れた意思疎通能力を養う基礎的な科目である。

日本語は経済力と情報力の面で言語の勢力が大きい代表的な言語である。現代のような情報化時代においては、印刷媒体とインターネットによる迅速な情報の収集は日本を理解することはいうまでもなく、韓国の発展のためにもとても有益である。その意味で「日本語Ⅰ」は情報収集の基を成す科目として、日本語への興味と関心を高め、日本語による情報収集に興味を持つように働きかける科目である。

「日本語Ⅰ」科目は日本文化の特徴を理解し、韓国文化を日本へ紹介することにより韓日両国民の相互理解を進め、両国間のすべての交流に肯定的でかつ積極的に参加することができる基礎的な力を養うことに重点を置く。[16]

このように第七次教育課程でも、「韓国文化を日本へ紹介する」ことが謳われている。しかし、それは「韓日両国民の相互理解を進め」る上での手段と位置づけられている。しかも、ここでは「韓国文化を日本へ紹介する」という表現よりも前に、「日本文化の特徴を理解」するという表現が置かれている。また、この第七次教育課程では、「日本語は経済力と情報力の面で言語の勢力が大きい代表的な言語である」との認識の下に、「印刷媒体とインターネットによる迅速な情報の収集」を行うための言語能力の養成も重視されている。これらの点を勘案するならば、同課程では「発信」よりも「受信」の方が重視されている、あるいは少なくとも両者を対等に扱っていると言うことができるだろう。

このように、韓国の高等学校における日本語教育は、この三〇年の間に少なくともその教育目標に関する文書の上では、「発信」重視から「受信」を重視する方向へ（あるいは、「受信」も重視する方向へ）と変化したと言うことができるのであるが、それは「近代史の影響で両国民の感情の溝は未だ深い」にしても、「今、世界は隣接国家間の結束が強化され、地域単位の統合または協力体制を構築し、文化交流を通してお互いを理解し、協力する国際化の動きが活発に展開されている」からである。ここには、韓国政府が現在の国際環境の中で日本とどのようにつきあっていこうとしているのか、そして日本語教育に何を期待しているのかが率直に語られていると言うことができるだろう。

（二）中国

中国[17]では、一九四九年の建国時から二一世紀の今日に至るまで、中等教育レベルの外国語教育において、日本語がとくに重視されることはなかった。同国の中等教育で最も重視された外国語は、一九五〇年代まではロシア語、そして一九六〇年代以降は英語であり、日本語は常に付随的な立場にあったに過ぎない。このことは日本語教育を実施していた（あるいは、今日なお実施している）中等教育機関の地理的な分布を見ても明らかである。すなわち、特定の地域に集中しているのである。

一九七二年の日中国交正常化から今日に至るまで、日本語を第一外国語として教えている中等教育機関（中国では第二外国語として日本語を教えている中等教育機関の数は少ない）は、東北三省（黒龍江省、吉林省、遼寧省）と内蒙古自治区に集中している。なかでも朝鮮族やモンゴル族の生徒が通う学校で日本語教育が実施されている割合が大きい[18]。

たしかに一九九〇年代以降は、上海など沿海部の中等教育機関でも職業教育校を中心に日本語教育が行われるようになった。しかし、それでもなお東北三省と内蒙古自治区が中等教育レベルにおける日本語教育の中心地であることに変わりはない。

それでは、これらの地域では、どうして日本語教育を実施している中等教育機関の数が多いのだろうか。そこには、中国政府の何らかの意図が介在しているのだろうか。これらの疑問のうち前者の理由として指摘されているのは主に次の三点である。

（一）東北三省と内蒙古自治区に多数居住する朝鮮族とモンゴル族の生徒にとって、文法構造の面から日本語は学習しやすい言語であり、したがって大学入試で英語を選択する場合よりも高得点が期待できること。

（二）朝鮮族やモンゴル族の生徒は漢語（中国語）も学習しなければならないため、英語よりも学習が容易な日本語を外国語科目として選択する傾向がみられること。

（三）一九七〇年代に中国の中等教育で本格的な外国語教育が開始された時期に、東北三省と内蒙古自治区では英語を教えられる教師が少なかったのに対して、日本語のできる人材が多かったこと。[19]

もし、これらの指摘が妥当なものだとしたら、日本語教育を実施している中等教育機関の数が東北三省と内蒙古自治区で多い理由は、日本語の文法構造と、いわゆる「満州国」（今日の東北三省および内蒙古自治区の一部と地理的にほぼ重なる）時代の「遺産」に求められることになる[20]。すなわち、中国政府の何らかの意図というよりも、むしろ同国政府が意図しなかった理由によって、これらの地域では多くの中等教育機関において日本語教育が実施されるようになったのであり、少なくともその量的な面に関しては、中国政府の言語政策や教育行政の影響は必ずしも大きなものではなかったと言うことができる。

むろん、このことは中国政府が中等教育レベルで日本語教育を振興することに全く無関心だったことを意味するものではない。日中間の国交が正常化される以前の一九六〇年代にも、当時の周恩来首相の指示で開設された外国語学校（外国語教育専門の中等教育機関で、当初は全国に一一校が設立された）ではすでに日本語教育が行われていたし、一九八〇年代には日本語が中国の「中等教育課程で正式に必修外国語の一つ」[21]に認定された。そして、それと同じ頃から中国政府は、日本語教育のための教学大綱（日本の学習指導要領に相当）や教科書をつぎつぎ出版するようにもなった[22]。

しかし、その一九八〇年代から、中国の中等教育レベルでは日本語学習者数が減少するようになった。これを王宏は一九九五年の時点で日本語の「地滑り的現象」[23]と呼んでいる。日中国交正常化直後の一九七三〜一九七四年ごろには全国で三〇万人を超えていたと言われる[24]中等教育レベルの日本語学習者数は、それから三十余年が経過した二〇〇六年の段階では約七万人にまで減少している。その最大の理由は、中国の中等教育において日本語が「第一外国語」として英語と競合する位置にあること、その英語がいわゆる「全球化」(グローバリゼーション)の流れの中で学習者を引きつけていることに求められる[25]。このような状況の中で、たしかに地方政府の中には、たとえば大連市教育局のように、日本語を第二外国語として、あるいは英語を苦手とする生徒が英語の代わりに学習する外国語として、その教育を奨励しようとする動きも見られたが、中央政府が中等教育レベルにおいて、少なくともその量的な面で日本語教育の振興を図ったことは、前述した外国語学校のような事例を除いて、これまでほとんどなかった。

既述のとおり、中国政府が中等教育レベルでとくに重視した外国語は、かつてはロシア語、そして現在は英語である。逆の言い方をすれば、日本語が中国の中等教育の場で特別に重視されたことは今まで一度もなかったし、現在でもその状況に変化はないのである。もしかすると、このことは中国政府が日本語という言語を、ひいては日本という国をどのような視線で見てきたか(そして見ているか)をあらわしているのかもしれない。

(三) インドネシア

東南アジア諸国では、その中等教育に日本語教育を導入するケースが、主として一九八〇年代以降に多く見られたが、インドネシアでは、すでに一九六〇年代から中等教育レベルで日本語教育を実施している[26]。その教育目的については、たとえば、一九八七年に制定された日本語指導要領では、「高等学校生徒が将来、適当な高等教育機関において教育を受ける際に必要とされる日本語の基礎を習得させる」[27]という、学習者本人の将来を視野に入れた目的のほかに、「高等学校生徒が将来、インドネシア建国に資する目的で日本国と共同事業に携わる際に必要とされる日本語の基礎を習得させる」[28]という国家建設上の目的が掲げられていた。

今日、インドネシアの日本語学習者は、その約九〇%が高校生である。しかし、そのインドネシアでは、数年ごとに日本語を学ぶ高校生の数が大きく変動した。国際交流基金の調査によると、たとえば一九九三年には六〇、二七八人の高校生が日本語を学んでいたのが、五年後の一九九八年には三五、四一〇人と四〇%以上も減少した。一方、二〇〇三年(六一、七二三人)から二〇〇六年(二四四、三〇四人)にかけては、四倍ちかくに増加している。

ただし、これらの変動はいずれも、インドネシアの高校生の間で「日本語学習熱」が低下した、あるいは高揚したことに起因するものではなく、教育行政上の事情、具体的には教育課程の変更によってもたらされたものである。すなわち、一九九〇年代の中頃に日本語を履修する高校生の数が減少したのは、一九九三年までは普通高等学校の社会系および文化系の二年生と三年生が第二外国語を学んでいたのが、翌年の一九九四年からは言語系の三年生のみが第二外国語を学ぶシステムに中等教育のカリキュラムが変更されたためである。一方、二一世紀初頭に日本語を学ぶ高校生の数が大幅に増加したのは、二〇〇六年に実施されたカリキュラム変更により、すべての高校生が一年生から三年生まで継続して第二外国語(または技術科・家庭科)を履修するようになったからである。

このように、中等教育レベルでは、日本語学習者数が教育課程の変更など教育行政上の事情によって大きく変動することがある。それは中等教育レベルの日本語教育が基本的に当該国の教育行政の直接的な影響下にあることの証左でもあるのだが、それと同時に、このインドネシアの事例は、日本語学習者数の変動と、当該国における「日本語学習熱」や「日本語ブーム」の高低とを直接的に結びつけて論ずることの虚しさも教えてくれる。

(四) マレーシア

マレーシアの中等教育レベルにおける日本語教育は、レジデンシャル・スクール(Residential School)と呼ばれる国立全寮制中等学校において一九八四年に始まった。これは、一九八一年に同国の首相に就任したマハティール・ビン・モハマド(Mahathir bin Mohamad)が打ち出した「東方政策」(Look East Policy)、すなわち日本や韓国をモデルとして人材育成を図るという政策に由来する。

レジデンシャル・スクールは、小学校卒業時の全国統一試験(Primary School Achievement Test)で良い成績をおさめた生徒が進学するエリート校であるが、ブミプトラ(マレー人およびマレーシアの先住民)優先政策により生徒のほとんどはマレー系である。二〇〇九年現在、日本語は第二外国語の一つとして、五〇近いレジデンシャル・スクールでその教育が実施されている。

レジデンシャル・スクールの日本語教育は、当初は青年海外協力隊の隊員、すなわち日本から派遣された日本語教師が担っていたが、その後、マレーシア政府の主導により一九九〇年にマレーシア人日本語教師の養成プログラムが開始された[29]。このプログラムの参加者は、マレーシア国内で日本語の基礎を学習した後、渡日して日本の高等教育機関で日本語と日本語教育を学んだ。現在、レジデンシャル・スクールのマレーシア人日本語教師は、そのほとんどがこのプログラムの修了者である。

また、二〇〇四年にはマレーシア教育省が「国際言語政策」(International Language Policy)という言語教育政策を発表した。これにより、レジデンシャル・スクール以外の中等教育機関にも日本語教育が導入されることとなり、二〇〇五年からはデイ・スクール(Day School)と呼ばれる国立一般中等学校でも日本語教育が実施されるようになった。その教師には、中等教育機関の現職教員(ただし、担当科目は日本語以外の科目)で、マレーシア政府の国立国際言語教員訓練所(The International Languages Teacher Training Institute)が主催する日本語教員養成プログラムを修了した者があてられた。

このようにマレーシアの中等教育レベルにおける日本語教育は、現在では広く国立一般中等学校でも実施されているのだが、当初は「東方政策」に基づいて開始され、またその教師も「東方政策」に実効性を与えるためにマレーシア政府の主導によって養成されてきた。したがって、もし同国が「東方政策」を採用していなかったならば、マレーシアの中等教育では日本語教育の開始もその教師の養成も、今よりずっと遅れていたかもしれないと想像することができる。

(五)オーストラリア

大洋州ではオーストラリアとニュージーランドで初等中等教育レベルの日本語学習者が多い。とくにオーストラリアでは、二〇〇六年現在、その約三八万人の日本語学習人口(世界第三位)のうち九八%(約三七万人)が初等中等教育レベルの日本語学習者で占められている。

前述のように、オーストラリアのハイスクールで日本語教育が開始されたのは、一九一〇年代のことである。そして、それがオーストラリア政府の「国防」上のニーズに由来するものであったことも既述したとおりである。

一九四一年一二月に日本とオーストラリアは開戦の事態に至る。この開戦によって、オーストラリアの中等教育レベルにおける日本語教育は、そのほとんどが中止された。

第二次世界大戦後のオーストラリアの中等教育の場で、日本語教育が本格的に実施されるようになったのは、一九六〇年代に入ってからである。その直接的なきっかけは、一九五七年に日豪経済貿易協定が締結されたことに求めることができる。また、日本ではそのころから高度経済成長が始まった。日本はオーストラリアから鉄鉱石などの鉱物資源を輸入し、それを加工・輸出することで、「経済大国」への道を歩みはじめた。

このような日豪間における経済交流の深化に伴い、一九六〇年代には日本語教育がオーストラリアで重視されるようになった。それはとくに高等教育レベルにおいて顕著だったが、初等中等教育レベルにおいても、たとえば一九六七年にはニューサウスウェールズ州政府が日本語を現代語(Modern Languages)の科目に認定している。これはアジア語としてはインドネシア語につぐ認定だった。また、同じ一九六七年にはクィーンズランド州政府もその公立学校に日本語教育を導入している。

しかし、オーストラリアの初等中等教育レベルで日本語学習者数が大幅に増加したのは、一九八〇年代から一九九〇年代にかけてのことである。国際交流基金の調査によれば、同国の初等中等教育レベルにおける日本語学習者数は、一九七九年には一万人にも満たなかったのが、一九九八年には約三〇万人にまで増加している。このような現象が生じたのは、むろん日豪間の経済交流や人的交流の拡大にも負うところが大きいのであるが、直接的な要因としては、この時期にオーストラリア政府やその関係機関・関係者が言語政策をあいついで立案し、それを実行に移してきたことをあげることができる。

その言語政策は大きく二種類に分類することができる。一つは、いわゆる多言語主義（Multi-lingualism）の観点から「英語以外の言語」（ＬＯＴＥ：Languages Other Than English）の教育を推進しようとした政策である。この範疇に括られる言語政策は、もともとは非英語圏からの移住者たちがその母語を維持・継承していくことを「権利」（Language as a Right）として認めようとする立場からの政策だったのが、一九八〇年代に入ると、その移住者たちの言語を主として経済的な「オーストラリアの国益」（Australia's national interests）[30]を増進するための「資源」（Language as a Resource）とみなす方向に転じ、その対象も、イタリア語、ギリシャ語、中国語、ヴェトナム語のように「継承語」（Heritage Language）あるいは「コミュニティー語」（Community Language）としての性格が強い言語だけではなく、日本語やフランス語のように「外国語」（Foreign Language）としての性格が強い言語にも拡大されるようになった。そして、日本語の場合はそれを母語とする移住者や長期滞在者の数が他言語の場合に比べて少なかったが、すなわち、オーストラリアで日本語は「継承語」あるいは「コミュニティー語」としての性格をあまり有していなかったのであるが、日本の経済力を背景に「オーストラリアの国益」に資するＬＯＴＥとみなされ、オーストラリアの全州で、「優先言語」（Priority Language）の一つに指定されることになった。

このような、日本語を含めたＬＯＴＥ教育全体の振興を企図した言語政策としては、一九八七年に社会言語学者のジョゼフ・ロ・ビアンコ（Joseph Lo Bianco）が連邦議会に提出した『言語に関する国家政策』

(National Policy on Languages)と題する報告書や、一九九一年にオーストラリア政府がまとめた『オーストラリアの言語―オーストラリア言語・リテラシー政策―』(Australia's Language, The Australian Language and Literacy Policy)という標題のレポートなどをあげることができる。

もう一つの範疇に括ることができる言語政策とは、LOTEの中でもとくにアジア語の教育振興を企図したものである。

もともと英国の植民地から国家としてのスタートを切ったオーストラリアは、経済面で英国に依存していた。しかし、その英国は一九七三年にヨーロッパ共同体(EC)に加盟した。これにより、オーストラリアは英国に対して経済的に依存することが難しくなり、「アジア太平洋国家」の一員としての道を模索することになる。また、一九八〇年代はアジア諸国が著しい経済発展を見せた時期でもあった。これらの理由から、一九八〇〜一九九〇年代にはアジア語教育の振興を図るための言語政策がオーストラリアであいついで策定された。その例としては、一九八八年に連邦政府の諮問機関である「アジア教育審議会」(The Asian Studies Council)が雇用教育訓練省に提出した報告書『オーストラリアにおけるアジア教育のための国家戦略』(A National Strategy for the Study of Asia in Australia)や、一九九四年に「オーストラリア政府審議会」(COAG:The Council of Australian Governments)[31]が発表した報告書『アジアの諸言語とオーストラリアの経済的将来』(Asian Languages and Australia's Economic Future)などをあげることができるが、このうち後者は、学習優先度の高いアジア語として、中国語、日本語、インドネシア語、韓国語の四言語を指定し[32]、当該四言語の教育を一九九六年から全国の小学校教育に導入するとともに、二〇〇六年には一二年生(日本の高校三年生に相当)全体の一五%がこれら四言語のいずれか一つを学習していくようにすべきだと勧告していた。そして、このCOAGの答申を受けて、連邦政府と各州教育省は一九九四年一〇月にタスク・フォースを設け、「オーストラリアの学校におけるアジア語・アジア学習推進計画」(NALSAS : The National Asian Languages and Studies in Australian Schools Program)と総称する事業計画の実施に着手した[33]。

このように、一九八〇年代から一九九〇年代にかけての時期におけるオーストラリアの言語政策は、主として経済的な「オーストラリアの国益」のために、「資源」としてのLOTEを積極的に活用していくべきとの観点に立って、「継承語」あるいは「コミュニティー語」としての性格が強い言語のみならず、「外国語」としての性格が強い言語も含めたLOTE教育全体の推進を企図したものと、一九九四年にCOAGが発表した報告書の『アジアの諸言語とオーストラリアの経済的将来』という標題に端的に表現されているように、アジア太平洋地域に存在するオーストラリアの「経済的将来」という観点に立って、とくにアジア語の教育を推進しようとしたものの二種類に分類することができるのだが、そのいずれの言語政策においても日本語教育が重視された。そして、この時期にオーストラリアのハイスクールでは日本語を履修する生徒の数が増加し、たとえばニューサウスウェールズ州の後期中等教育修了試験(Higher School Certificate)では、一九九四年に日本語科目の受験者数がそれまで常に第一位を占めていたフランス語の受験者数を抜き去り、最多の受験者を集めるLOTE科目となった(詳細は本書第七章を参照)。また一九九〇年代に入ってからは中等教育レベルのみならず初等教育レベルでも日本語学習者が増加し、その数は二一世紀の初頭に一〇万人を超えた。

このように、一九八〇年代から一九九〇年代にかけての時期に日本語という言語は、主として経済面における「オーストラリアの国益」にとって、あるいは「オーストラリアの経済的将来」にとって重要な言語として、その教育がオーストラリアの初等中等教育の場では振興されたのである。

(六) ニュージーランド

ニュージーランドでは、一九六七年に日本語教育が中等教育レベルで開始された。また、一九七三年には日本語が大学入学資格試験(University Bursary)の科目に認定されている。その後、一九八〇年代後半から一九九〇年代中頃にかけての時期に、中等教育レベルでは日本語学習者数が爆発的に増加した。ニュージーランド日本学センター(The New Zealand Centre for Japanese Studies)の調査によれば、その人数は一九八七年から一九九六年までの約一〇年間に四・六倍(五、九二一人→二七、〇三九人)に増加し、一九九四年にはフランス語の学習者数を抜いて首位に立った[34]。しかし、一九九七年からは日本語の学習者数が減少するようになり、翌年の一九九八年(二二、三七六人)には二年前の一九九六年に比べて一七%の減少となった。

この減少傾向は二一世紀に入ってからもつづいた。ニュージーランドでは一九九八年に「国際言語シリーズ」(International Language Series)という教材を使用した、七年生と八年生(ニュージーランドでは八年生までが初等教育レベルに区分されることが多い。ただし、六年制の初等教育機関も存在する)を対象とした教育プロジェクトが開始され、それによって日本語教育を導入する初等教育機関の数も増加したのだが[35]、国際交流基金の調査によれば、同国の初等教育レベルと中等教育レベルを合わせた日本語学習者数は、一九九八年の三九、二三七人から二〇〇六年には二七、三六九人へと三〇%減少した。二一世紀の初頭には隣国のオーストラリアでも、初等中等教育レベルにおいて日本語学習者数が減少するようになったのだが、そのオーストラリアの事例と比べてもニュージーランドの場合は減少傾向が顕著だった。

それでは、どうしてこの時期にニュージーランドでは日本語を学ぶ青少年の数が大幅に減少したのだろうか。その理由としては、日本経済の長期低迷のほかに、とくに都市部では日本語を履修する生徒の多くがアジア系移住者の子女や日本からの留学生であったことから、英語を母語とする生徒が日本語を履修しても高得点を期待できないとして、日本語学習を敬遠しているのではないかとの声も聞かれた。

しかし、これはオーストラリアについても言えることだった。同国でもとくに都市部においては、日本語を履修する生徒の数に占めるアジア系生徒数の割合は大きかった。また、オーストラリアもニュージーランドも、もともとは英国の植民地から国家としてのスタートを切った国であること、しかし一九七三年に英国がECに加盟したため、同国に対して経済的に依存することが難しくなり、これがきっかけとなってアジアに対して現実的な眼を向けはじめるようになったこと、そしてこのことが初等中等教育レベルで日本語学習者数が増加する要因の一つとなったことも共通している。

しかし、ニュージーランドの初等中等教育レベルにおける日本語学習者数の減少傾向はオーストラリアの場合よりも顕著だった。国家としての歴史および地理的な条件の面でよく似た位置にあるオーストラリアとニュージーランドの間に、この差をもたらしたものはいったい何だったのだろうか。

その理由はいくつか考えられるが、最大の要因としては、両国における言語政策の違いをあげることができるだろう。前述のようにオーストラリアでは、一九八〇年代から一九九〇年代にかけての時期に、連邦政府やその関係機関・関係者が言語政策をあいついで立案し、それを実行に移してきた。その言語政策は、主として経済的な「オーストラリアの国益」のために、「資源」としてのLOTE（英語以外の言語）を積極的に活用していくべきとの観点に立って、「継承語」あるいは「コミュニティー語」としての性格が強い言語のみならず、「外国語」としての性格が強い言語も含めたLOTE教育全体の推進を企図したものと、アジア太平洋地域に存在するオーストラリアの「経済的将来」という観点に立って、とくにアジア語の教育を推進しようとしたものの二種類に分類することができるのだが、そのいずれの言語政策においても経済的な「国益」が重視されていた。

それに対してニュージーランドの言語政策においては、その経済的な「国益」という考え方が希薄だった。たしかに、ニュージーランドの日本語教育シラバスにおいても、「日本語はニュージーランドにとって、両国の経済的、文化的関係を考える上で重要な言語である」[36]との表現が見られたものの、その日本語教育の「目標」を規定している箇所においては、「国境や文化のステレオタイプを超えて、異なる言語、文化、国籍を持つ人々に対する寛容で積極的な態度を身につける」[37]という目標が最初に掲げられており、ニュージーランドでは経済的な「国益」よりも「異文化理解」の方が優先されていた。

経済的な「国益」の追求という観点からは、貿易や投資などの面で自国と関係の深い国の言語が重視されることになるだろう。しかし、「異文化理解」を実現するという観点からは、その教育対象言語を特定の言語に限定する必要がない。学習者の方で任意の言語を選べばよいのである。換言すれば、経済的な「国益」という観点からは基本的に政府や教育行政機関の側が教育対象言語を選定する、あるいはそれを優先言語に指定するなどの方法で学習者を誘導することになるのに対して、「異文化理解」という観点からは学習者の側が学習言語を任意に選択できるのである。一九九〇年代の後半から二一世紀初頭にかけての時期、すなわち日本経済の低迷期においてすらも、オーストラリアでは経済的な「国益」の観点から日本語教育が重視されていたのに対して、ニュージーランドでは「異文化理解」の観点から政府や教育行政機関の側が特定の言語を優先することをせず、どの言語を選択するかを生徒やその保護者の恣意性にゆだねた結果、当時の日本経済の状況からして、日本語学習者数が大幅に減少するという傾向が見られるようになったと言うことができるのである[38]。

(七) 米国

米国においては、日本語教育が初等中等教育レベルで一九八〇年代から一九九〇年代にかけての時期に拡大した。その拡大の程度は、英語と言語構造を同じくするインド・ヨーロッパ諸語以外の言語、すなわち米国で「真の外国語」(Truly Foreign Language) と呼ばれる外国語としては、同国史上前例がないほどの規模だった。

しかし、米国の初等中等教育レベルにおける日本語教育の量的拡大は、米国政府が主導して実現したものではなかった。もとより同国は教育行政権が州や学校区などの地方にあり、合衆国政府が各州の教育に直接関与することはできないのだが、これまでも合衆国政府は「変化をもたらす刺激剤としての「ご褒美」を差し出すこと」[39]で、すなわち資金助成等の間接的な方法で、初等中等教育レベルにおける外国語教育の振興を図ってきた。冷戦只中の一九五八年に成立した国防教育法 (National Defense Education Act) や湾岸戦争直後に制定された国家安全保障教育法 (National Security Education Act) による各種助成プログラム、二〇〇一年九月の米国同時多発テロをきっかけとして二〇〇六年一月に発表された国家安全保障言語構想（NSLI：National Security Language Initiative）[40]などはその例である。

これらの「国防」あるいは「国家安全保障」を目的とした教育政策や言語政策は、いずれも財政的な裏付けを有していただけに、米国の外国語教育、とくに「真の外国語」と呼ばれる言語の教育に大きな影響を与えた。一九八〇年代から一九九〇年代にかけての時期に、米国の初等中等教育レベルで日本語教育が拡大したのも、合衆国政府やその関連機関からの助成金に負うところが大きかった。

しかし、そのような「影響力」という観点ではなく、「主導性」という観点から言えば、第二次世界大戦後の米国で、合衆国政府が日本語教育の量的拡大や質的充実の面で主導性を発揮することはなかった。一九八〇年代から一九九〇年代にかけての時期に米国の初等中等教育レベルで日本語学習者数が増加したのも、合衆国政府のイニシアティブによるというよりは、地方政府や個々の言語教育関係者たちの活動に負うところが大きかった。このことは日本語教育の質的充実という点においてはさらに顕著だった。たとえば、ハイスクールや高等教育機関における初級日本語教育のためのカリキュラム・フレームワークとして開発され、一九九三年に発表された『米国のハイスクールとカレッジにおける初級日本語教育カリキュラムのためのフレームワーク』（A Framework for Introductory Japanese Language Curricula in American High Schools and Colleges）[41]も、その構築作業に際しては、たしかに合衆国政府系の全米人文科学振興基金（The National Endowment for Humanities）から助成金を得てはいたが、開発を主導したのは個々の言語教育関係者たちだった。

また、初等教育から高等教育までの一貫型日本語教育スタンダーズとして開発され、一九九九年に発表された『二一世紀の日本語学習スタンダーズ』（Standards for Japanese Language in the 21st Century）は、全米外国語教育協議会（The American Council on the Teaching of Foreign Languages）が中心となって開発し、一九九六年に発表した汎用型の言語教育スタンダーズ『外国語学習基準―二一世紀への準備のために』（The Standards for Foreign Language Learning: Preparing for the 21st Century）に基づいて制作されたものだったが、その制作を主導したのは米国日本語教師会（ATJ：The Association of Teachers of Japanese）と全米日本語教師協議会（NCJLT：The National Council of Japanese Language Teachers）の日本語教育関係者たちだった[42]。

この『二一世紀の日本語学習スタンダーズ』に準拠して、二〇〇六年には「日本語APプログラム」（AP Japanese Language and Culture）が開始された。

米国には全国共通の大学入学試験は存在しないが、各大学は入学者を選抜する際に「大学進学適性試験」（SAT：Scholastic Assessment Test）[43]という共通テストの結果を参考にしている。このSATを実施しているのは「大学協議会」（The College Board）という教育団体であるが、同協議会は高校生がハイスクール在籍中に大学レベルの科目も履修することができる「APプログラム」（The Advanced Placement Program）という事業を実施しており、その一環として二〇〇六年には「日本語APコース」を、そして二〇〇七年には「日本語APテスト」を開始した[44]。

「日本語APコース」は、高校生がハイスクール在籍中により上のレベルの日本語科目を履修することを可能にする。そして、この「日本語APコース」を修了した後に受験することになる「日本語APテスト」で一定以上の得点をあげた高校生は、大学進学後に既習レベルの日本語科目をあらためて履修する必要がなくなる。このため、「日本語APプログラム」の開始は、米国における日本語学習と日本語教育の質的充実という観点で大きな意味を持つものであったのだが、この「日本語ＡＰプログラム」の開始も、合衆国政府の主導によってではなく、米国日本語教育関係者たちの働きかけによって実現したものである。

このように、初等中等教育レベルにおける日本語教育の量的拡大あるいは質的充実のいずれの面においても、今まで合衆国政府は「国防」や「国家安全保障」の観点から資金を提供することはあっても、主導性を発揮することはなかった。これは米国の教育行政が基本的にトップ・ダウン型ではなく、ボトム・アップ型の意思決定システムを採用しているからでもあるのだが、それと同時に前記の合衆国政府の姿勢は、同政府が日本語教育に限らず「真の外国語」の教育そのものに対して、「国防」や「国家安全保障」以外の面では多くを期待していないことの一証左とすることもできるだろう。また、米国における「国防」や「国家安全保障」を目的とした外国語教育の源流が、日米開戦翌年の一九四二年に米軍が開始した外国語要員特別養成計画にまでさかのぼれること、そしてその養成計画では日本語教育が最も重視されていたことを勘案するならば、当時と今日とでは日米関係や両国を取り巻く国際環境が大きく変化したにもかかわらず、また、現在では米国の「国防」あるいは「国家安全保障」の上で、日本語は敵国語としてではなく、同盟国の言語として位置づけられているのであろうが、同国の言語政策に占める日本語あるいは日本語教育の地位はあまり変わっていないとも言うことができる。

（八）英国

初等中等教育レベルで日本語教育を実施している国はアジア太平洋地域に多い。しかし、一九九〇年代には地理的に日本から遠い国々でもその初等中等教育のカリキュラムに日本語科目が導入されるようになった。英国もかかる国の一つである。

その英国では、今日のロンドン大学東洋アフリカ研究院（The School of Oriental and African Studies）の前身にあたる東洋研究院（The School of Oriental Studies）が一九一七年に日本語教育を開始した。また、第二次世界大戦後は一九六〇年代までにオックスフォード大学とケンブリッジ大学が日本語教育を開始している。

しかし、英国の高等教育レベルで日本語教育が本格化したのは一九八〇年代の後半期に入ってからである。その直接的なきっかけは、英国国有鉄道総裁を務めたピーター・パーカー（Peter Parker）が報告書『未来を語る―アジア・アフリカの言語および地域研究に対する外交上および通商上の要請について―』（Speaking for the Future: A Review of the Requirements of Diplomacy and Commerce for Asian and African Languages and Area Studies）において、英国の外交上および通商上の「国益」という観点から日本語教育の重要性を指摘したことにある。この報告書が発表された後、また一九八八年に英国通商産業省が英国企業の日本市場参入を目的に、高等教育機関の日本語教育プログラムに資金を拠出するようになってから、日本語教育を導入する高等教育機関の数が英国では増えていった。この一九八〇年代の末期は日本がバブル経済の絶頂期に差しかかった時期でもあったが、その日本との経済交流を拡大する目的から、英国政府は主として高等教育レベルにおいて日本語教育の振興を図っていったのである。

一方、初等中等教育レベルで日本語教育が本格化したのは、日本のバブル経済が崩壊し、日本経済が低迷していた一九九〇年代から二一世紀初頭にかけての時期である。それでは、どうしてこのような時期に英国では、初等中等教育レベルで日本語教育が本格化したのだろうか。

この時期の英国における外国語教育政策の動向を振り返ってみるならば、まず、一九九一年にはイングランド地方とウェールズ地方[45]の公立中等教育機関に適用される「英国ナショナル・カリキュラム」(The National Curriculum for England)[46]が改定され、日本語を含む一九言語がそれらの地方では現代外国語科目に認定された。どの言語を科目として導入するかは各教育機関の裁量に委ねられていたが、右記一九言語のうち八言語(フランス語、ドイツ語、スペイン語、イタリア語、ギリシャ語、ポルトガル語、デンマーク語、オランダ語)は、当時のEC加盟国の言語であり、日本語などそれ以外の一一言語を科目として導入する場合は、EC加盟国の言語を少なくとも一言語以上導入している必要があった。すなわち、ここではEC加盟国の言語とそれ以外の言語が明確に区分されていたのであり、このナショナル・カリキュラムの改定においては、日本語など非ヨーロッパ系言語の教育を振興することに主眼が置かれていたというよりも、英語以外のヨーロッパ語の教育を振興することが重視されていたと言うことができる。

一九九五年にはイングランド地方の公立中等教育機関を対象に、「言語学校」(Language College)認定制度が導入された。この「言語学校」に認定された中等教育機関に通う生徒は在校中に三つの外国語を学ぶことになっていたが、その三言語のうち少なくとも一言語は非ヨーロッパ系の言語を学習することが奨励されていたため、日本語教育をあらたに導入する中等教育機関の数も多かった。しかし、この「言語学校」認定制度も、基本的には英語以外のヨーロッパ語の教育を振興することに主眼が置かれていた。

二〇〇二年には、英国政府が『みんなのための言語—生きるための言語』(Languages for All : Languages for Life)と題する政策をイングランド地方に向けて発表し、とくに初等教育レベルで外国語教育を強化すると宣言した。これにより、日本語教育を導入する小学校の数が増加したが、この政策も基本的にはヨーロッパ語教育の振興に主眼が置かれていた。二〇〇九年の時点で、イングランド地方では半数以上の小学校が外国語教育を導入するに至ったが、フランス語教育を導入した学校が圧倒的に多かった。

このように、一九九〇年代から二一世紀初頭にかけての時期における英国の外国語教育政策は、初等中等教育レベルで英語以外のヨーロッパ語の教育を振興することを重視していた。その理由は言うまでもなくヨーロッパ統合にある。したがって、この時期に英国の初等中等教育レベルで日本語学習者数が増加したとしても(また実際に増加したのだが)、それは英国の外国語教育政策の上では付随的な現象に過ぎなかったと言うことができるだろう。主要目的はあくまでもヨーロッパ語、なかでもヨーロッパ連合(EU)加盟国の言語の教育を振興することにあったのである。

以上のことをまとめるならば、一九八〇年代に英国の高等教育レベルで日本語は日本語ゆえにその教育の振興が図られたのであるが、一九九〇年代から二一世紀初頭にかけての時期に英国の初等中等教育レベルで日本語学習者数が増加したのは、ヨーロッパ語教育を重視した外国語教育政策に付随しての現象だったと言うことができる。現在、EUの外国語教育政策では、母語に加えてEU諸語の中から二言語を学習することが奨励されている。

三　初等中等教育への「日本語の普及」

前節で見たように、海外諸国の初等中等教育レベルにおける日本語教育は、それぞれの国の言語政策や教育行政の在り方、あるいは当該国と日本との関係や交流の状況などを反映して、その形態が様々である。

一般に「日本語」と呼ばれている言語は、けっして日本国内における唯一の共通語というわけではない。また、その「日本語」という言語が通用する範囲も極東の弧状列島のみに限られているわけではない。しかし、海外の日本語教育、とくに初等中等教育レベルの日本語教育は、そのほとんどが「日本」を意識して行われている。逆の言い方をすれば、「日本語」を「国際語」ないしは「世界共通語」の一つとして教育するケースはきわめて稀なのである。したがって、海外諸国の初等中等教育における日本語教育の位置を考察することは、当該国の政府や教育行政機関が日本をどのような視線で眺めているか、あるいは日本との関係をどのようにしたいと考えているかを分析することにもつながる。

それでは、このような位相にある日本語教育に対して、日本政府や国際交流基金はどのような形態で関わってきたのだろうか。

結論から先に述べれば、日本政府や国際交流基金は、相手国政府やその関係者が主体となって行う日本語教師養成や日本語教材制作等の活動を側面から支援するという形態で、海外の初等中等教育レベルの日本語教育と関わってきた。すなわち、本章の冒頭で使用した表現を再び用いるならば、「日本語の普及」というよりも、「日本語学習・日本語教育支援」という形態で関わってきたのである。

海外における初等中等教育レベルの日本語教育（あるいは、もっと範囲を広げて外国語教育と言っても差し支えないが）は、単なる言語教育ではなく、「国民教育」とでも呼ぶべき要素を含んでいる場合がある。海外諸国の日本語教育シラバスを見ても、たとえば韓国では、「外国人の日常生活と彼らの生活様式への理解を深め、より肯定的で積極的な生活態度を身に付け、さらに世界の中の韓国人としてのふさわしい行動様式の基礎づくりができるようにする」[47]ことが、また中国では、「生徒が中日両国の文化的差異を理解し、国際的な視野を開き、愛国精神を育て、健全な人生観を確立することを助ける」[48]ことが、それぞれ中等教育レベルにおける日本語教育の目的の一つとされてきた。

このように、海外の初等中等教育レベルの日本語教育は、「国民教育」とでも言うべき要素を含んでいる場合がある。したがって、日本がある国の初等中等教育に「日本語の普及」を図ろうとしても、それは日本側の一存で実現するものではない。また無理矢理それを行ったら、内政干渉との批判を受けることにもなろう。したがって、たとえ「ある国で、ある外国語が、その国の中等教育機関の外国語の教科目に入った時、その外国語は、(一般)外国語としての市民権を得た」[49]と言えるにしても、海外諸国の初等中等教育のカリキュラムに日本サイドが一方的に日本語科目の導入を図ることはすべきでないし、また不可能でもある。

しかし、日本がある国の政府または教育行政機関に対して、当該国の学校教育への日本語科目の導入を「要請」することは可能だろう。また、日本語教育の導入に関して当該国政府と「合意」しようとすることもありうることだろう。それらは日本語学習者数を増やすという観点からは有効な日本語普及施策でもある。そして、現に二一世紀に入ってからは、日本政府が外国政府に対してかかる「要請」をしたり、日本語教育の導入について当該国の政府と「合意」したりするケースが多くなってきた。

たとえば、ヴェトナムでは一九九〇年代まで高等教育レベルと学校教育外分野でのみ日本語教育が実施されていたが、同国駐在の日本大使が「教育訓練省のヒエン大臣と面談した際に、ベトナムの中学校での日本語教育の採用を要請」[50]したのを契機として、二〇〇三年に日越両国政府間で「中等教育における日本語教育試行プロジェクト」の開始が合意された[51]。そして、同年からヴェトナムでは前期中等教育レベルで、二〇〇七年からは後期中等教育レベルでも日本語教育が実施されるようになった。

また、インドに関しては、二〇〇五年四月に日印両国首相が、『アジア新時代における日印パートナーシップ～日印グローバル・パートナーシップの戦略的方向性～』という標題の文書に署名したが、この文書ではインドの日本語学習者数を五年間で三万人に拡大するとされた(二〇〇三年時点におけるインドの日本語学習者数は五、四四六人)。そして、「日印両政府は、五年以内に様々なレベルで日本語学習者を三万人に引き上げるという目標の下、インドにおける中等教育課程で日本語を正規選択科目として導入すること等を含む手段を通じ、インドにおける日本語教育を共働して推進する」[52]ことで合意した。これを受けて、インド中央中等教育委員会(CBSE:The Central Board of Secondary Education)[53]は、二〇〇六年からその管轄下の学校に日本語科目を導入するようになった。

このように、二一世紀に入ると、日本政府が外国政府に対して日本語教育の導入を「要請」したり、その振興に関して外国政府と「合意」したりするケースが目立つようになってきた。これらの行為自体は「日本語の普及」という表現で言いあらわすのが適当であろうが、その「要請」や「合意」が成立した後の段階、すなわち日本語教師養成や日本語教材制作等の分野で当該国政府と日本政府(あるいはその関連機関である国際交流基金)が実際に「共働」する段階に入ると、日本サイドの活動は「日本語の普及」というよりは「日本語学習・日本語教育支援」と呼ぶほうが適切な活動に移ることになる。

おわりに

右記のように、日本政府が外国政府に対して、後者の管轄下にある初等中等教育のカリキュラムへの日本語科目の導入を「要請」したり、あるいはそれに関して相手国政府と「合意」したりするケースが、二一世紀に入ると目立つようになってきた。これは日本の海外に対する「日本語の普及」史上、特筆すべき事柄ではないかと思われる。

それでは、なぜ二一世紀に入ってからかかる行為が多くなったのかと言えば、それまでの時代、すなわち一九九〇年代までの時代は、日本サイドがわざわざ「要請」したり、相手国政府と「合意」したりしなくても、海外諸国政府が自主的に日本語教育をその初等中等教育に導入することを決定していたのが、二一世紀に入ってからはそのような動きが停滞してしまったと、日本の外交関係者や国際文化交流事業関係者たちが認識するようになったからではないかと思われる。換言すれば、一九九〇年代までは日本サイドが「要請」あるいは「合意」という意図的なアプローチによって「日本語の普及」を図らなくても、日本経済の拡大や国際社会における日本のプレゼンス向上などの非意図的な要因によって海外への「日本語の普及」が実現していたのが、二一世紀に入ってからは、かかる非意図的な要因による「日本語の普及」が弱体化したため、意図的なアプローチによって「日本語の普及」を図らなければならないと、日本の外交関係者や国際文化交流事業関係者たちが認識するようになったからではないかと考えることができる。

前述のように、海外諸国の初等中等教育における「日本語教育」の位置を考察することは、当該国の政府や教育行政機関が日本という国をどのような視線で眺めているか、あるいは日本との関係をどのようにしたいと考えているかを分析することにつながる。しかしそれと同時に、日本の海外に対する「日本語の普及」の在り方を分析することは、日本の外交関係者や国際文化交流事業関係者たちが、国際社会における日本の地位をどのように認識しているかを分析することにもつながるのである。

注

1 ただし、国際交流基金の第二期中期計画（二〇〇七年四月～二〇一二年三月）によれば、同基金は海外の教育機関が「一般市民や初学者向けの日本語教育施設を拡充展開できるような事業形態へ従来の支援型事業から重点をシフトする」としている。

2 高橋力丸（一九九九）一四二頁

3 松原直路（一九八八）一二一頁

4 ただし、各教育機関を対象に「日本語学習の目的」については調査している。二〇〇六年調査の結果によれば、初等中等教育機関の回答として、「日本語によるコミュニケーションができるようにするため」（七三・八％）、「日本の文化に関する知識を得るため」（六八・三％）、「日本語という言語そのものへの興味」（五九・五％）という項目が上位に並んでいるが、これはあくまでも教育機関を対象とした調査の結果であり、日本語を学んでいる児童・生徒たちの日本語学習動機を実際どの程度まで反映しているのかという点については、検証の余地がある。

5 たとえば、二〇〇六年調査の場合、「学習者が日本語学習に熱心でない」でないと回答した日本語教育機関の割合は、初等中等教育レベルで二七・四％、高等教育レベルで八・七％、学校教育外分野で一二・三％だった。

6 たとえば三浦雄一郎（二〇〇九）は、インドネシアの中等教育レベルにおける日本語教育に関して、「最近は、高校の必修科目として第二外国語に日本語が採用されることも多く、望まざる者も日本語を学ばざるを得ない、という状況が生まれてきている」（三三頁）と指摘している。

7 正確に言えば、当時のオーストラリアは「国」ではなかったが、本書では第二次世界大戦前のオーストラリアも「国」に相当するものとして扱う。

8 一九一〇年代から一九四〇年代にかけての時期におけるオーストラリアの日本語教育については、嶋津拓（二〇〇四）を参照。

9 森田芳夫（一九九一）四一一頁

10 金賢信（二〇〇七）一二〇頁

11 金賢信（二〇〇七）一一九頁

12 梅田博之（一九九五）四六頁

13 梅田博之（一九九五）四六頁

14 梅田博之（一九九五）四七頁

15 第七次教育課程は中学校では二〇〇一年から二〇〇九年まで施行された。また、この第七次教育課程によって、中学校でも日本語を含めた第二外国語（選択科目）の教育が開始された。

16 韓国教育部（二〇〇二）一頁

17 本書で中国と表記する場合は、そこに香港・マカオ・台湾を含まない。それは、中国本土・香港・マカオ・台湾の日本語教育史・日本語教育事情が大きく異なるためである。

18 国際交流基金日本語国際センター（二〇〇二）三五頁～三八頁を参照。

19 たとえば、国際交流基金日本語国際センター（二〇〇二）三五頁および三八頁を参照。

20 本田弘之（二〇〇九）は、吉林省延辺朝鮮族自治州の民族学校（中等教育機関）における日本語教育に関し、「日本人がすでに「戦後」という意識を失いつつあった一九七〇年代終わりごろ、中国東北地方の民族学校では、戦後、日本人の「反省」を経て開始された新たな日本語教育とはまったく無関係に、古い「満州国」時代の日本語学習者が主体となって日本語教育が「再開」されたのである」（一六頁）と指摘している。

21 中華人民共和国教育部（二〇〇二）一頁

22 中国政府が中等教育用の最初の日本語教育ガイドライン『中学日語教育綱要』を制定したのは一九八二年のことである。

23 王宏（一九九五）二〇四頁

24 国際交流基金日本語国際センター（二〇〇二）二五頁

25 これに関して、椎名和男（一九九七）は次のように指摘している。「一人っ子政策の下、生徒も親も将来を考えれば大学にも、留学にも有利な英語へ英語へと草木もなびくのは当然であり、日本語学習を希望する生徒が減少するのは当然であろう。また、内蒙古の一部の中学では、日本語で受験可能な大学があるため希望者が増えた話や上海や大連の職業高校や中等専門学校では生徒数が増えた話はある。しかし、早晩、日本語、ロシア語、ドイツ語の英語以外の言語は中国の大学進学を希望する生徒の通う、中・高校での第一外国語の座から降りる時期がいずれは来るのではないだろうか。」（二七頁〜二八頁）

26 一九六二年に日本語はドイツ語およびフランス語とともにインドネシアの高等学校で選択外国語科目になった。ただし、それをインドネシア教育文化省が公認したのは一九八四年である。

27 インドネシア教育文化省（一九八七）三頁

28 インドネシア教育文化省（一九八七）三頁

29 この日本語教師養成プログラムは、アジア経済危機の影響で一九九八年にいちど中断されたが、二〇〇三年に復活した。

30 Lo Bianco,Joseph（1987）p.7.

31 COAGは連邦政府および各州・準州政府から構成されている。

32 この四言語は、オーストラリア政府（外務貿易省）が行った、アジア諸国の経済成長率予想調査を基礎資料として選定された。

33 このNALSAS計画は二〇〇二年にいちど中止されたが、二〇〇九年に「学校教育におけるアジア語・アジア学習に関する国家計画」（The National Asian Languages and Studies in Schools Program）として、実質的に復活した。

34 New Zealand Centre for Japanese Studies（1999）p.4.

35 ニュージーランド政府は、一九九〇年代の後半期に初等教育レベルにおいて外国語教育の振興を図った。たとえば一九九六年から翌年にかけては、「第二言語学習計画」（Second Language Learning Project）という施策を実行した。これは中等教育機関の外国語教師が近隣の初等教育機関に出向いて外国語を教える試みだった。また、一九九八年からは教育省が開発した「国際言語シリーズ」という教材を使って、初等教育機関の教師が自ら外国語を教えるプロジェクトを開始した。同時にニュージーランド政府は特別基金を設け、外国語科目を導入している初等教育機関およびそれを支援している中等教育機関に対する補助金交付事業にも着手した。

36 ニュージーランド教育省（二〇〇二）三頁

37 ニュージーランド教育省（二〇〇二）三頁

38 本書では、日本語教育の状況を中心にオーストラリアの言語政策とニュージーランドの言語政策の違いを見てきたが、両国の言語政策で最も異なるのは先住民族語の扱いである。すなわち、ニュージーランドではマオリ語が一九八七年に制定された「マオリ言語法」(Maori Language Act) により英語と同等の公用語に認定されているのに対して、オーストラリアでは先住民族の諸言語 (Australian Indigenous Languages) が、日本語やフランス語のように「外国語」としての性格が強い言語と同等のLOTE（英語以外の言語）の位置にとどまっていることである。ただし、このことを別の側面から見るならば、ニュージーランドではその言語政策において、日本語のような「外国語」（同国では「International Languages」と呼ばれることが多い）の重要度や優先度がオーストラリアの場合に比べて低いことを意味してもいる。

39 ロッド、ローレル・ラスプリカ（一九九九）五三頁

40 NSLIでは、中国語、韓国・朝鮮語、ヒンディー語、ロシア語、アラビア語、ペルシャ語などの言語教育が重視されたが、日本語教育も支援対象とされた。

41 一九九〇年代には州単位でも中等教育レベルにおける日本語教育の目標基準と指針の整備が進められた。たとえば、ワシントン州では一九九四年に『ワシントン州立ハイスクールにおける初級日本語教育のためのコミュニカティブ・フレームワーク』(A Communicative Framework for Introductory Japanese Language Curricula in Washington State High Schools) が、またウィスコンシン州では一九九六年に『コミュニケーションのための日本語—教師のためのガイド—』(Japanese for Communication: A Teachers' Guide) が、さらにオレゴン州では一九九七年に『ハイスクールにおける日本語教育のためのオレゴン州能力基準』(The Oregon Proficiency Package for High School Japanese) が、それぞれ発表されている。

42 ＡＴＪは主として高等教育機関の日本語教育関係者、ＮＣＪＬＴは主として初等中等教育機関の日本語教育関係者を中心に構成されている。また、この二つのネットワークは初等中等教育レベルの日本語教育と高等教育レベルの日本語教育の連携を強化する目的から、一九九九年四月に日本語教師協会連合（The Alliance of Associations of Teachers of Japanese）を設立している。

43 日本語は一九九三年からＳＡＴの科目に認定されている。ただし、日本語科目の受験者はその多くが日本語のネイティブ・スピーカーである。

44 最初の「日本語ＡＰテスト」（二〇〇七年五月実施）は、約一、三〇〇人の高校生が受験した。

45 スコットランドと北アイルランドの公立学校については、それぞれ独自のカリキュラムが制定されている。

46 英国のナショナル・カリキュラムは日本の学習指導要領に相当するもので、一九八八年に初めて制定された。

47 韓国教育部（二〇〇二）一頁

48 中華人民共和国教育部（二〇〇二）一頁

49 椎名和男（一九八八）三一頁

50 在ヴェトナム日本国大使館のウェブサイトより引用（二〇〇九年三月二七日）。

51 稲見由紀子（二〇〇九）によれば、このプロジェクトが開始されたのは、「在ベトナム日本国大使館（服部則夫大使、当時）の強い働きかけ」（四〇頁）によるものだったという。

52 日印両国首脳が調印した『アジア新時代における日印パートナーシップ～日印グローバル・パートナーシップの戦略的方向性～』の附属文書『日印グローバル・パートナーシップ強化のための八項目の取組』の日本外務省仮訳を同省ウェブサイトから引用（二〇〇九年四月二九日）。

53 ＣＢＳＥは連邦政府の機関で、これに所属している中等教育機関の数はインドの全中等教育機関の約六％である。他の中等教育機関は各州の教育行政下などに置かれている。

第六章　いかなる方針の下に「日本語の普及」は行われてきたか

─対韓国事業の場合─

はじめに

国際交流基金が二〇〇六年に実施した「海外日本語教育機関調査」の結果によれば、同年の大韓民国における日本語学習者数は約九一万人で、世界第一位である。しかし、一九七〇年の同種調査では八二九人と報告されている。すなわち、同国ではこの三六年間に日本語学習者数が一千倍以上に増加したことになる。

戦後期における韓国の日本語教育は、一九六一年に韓国外国語大学が日本語科を開設したのに始まる。たしかに、それ以前から私塾的な日本語学校が韓国には存在したようだが、公的な空間における日本語教育という観点では、韓国外国語大学をその最初に位置づけて差し支えないだろう。翌年の一九六二年には国際大学（現在の西京大学）も日語日文科を開設している。

金賢信（二〇〇七）によれば、韓国外国語大学が日本語科を開設した背景には、「韓日経済協力を中心とした両国の政策の変化があった」[1]という。すなわち、「日本政府の請求権問題へのアプローチは戦争賠償的なものではなくアジアへの経済進出を狙った「経済協力」方式」[2]であり、また「韓国側も、国内外の政治・経済政策の変化によって日本政府との妥協の道を選んだ」[3]ことから、「韓日両国の経済的交流が増加し、それに伴って「日本語」の必要性」[4]が高まったという。

一方、日本はその「経済協力」の観点から、すでに一九五〇年代の後半期には海外への日本語普及事業を開始している。一九五七年、今日の独立行政法人国際協力機構の前身の一つである社団法人アジア協会が、コロンボ計画の一環として開発途上国に対する政府ベースの日本語教育専門家派遣事業を開始した。その最初の派遣先はヴェトナムのサイゴン現代語学校だった。しかし、このアジア協会や一九六二年に同協会を吸収して設立された海外技術協力事業団が、韓国に日本語教師を派遣することはなかった。

一九六〇年代の中頃には、現在の青年海外協力隊の前身である「青年技術者派遣計画」によって、若手の日本語教師もアジア地域に派遣されるようになった。しかし、この「青年技術者派遣計画」の枠内でも韓国に日本語教師が派遣されることはなかった。また、一九六五年には日本の外務省が、アジアの高等教育機関を対象に「日本研究講座寄贈事業」を開始し、寄贈対象機関には日本研究の専門家に加えて日本語教育専門家も派遣したのであるが、韓国の高等教育機関に日本政府が日本研究講座を寄贈することはなかった。

このような状況が変化したのは、一九六五年に日韓両国政府間で基本条約が締結されてから数年たった一九六〇年代後半のことである。条約締結三年後の一九六八年に、日本政府は在釜山日本総領事館に一般社会人対象の日本語講座を開設した[5]。

一九七一年にはソウルの日本大使館にも公報文化院(日本文化院)が開設されている。林夏生(一九九九)によれば、同院では、「日本語普及のための日本映画の上演・紹介などを行うとともに、日本を紹介する書籍を置いた図書館や、日本留学案内などの利用が一般に開放された」[6]が、開設当初は日本語講座そのものを設置しなかったという。また、公報文化院の設置に関しても、「国交正常化直後に日本から提案されていながら、日本の植民地支配の記憶がまだ生々しい状態で「文化尖兵の韓国常駐」ともいえるような施設を置くことは時期尚早であるなどとする批判が相次ぎ、結果として一九七一年、当初の予定よりも小規模なものとして開設することで決着がつけられた」[7]という。ソウルの日本大使館が日本語講座を開設するのは、それから六年後の一九七七年のことである[8]。一九七〇年代初頭の段階では、韓国の首都ソウルに日本政府が直営の日本語講座を開設することは、まだ困難だったのだろう。

外務省文化事業部が一九七〇年に行った調査によると、同年における韓国の日本語学習者数は、前述のとおり八二九人である[9]。海外の日本語学習者数に関しては、一九六六年にも外務省が調査を実施している。しかし、韓国については実施されなかったらしく[10]、この一九七〇年の調査が韓国に関しては最初のものと言うことができるのだが、韓国の八二九人という数字は、アジア地域では、インドネシア、シンガポール、タイよりも少なく、また他の地域と比較するならば、オーストラリア、米国、カナダ、ペルー、ブラジル、パラグアイの日本語学習者数をも下回っている[11]。

その韓国の日本語教育が新たな段階に入るのは一九七二年のことである。同じ一九七二年に日本では国際交流基金が設立されている。そして、このころから韓国では日本語学習者数が急増し、同国は二一世紀の初頭に「日本語学習大国」[12]あるいは「日本語教育大国」[13]と呼ばれるまでになった。

本章では、「日本語学習大国」または「日本語教育大国」と呼ばれるまでに日本語学習者数が増加した韓国を事例として、国際交流基金がいかなる方針の下にその「日本語の普及」事業を実施していたのかを考察したい。

一　日本文化理解の促進を目的とした日本語普及の言語観

(一)日本文化と日本語普及

国際交流基金は一九七二年一〇月に特殊法人として設立された。その設立目的については、同年制定・施行された「国際交流基金法」(一九七二年法律第四八号)の第一条に次のように記されている。

国際交流基金は、わが国に対する諸外国の理解を深め、国際相互理解を増進するとともに、国際友好親善を促進するため、国際文化交流事業を効率的に行ない、もつて世界の文化の向上及び人類の福祉に貢献することを目的とする。

この条文に書かれているように、特殊法人として設立された国際交流基金の最終的な課題は、「世界の文化の向上及び人類の福祉に貢献すること」に置かれていた。しかし、本書の序章で述べたように、その直接的な課題は、主として「わが国に対する諸外国の理解を深め」ること、すなわち対日理解の促進にあったとすることができる[14]。当時の佐藤内閣で外務大臣を務め、またその立場から国際交流基金の設立を主導した福田赳夫は、一九七二年一月に国会(参議院本会議)で次のように述べている。

近年、海外諸国における対日関心は、とみに高まっておるのでありますが、同時に、諸方面にゆえなき警戒心や不当な誤解も台頭しつつあるやにうかがわれるのであります。わが国の対外活動が経済的利益の追求に偏するとする批判や、さらには、日本軍国主義の復活を懸念する声すら聞かれる状態であります。このようなときにあたり、平和国家、文化国家を志向するわが国の正しい姿を海外に伝え、誤った認識の払拭につとめることは、わが外交にとっての急務であります。特にわが国の場合、独特の文化的伝統と言語の障害のため、外国との意思疎通が困難なことを考えれば、このことは、一そう必要かつ緊急を要すると思うのであります。（中略）政府といたしましては、このため、新たに国際交流基金を設立すべく、明年度予算案において、それに対する支出を要請しておるのであります。私は、今後とも国民各位の幅広い支持と協力のもとに、この基金をさらに拡大発展させていきたい所存であります。

このように福田は、「わが国の正しい姿を海外に伝え、誤った認識の払拭につとめる」ことが重要であるとして、「国際文化交流事業」を実施するための機関設立を国会に提案する。そして、その提案を国会が承認したことで、国際交流基金が一九七二年一〇月に設立されたのであるが、同基金は「わが国に対する諸外国の理解を深め」ることを最重要課題として、「日本語の普及」（前記「国際交流基金法」第二三条）事業も実施することになった。

それでは、その「わが国に対する諸外国の理解を深め」ることと、「日本語の普及」（以下、本章では「日本語普及」と言う）を図ることは、どのような関係にあったのだろうか。

福田によれば、諸外国で日本に対する「ゆえなき警戒心や不当な誤解も台頭しつつあるやにうかがわれ」たり、「わが国の対外活動が経済的利益の追求に偏するとする批判や、さらには、日本軍国主義の復活を懸念する声すら聞かれる」のは、日本「独特の文化的伝統と言語の障害のため、外国との意思疎通が困難なこと」が原因の一つであるという。すなわち、福田は日本語という言語を、海外で対日理解を促進する上での「障害」とみなしていたのである。したがって、「外国との意思疎通」を容易なものにするためには、この言語的障害は取り除かれなければならないのであるが、日本が日本語以外の言語を実質的な公用語とすることは現実問題として困難だろう。そこで、「わが国に対する諸外国の理解を深め」るという観点から、言語的障害を取り除くことではなく、その言語的障害を乗り越えられる「外国人」を増やすこと、すなわち日本語で「意思疎通」のできる「外国人」を増やすことが国際交流基金の日本語普及事業には求められたのだと言える。

しかし、言語は「意思疎通」の道具であると同時に、当該言語を話す人々の思考に何らかの影響を与えるものとの考え方もあり、ここから言語は「文化」そのものであるとする主張も導き出される。したがって、いまかりに「わが国に対する諸外国の理解を深め」ることの、その理解の対象を、国際交流基金が業務とする「国際文化交流事業」の観点から文化面に限定して、「対日理解の促進」を「日本文化理解の促進」と言い換えたとしたら、この「日本文化理解の促進」に占める日本語普及の機能には二つの考え方が成り立つだろう。すなわち、国際交流基金の日本語普及事業に影響または刺激を受けて「日本語」の学習を始めた人々(あるいは、「日本語」の学習を続けている人々)が、その日本語能力を用いて各種日本語メディアや日本語母語話者と接することで、結果的に「日本文化」を理解していくことになる場合における「手段」としての日本語普及と、「日本語」の学習そのものが「日本文化」を理解するための活動であると考える場合の「目的」としての日本語普及である。

しかし、国際交流基金は一九七二年の設立時から少なくとも二一世紀初頭までの約三〇年間、言語が持つどちらの機能を重視して日本語普及を図るのか(あるいは、その両方を重視するのか)という点を明確にしてこなかった[15]。明確にこそしなかったものの、同基金が組織した調査会の答申を読む限りでは、国際交流基金は一九八〇年代の後半期には「手段」としての日本語普及を重視していたのが、一九九〇年代の後半期には「目的」としての日本語普及に軸足を移したようである。すなわち、同基金が一九八五年に「海外における日本語普及の抜本的対応策」について諮問するために設置した「日本語普及総合推進調査会」が同年一一月に国際交流基金理事長に提出した答申では、「言語は、意思疎通の基本的手段である」[16]との言語観から、「我が国が、東西文化の影響の下に蓄積した高度の文化的・文明的所産を、日本語を通じて国際社会に還元していくことも、世界の中の日本の責任である」[17]とするとともに、「日本語の普及によって、我が国の諸情報の外国への伝達が容易となり、我が国の文化が外国人に、より深く理解されるとともに、日本人も、日本語を通じ諸外国の文化に接し得ることになる」[18]として、「意思疎通」の手段としての日本語の普及が重視されていたのに対し、一九九六年に設置された「海外日本語普及総合調査会」の答申では、「言語は文化を映し出す鏡」[19]という表現が用いられていた。

それでは、国際交流基金は一つの組織体として、その設立当初の時期は、どのような言語観に依拠して日本語普及事業を実施していたのであろうか。本節ではこの問題に関して、韓国の中等教育への日本語普及事業を事例として考察してみたい。ここで韓国を取りあげるのは、同国が国際交流基金にとって、海外の中等教育レベルの日本語教育と本格的に関わった、その最初の国だからであり、また中等教育レベルの日本語教育をとりあげるのは、この教育レベルの日本語教育が、第五章で触れたように、国によっては単なる「言語教育」ではなく、「国民教育」とでも言うべき要素を含んでいる場合があるからである。

(二) 韓国の高等学校における日本語教育の開始

前述のように、国際交流基金が設立されたのは一九七二年のことであるが、その一九七二年に同基金は韓国に対して日本語普及事業を行っていない。一方、韓国では同年七月、大統領の朴正熙が文教部(教育行政を管掌する中央官庁)に対して、日本語を高等学校の第二外国語科目(選択科目)に追加するよう指示している。そして、文教部は一九七二年一〇月から一九七三年二月までの約四か月間、韓国外国語大学に中等教員臨時養成所を設けて、一四〇名ほどの現職高校教員を対象に日本語教育講習会を開催した。

日本語を高等学校のカリキュラムに導入することに対しては、それを非難する世論が起こった。その理由として金賢信(二〇〇七)は、「「日本語」に高校の学習者が集中する可能性があり、高校で行われる「日本語」教育が生徒たちの意識に与える影響は大きい」[20]と考えられたことをあげている。すなわち、「年齢が低いと同化され易いので、「日本語」を習う高校生の国家観に混乱が生じることもあり得るという論調」[21]だったという。

しかし朴正熙は、このような「国民の反対を押し切り、日本との経済協力を強化する政策の一環として高校での「日本語」教育をスタート」[22]させることになった。その際に朴正熙が強調したのは「民族的主体性」[23]という概念である。彼は高等学校の教育課程に日本語教育を導入するにあたり、次のように語っている。

韓国と日本は類似面が多く、書籍を通じ、また経済技術分野で、日本から習うべき点が多い。日本語を学ぶとしても、精神を正しくし、主体性のある闊達な度量をもつべきである。今まで、わが国は過去の関係から日本語を学ぶことを忌避していたが、そのような考えでは国家の発展を期することができない。[24]

一九七三年二月、文教部令第三一〇号により日本語は人文系高等学校（普通科）と実業系高等学校の第二外国語科目（選択科目）に導入された。その指導目標は、人文系高等学校の場合、次のように規定されていた。

（一）現代日本語の発音と基本語法を習得させ、日常生活で使用するやさしい言葉と文字を理解する能力とともに、簡単な発表力を養う。

（二）日本語を通じて、われらの固有の伝統と文化を紹介し、正しい意思伝達をすることができる基礎能力を養う。

（三）日本の文化、経済などに対する理解を増進させ、国際的協力意識を養うと同時に、われらの自覚を確固たらしめる。[25]

また、実業系高等学校の指導目標は次のとおり定められた。

(一)現代日本語の発音と基本語法を習得させ、日常生活で使用するやさしい言葉と文字を理解する能力とともに、簡単な発表力を養う。

(二)将来、実業生活で日本語を有意義に活用し、専門的知識を備えるために、みずから進んで努力し、日本語の資料および文献を研究する態度を養う。

(三)日本の文化、経済などに対する理解を増進させ、国際的協力意識を養うと同時に、われらの自覚を確固たらしめる。[26]

これらの指導目標は、言語を「文化を映し出す鏡」とする言語観よりも、「意思疎通」の手段と見なす言語観に重きを置いていたと言うことができるのであるが、梅田博之(一九九五)によれば、右記の指導目標に基づいて制作された「最初の日本語教科書(国定)である『日本語読本』上下は、日本事情や文化の紹介の観点は全くなく、韓国の国土・人物の紹介、韓国の民族主義・当時行われていた維新事業等をテーマとする内容を多く取り入れたもの」[27]だったという。また、一九七〇年代に韓国の高等学校で使われた日本語教科書には、梅田が紹介している『日本語読本』(上巻は一九七三年、下巻は一九七七年に発行)[28]のほかに、一九七九年発行の『高等学校日本語』の上巻と下巻を合わせて合計四冊あったのだが、金賢信(二〇〇七)によれば、これらの日本語教科書を編纂するにあたっての素材に関しては、文教部より「なるべくわが国の生活内容から多く選定する」[29]ことを求められたという。これは「他の外国語の教育課程の規程にはない素材選定に関する政府の関与」[30]であったが、その理由は、「日本に文化的に侵食される恐れがあると憂慮する声が多かったので、政府は国民のこのような憂慮の解決策として、戦略的に他の外国語教育とは違う扱いをしなければならなかった」[31]ことにあった。

金賢信（二〇〇七）によれば、「この時期の日本語教科書の内容は「日本文化」の理解より「韓国文化」の理解が重視され、韓国人としての自負心と民族的主体性を高めるという側面が強調され」[32]ていたという。また、「この時期の四つの教科書全体の内容的な特徴においても、韓国の経済発展と近代化、日本の古代文化に影響を与えた「韓国文化」の優秀性などの韓国人として民族的自負心や愛国心を高める内容が多く扱われて」[33]いた。

このように、一九七〇年代の高校日本語教科書では、「民族的主体性」を強調する立場から、「日本文化」の理解よりも「韓国文化」の理解が重視されていたのである。これは、同じ「文化理解」でありながら、「わが国に対する諸外国の理解を深め」ることを直接的な課題として日本語普及事業を行おうとしていた国際交流基金とは対極的な立場にあったと言うことができるだろう。

また、梅田博之（一九九五）によれば、韓国の高等学校における日本語教育の「開始当初の指導目標は、殊に人文系高校の(二)が特徴的」[34]だったという。すなわち、「自国の伝統・文化紹介に重点を置いた伝達能力の養成」[35]が重視されていた点である。換言すれば、韓国の高等学校における日本語教育では、生徒たちがその獲得した日本語能力を活かして「日本文化」を「受信」することよりも、それを使って「韓国文化」を日本人に「発信」することが求められていたのである。国際交流基金が組織した「日本語普及総合推進調査会」がその答申『海外における日本語普及の抜本的対応策について』において、日本人も「日本語を通じ諸外国の文化に接し得ることになる」ことを「国際交流における日本語の位置づけ」の一つとしたのが一九八五年であったことを勘案するならば、韓国の高等学校における日本語教育の指導目標は、それを一〇年以上も先取りしていたと言うことができるのであるが、「韓国文化」を日本人に「発信」するための日本語教育という発想も、国際交流基金の「わが国に対する諸外国の理解を深め」るという目的とは、必ずしも合致するものではなかったであろう。たしかに、同基金の発足に際しては、衆議院外務委員会（一九七二年四月一四日）において、「国際文化交流に関する政府の基本姿勢としては、わが国に対する諸外国の理解を深めることだけではなく、わが国民の諸外国に対する理解を深めることも同様にきわめて重要であることを特に留意すること」[36]という附帯決議が付されていたのであるが、当時の国際交流基金で日本語普及事業は基本的に、「長期的視野に立って日本の理解者を得るために必要欠くべからざる事業」[37]と位置づけられており、外国人が日本語を用いて自文化を日本人に「発信」することよりも、彼らがその日本語能力を活かして日本文化を「受信」することの方が重視されていたと言うことができる。

それでは、言語を「意思疎通」の手段と見なす言語観に重きを置いた上で、日本語学習を通しての「韓国文化」の理解や、日本人に対する「韓国文化」の「発信」を重視していた韓国の高等学校における日本語教育に対し、国際交流基金は一つの組織体としてどのような言語観に基づいて関わろうとしたのであろうか。

（三）国際交流基金の対韓国日本語普及事業の開始

一九七二年一〇月に設立された国際交流基金は、韓国に対する日本語普及事業を同年中は実施していない。最初の対韓国事業と言えるのは、一九七三年に開催した「海外日本語学習成績優秀者招聘研修会」に韓国の日本語学習者を招聘したことである[38]。その一九七三年に韓国では高等学校で日本語教育が始まった[39]。そして、同国では「高校の第二外国語課程に日本語が追加されるまでは、日本語教育がおおっぴらに行われる雰囲気ではなかった」[40]のであるが、「高校で日本語が教えられるようになって各大学、専門大学においても第二外国語または教養科目として日本語教育が行われるようになり、また専門学科の開設も許可」[41]されるようになった。高等学校で日本語教育が始まったのと同じ一九七三年には、慶尚大学が将来の日本語教師を養成するため、教育学部に日本語教育科を開設している。

かかる状況の中で、ソウルの日本大使館に広報文化担当官として勤務していた森田芳夫は、「韓国内の日本語科のある大学すべてと、日本語を選択している高校の一部を往訪し、教師、学生等と懇談」[42]して、その実情把握に努めた。森田の回想によれば、「当時、日韓会談反対運動を展開していた学生の気風はまだ強く残り、日本語による文化侵略を警戒する論議は、韓国の新聞、雑誌にたえず見られ、日本語専攻の学生は、その雰囲気の中で、精神的動揺をおさえつつ勉強していた」[43]という。

その後、ソウルの日本大使館は「日本語教育援助に関する企画と予算」を立案したようである。そして、この「在韓日本大使館のたてた日本語教育援助に関する企画と予算は、外務省を経て、国際交流基金に送られ」[44]ることになり、「日本語教育援助に積極的な意向を持つ基金は、早速、井上日本研究部長、椎名日本語課長を韓国に派遣して実情認識を深め」[45]ることになった。

国際交流基金の実務者たちを迎えた韓国側の応対は友好的なものばかりではなかったようだ。同基金の日本研究部日本語課長として訪韓した椎名和男の回想によれば、彼らと応対した文教部のある高官は、「日本は韓国を犠牲にして、ホップ（日本による植民地支配）、ステップ（朝鮮戦争）、ジャンプ（ヴェトナム戦争）で発展した」[46]と、日本に対する怒りをあらわにするばかりで、日本語教育に関する話題を切り出さなかったという。

しかし、この怒りはひとりの文教部高官の個人的な怒りというよりは、韓国の国民全体に共通する怒りでもあったのだろう。高等学校に日本語教育が導入されてから二年たった一九七五年に、文教部は次のような「解説」を教育現場に配布している。

わが国において、解放後二八年ぶりに日本語が正式科目に採択され、一九七三年一学期から高校学生らに教えられるようになったことは、たとえ選択科目であるとしても、特記に足ることであった。この新しい措置は、日韓国交正常化後八年目であるにしても、教育界文化界では一大変化と考えられ、はげしい論議の対象となり、特殊なニュースとして取扱われた。

一九七二年七月に、政府において、日本語教育の方針と計画が発表された後にも、識者の間では、賛否両論が対立して、まとまりようのない傾向にあったとみられた。ただ言論界の論調は、日韓両国の円滑な文化交流と緊密な経済協力、技術提携の関係上、日本語教育の必要性を大体において認め、文教部の施策を理解する方向に決着した。しかし、その鋭い筆鋒は、有益にして、かつぴりっとした忠言の提示を忘れなかった。

過去、両国の不幸であった事態を鑑み、わが民族感情を害したり、または、われらの主体性を少しでも損うことのないように、教育課程の制定や教材編纂に当たっては慎重を重ね、各界世論を広く反映させねばならないというのであった。

外国語教育においては、文化的（教養的）価値と実用的価値を追究するが、前者に重きをおいてみると、言語はその国の民族の魂を盛る器というべく、精神的に同化され、心酔することがなくもない。この点をわれらは十分に警戒しながら、多極化した今日の国際社会で、日本と善隣外交をひろげ、平等互恵の原則に立脚し、文化、経済、外交面で緊密な協力体制を維持発展するための一つの手段として、語学的機能を養うのに意義があると考えられた。かくて、日本語教育の目的は、日本の文化、伝統の理解受容に重点をおくよりは、むしろ実用的価値を重要視し、経済活動に貢献する手段として学び、われらの矜持をいかし、われらの文化伝統の正しい紹介、伝達とわれらの意思を訴える力を養うのに重点が置かれた。[47]

この文教部の「解説」からは、日本の植民地支配を経験した韓国で、日本語教育を高等学校のカリキュラムに導入することが、またその教育目標を定めることが、いかに苦渋に満ちた行為であったかということを読みとることができる。

この韓国側の苦渋は、国際交流基金の実務者たちも認識していたようだ。そのひとりとして訪韓した椎名和男は、筆者のインタビューに対して、「朴大統領が高校で日本語教育を開始するよう指示した背景として、ヴェトナム和平の予備会談や米中接近の動きなどから、このままでは取り残されるとの危機感が韓国側にあったことはわかっていた」[48]と語っている。その椎名は、一九九四年に次のように述べている。

海外で、学習者数、人口比、そして日本語能力試験応募者数でも第一位は韓国である。

これは一九七二年、ベトナム戦争終結、米中・日中国交回復など、アジア情勢の激変期に、当時の朴大統領が、書籍等を通じ、また経済技術分野で、日本から学ぶべき点が多いので、国家発展のために、高校の第二外国語の選択に追加するよう指示したことに始まるとされている。この選択は、(中略)苦い植民地の弾圧の思い出を持つ韓国の人々の、苦渋に満ちた決断であったろうと思われる。しかし、アジア情勢を冷静に見た場合、生き残るため、孤立しないため、韓国はこのような決断をしたのであろう。[49]

高校教育への日本語科目の導入が、「苦い植民地の弾圧の思い出を持つ韓国」の「生き残るため、孤立しないため」の「苦渋に満ちた決断」であろうことを認識した国際交流基金の関係者にとっては、言語を「文化を映し出す鏡」あるいは「その国の民族の魂を盛る器」とする言語観を前面に押し出して韓国に日本語普及を図る選択肢はなかったと言える。また、同基金の関係者は、韓国の高等学校における日本語教育が「日本文化」の理解よりも「韓国文化」の理解を重視していたことや、「韓国文化」を日本語で日本人に「発信」することを重要課題としていたことについても、「生き残るため、孤立しないため」に日本語教育を導入せざるをえない韓国にとっての「苦渋に満ちた決断」によるものと推察していたようだ。すなわち、高等学校への日本語教育の導入を非難する世論への配慮と受けとめていたようである。椎名和男の証言によれば、「日本語教育を導入した高校の多くが実業系であったことからも、韓国側の本音は主に経済面での「実用」のために日本語教育をすることにあるのだと考えていた」[50]という。また、「たとえ経済面での「実用」が韓国側の本音であるにしても、中等教育レベルに日本語科目が導入されるということは、韓国で日本語が「市民権」を得ることを意味するので、日本語普及の上ではそちらの方がずっと重要だ」[51]と考えていたと椎名は証言している。

このように国際交流基金の関係者は、韓国政府の「苦渋に満ちた選択」を認識するとともに、その言語教育政策の「本音」を察した。したがって、彼らは韓国に対する日本語普及事業を本格化するにあたって、「韓国文化」の理解や「韓国文化」の「発信」を重視する文教部の指導目標と、国際交流基金の「わが国に対する諸外国の理解を深め」るという主要課題との間の「溝」や「矛盾」をあえて問題視することをしなかった。また、韓国政府が高等学校で日本語教育を開始するにあたって、言語を「意思疎通」の手段と見なす言語観に重きを置いていたことについても、国際交流基金の関係者は「それを尊重した」[52]という。彼ら実務者たちが重視したことは、どのような言語観に基づいて韓国に日本語普及を図るかということではなく、むしろ「韓国で日本語が「市民権」を得ること」だったのである。

訪韓調査団の帰国後、国際交流基金は日本語教師の養成と研修を中心に、対韓国事業を展開していくことになる。一九七五年、同基金は韓国の啓明大学と誠信女子師範大学に日本語教育専門家を派遣した。また、韓国の大学が日本から日本語教師を招聘するための経費に対する助成事業も行うようになった。これらは「主として教員養成大学への協力」[53]事業であり、将来の日本語教師を養成することに重点が置かれていた。

また、国際交流基金は現職の日本語教員に対する研修事業も重視した。同基金は一九七三年度から海外の日本語教師を日本に招聘して「海外日本語講師招聘研修会」を開催していたが、韓国の日本語教師は一九七五年度から招聘している。そして、一九八二年度以降は「対韓国特別事業」[54]の一環として高等学校の日本語教員も招聘するようになった。

このように国際交流基金は、将来的な日本語教師の養成と現職の日本語教師を対象とした研修の分野を中心に、韓国に対する日本語普及事業を行っていったのであるが、その間に韓国の高等学校における日本語教育の指導目標には変化が生じた。金賢信（二〇〇七）によれば、日本語教育が韓国の高等学校に初めて導入された一九七三年当時適用されていた教育課程（日本の学習指導要領に相当）である第三次教育課程の時代には「他の外国語とは違う扱いを受けていた高校の「日本語」教育は、第四次教育課程期には他の外国語教育と同じ目標が立てられ、四技能の日本語能力と「日本文化」理解が主な目標となった」[55]という。たしかに、この第四次教育課程期（一九八二年～一九八七年）の高校日本語教科書においても、「日本文化に影響を与えた韓国の古代文化が紹介され、「韓国文化」の理解が強調されて」[56]いる部分があり、また、ソウル・オリンピックの開催をひかえて、「韓国に来る日本人に韓国の文化を紹介するという内容や韓国で勉強している日本人留学生の話などを通して韓国の国際化を伝えようとする側面が重視されて」[57]いたのであるが、それと同時に「日本文化」の理解が第三次教育課程期よりも求められるようになった。

また、第五次教育課程期（一九八八年～一九九五年）の指導目標には、「高校生の日々の生活や素材を用いたコミュニケーション能力と高校生の受容能力の範囲内での「日本文化」の理解という、より高校生という学習者に合う現実的な目標が設定」[58]されることになった。たしかに、この第五次教育課程期においても第四次教育課程期の場合と同様に、「古代「日本文化」に影響を与えた「韓国文化」の優秀性やソウル・オリンピックの大成功などの内容を通して韓国人としての自負心を維持させようとする努力は続いて」[59]

いたものの、この期の高校日本語教科書の後半部分では、「日本に関する内容が大幅に増えており、「日本文化」理解という側面が以前より重視」[60]された。そして、「このような変化と共に自文化理解という側面は以前より弱く」[61]なったという。

このように、一九八〇年代に入ると韓国の高等学校では、その日本語教育において「日本文化理解」が重視されていった。一方、同じ一九八〇年代の中頃に日本では、国際交流基金の調査会（日本語普及総合推進調査会）が、韓国の高等学校における日本語教育の方向性とは対照的に、「日本人も、日本語を通じ諸外国の文化に接し得ることになる」ことを「国際交流における日本語の位置づけ」の一つに設定したのであるが、いずれの場合も、その「文化理解」における日本語の役割は、基本的に「意思疎通」の手段としてのそれに置かれていたと言うことができるだろう。

（四）中等教育への日本語普及

本節では、一九七二年に設立された国際交流基金が一つの組織体として、その創設当初の時期にはどのような言語観に依拠して日本語普及事業を実施していたのかを韓国を事例として考察したのだが、既述のとおり、国際交流基金の韓国に対する日本語普及事業は、韓国政府が自国の高等学校に日本語教育を導入するに際して重きを置いたところの、言語を「意思疎通」の手段と見なす言語観を、同基金の関係者が「尊重」するところから開始された。

しかし、当時の国際交流基金関係者が韓国政府の言語観を「尊重した」ということは、同基金が一つの組織体として、言語を「意思疎通」の手段と見なす言語観に依拠していたことを意味するとは必ずしも限らないだろう。むろん、一つの可能性としては、国際交流基金の組織としての言語観が韓国政府のそれと一致していたことから、前者の関係者が後者の言語観を「尊重した」ということも考えられるのであるが、それと同時に、日本語普及対象国の言語観を「尊重した」ということは、当時の国際交流基金に一つの組織体としての明確な言語観が欠如していたことを示唆するものであるとも考えることができる。すなわち、設立当初の国際交流基金は、「わが国に対する諸外国の理解を深め」るための日本語普及事業を開始するにあたって、特定の明確な言語観を少なくとも組織としては有していなかったのではなかったかという可能性も考えることができるのである。そして、もしこの憶測が見当はずれのものでないとしたら、国際交流基金の関係者は依拠すべき言語観を欠いたまま、あるいは自己の個人的な言語観に基づいて、海外に対する日本語普及事業に従事していたことになるのであるが、しかし逆の見方をすれば、組織としての明確な言語観を欠いていたからこそ、当時の国際交流基金関係者は韓国政府の言語観を「尊重」することができたとも言うことができる。

一九七〇年代前半期の韓国に対する日本語普及事業は、国際交流基金が海外の中等教育レベルの日本語教育と本格的に関わった、その最初の事例である。しかし、中等教育レベルの日本語教育は単なる「言語教育」ではなく、「国民教育」とでも言うべき要素を含んでいる場合がある。したがって、「わが国に対する諸外国の理解を深め」るという目的から、日本側が何らかの言語観を前面に押し出して、海外の中等教育レベルの日本語教育と関わろうとしても、容易に実現するものではないだろう。また、「わが国に対する諸外国の理解を深め」るという立場から相手国の言語教育政策の中身を云々することは、内政干渉とも受けとられかねない。その意味で、当時の国際交流基金関係者が、韓国政府の言語観を「尊重」し、さらには韓国政府の言語教育政策、すなわち「韓国文化」の理解あるいは「韓国文化」の日本人への「発信」という、国際交流基金の「わが国に対する諸外国の理解を深め」るという目的とは明らかに矛盾する韓国政府の言語教育政策すらも、その「本音」は別にあると推察することで、あえて問題視することなく、それよりもむしろ、「中等教育レベルに日本語科目が導入されるということは、韓国で日本語が「市民権」を得ることを意味するので、日本語普及の上ではそちらの方がずっと重要だ」と考えていたことは注目に値する。なぜなら、既述のとおり、戦後期において日本が海外の中等教育レベルの日本語教育と本格的に関わったのは、本節で扱った一九七〇年代の韓国をもって嚆矢とするのであるが、その最初の事例において、日本語普及の重点を日本語に「市民権」を得させることに置いたことは、海外各国の言語教育政策と日本の当該国に対する日本語普及の関係を円滑なものにするための、一つのモデル・ケースとなり、ひいてはその後の海外における中等教育レベルの日本語教育の伸張にも大きな影響を与えたのではないかと想像することができるからである。

国際交流基金が二〇〇六年に行った「海外日本語教育機関調査」の結果によると、海外の日本語学習者数は約三百万人であるが、その五七%は初等中等教育レベル[62]の日本語学習者である[63]。また、初等中等教育レベルで日本語教育を実施している国・地域は七〇を越える。今日、日本語は多くの国で「市民権」を得ていると言える[64]。

二　日本語普及事業における「現地主導」主義

(一)「前提」としての「現地主導」主義

本書の第二章で触れたように、国際交流基金の関係者は、同基金が日本語普及事業を実施する際の基本的な考え方が「現地主導」主義であることをたびたび表明してきた。たとえば、同基金の日本研究部日本語課長は一九八八年に日本語教育学会発行の『日本語教育』誌上で次のように述べている。

海外における日本語教育は、それぞれの社会制度・教育制度のなかで、それぞれの必要性によって行われているものであり、そこではその国の人間が責任をもつのが本来の姿であると考えられる。従って、教師についてもその国の教師が中心となるのが基本であり、また教育内容や教材についても、基本的にはその国や機関において、学習者の学習目的や教育目的に沿って構成されるべきである。

上記の意味で、海外の日本語教育に対し日本が協力を行う際に基本となる考え方は「現地主導」ということである。現地主導による取組は、多様化する学習者の要求をじかに受けとめ、これに適切にこたえていくという意味でも重要な視点となる。国際交流基金では以上のような考えのもとに、各地で現地主導により行われる日本語教育に対し、そこからの要請にもとづいて協力するという形で種々の事業を行っている。[65]

また、一九九二年には国際交流基金の日本語国際センター副所長が日本語教育学会の大会で次のように発言している。

戦後の海外に対する日本語教育という政策の中では、戦争中に果たした日本語教育の役割に対する反省もありまして、現地主導型と言いましょうか、それぞれの国がイニシアティブを持って日本語教育に取り組む。それに対して支援、協力をしていくというのが私どもの基本的な姿勢であります。[66]

この「現地主導」主義に関しては、本書第二章で触れたように、「前提」としての「現地主導」主義と「到達目標」としての「現地主導」主義の二つに分類することができるのだが、かかる二つの「現地主導」主義のうち、「前提」としての「現地主導」主義とは、前記の国際交流基金関係者の言葉を借用するならば、海外の「各地で現地主導により行われる日本語教育に対し、そこからの要請にもとづいて協力する」ことと言うことができる。したがって、「現地主導」主義が適用されるためには、海外の各地で「現地主導」によって日本語教育が行われること、あるいは現に行われていることと、そこからの「要請」があることが前提となる。また、その「要請」に対する国際交流基金の行動は、「普及」という主体的かつ積極的な行動というよりも、同基金関係者の使用語彙を用いるならば、「協力」や「支援」といった、相手側の主体性を認めた行動になるだろう。法的には「日本語の普及」を任務としているはずの国際交流基金がその事業内容を表現するのに、「海外における日本語普及」[67]という積極的な印象を与える表現のほかに、「海外における日本語教育支援」[68]という表現を併用していたのも、このような事情を反映したものと思われる。

前述のように国際交流基金の関係者は、同基金が日本語普及事業を実施する際の基本方針が「現地主導」主義であることをたびたび表明してきた。しかし、その「現地主導」主義という基本方針が、同基金の事業遂行上、どのように貫かれていたかという点に関しては、国際交流基金およびその関係者から語られてこなかった。また、日本語教育や言語政策の研究者も、この点を学術的に検証することがなかった。むろん、第二章で紹介したカイロ大学の事例のように、そもそも最初から「現地主導」主義という考え方とは相矛盾するケースもあったのだが、それが貫かれていた場合にはどのように貫かれていたのかという点については、これに関する先行文書や先行研究が皆無の状況にある。

これらの点を考慮し、本節ではかかる問題について考察する。なかでも「前提」としての「現地主導」主義について見ていく。それは後述するように、この「前提」としての「現地主導」主義という考え方が、二一世紀に入ってから国際交流基金の内部で見直しの対象となったようだからである。また、その考察対象としては、大韓民国の高校教員を対象にした招聘研修事業を事例として取りあげる。韓国を事例とするのは、同国が国際交流基金にとって、海外の初等中等教育レベルの日本語教育と本格的に関わった、その最初の国だからであり、招聘研修事業を取りあげるのは、この事業が日本語教育専門家の派遣事業と並んで、同基金が「日本語普及事業の発足に当たりまず重点を置いた」[69]事業だからである。また、かかる招聘研修事業は、前記の国際交流基金関係者の言葉を再び引用するならば、「教師についてもその国の教師が中心となるのが基本」という、「到達目標」としての「現地主導」主義の考え方に沿った事業だったと考えられるからでもある。

なお、「前提」としての「現地主導」主義という考え方に関して、国際交流基金は二〇〇五年頃に、それの見直しに着手したようである。たとえば、同基金が二〇〇七年二月に発行した『二〇〇五年度年報』においては、次のような「認識」が示されている。

ジャパンファウンデーション（筆者注　国際交流基金）によるこれまでの日本語教育事業は、各国・地域のニーズに応じて「支援」するという形で行われてきました。それぞれの主体性を尊重し、自立化・現地化を促すためには、それが最も望ましい方法であると考えたからにほかならず、その結果、実際に日本語教育の基盤が整備されてきた国々があります。しかし一方で、日本語教育の世界的な広がりは、グローバリゼーションの浸透に伴い、私たちの想像以上に急速に進んでいて「もはや従来の方法では立ち行かないほどの勢いである」と認識を新たにしました。[70]

そして、この「認識」に基づいて国際交流基金は、日本語教育の「体系化や標準化」[71]を図ることとなり、「JF日本語教育スタンダード」の開発に着手した。このスタンダードの開発という試みが、それまでの「前提」としての「現地主導」主義という考え方と並存する試みなのか、それともそれを放棄した上での試みなのかという点を同基金は明確にしていないが、後者の可能性も否定しきれないので、本節ではその考察の対象を国際交流基金の設立時（一九七二年）から同基金が「認識を新た」にした二〇〇五年頃までとしたい。「現地主導」主義という考え方を維持するにせよ、あるいはそれを放棄するにせよ、かかる基本方針が実際の事業遂行上どのように貫かれていたかという問題を考察しておくことは、日本が今後も「国際社会における日本語使用の場を整備」[72]することを目指すならば、必要不可欠な営みであろう。

（二）韓国高校日本語教員を対象とした研修事業の開始

国際交流基金は一九七二年一〇月に設立されたが、同基金の韓国に対する日本語普及事業が本格化したのは一九七五年に入ってからである。同年、国際交流基金は韓国の啓明大学と誠信女子師範大学に日本語教育専門家を派遣した。また、韓国の大学が日本から日本語教師を招聘するための経費に対する助成事業も行うようになった。これらは「主として教員養成大学への協力」[73]事業であり、将来の日本語教師を養成することに重点が置かれていた。

国際交流基金は将来の日本語教師を養成することだけではなく、現職の日本語教員に対する研修事業も重視した。同基金は一九七三年度から海外の日本語教師を日本に招聘して「海外日本語講師招聘研修会」を開催していたが、韓国の日本語教員は一九七五年度から招聘している。当初は大学等の高等教育機関に所属する日本語教員のみを招聘していたが、一九八二年度以降は高等学校の日本語教員も招聘するようになった。

韓国政府の文教部（教育行政を管掌する中央官庁）は、一九七七年から韓国国内で「高校日本語科教師特別研修会」を開催するようになった。これは教員資格を昇格させるための研修会で、のちの「高等学校日本語教師一級正教師研修」の前身にあたるが、この研修会に国際交流基金は日本語教育専門家を派遣した。

このように国際交流基金は、日本国内で開催の「海外日本語講師招聘研修会」と韓国国内で開催の「高校日本語科教師特別研修会」の両面で、韓国の現職日本語教員に対する研修に関与したのであるが、このうち「高校日本語科教師特別研修会」は韓国文教部が主催したものであり、また国際交流基金が主催した「海外日本語講師招聘研修会」への韓国高校日本語教員の参加についても、文教部が主体となって企画した「日本語教師特別研修計画」[74]の一環として実施されたものだった。すなわち、文教部は現職高校教員を対象として夏季と冬季に合計一〇週間の集中研修会を開催するとともに、同研修会を優秀な成績で修了した教員を国際交流基金の「海外日本語講師招聘研修会」に派遣する計画を立て、その要請を受ける形で同基金は韓国の高校教員を招聘したのである。この「日本語教師特別研修計画」には一九八二年から一九八六年までの五年間に二九九名の現職高校教員が参加している。

このように、韓国高校日本語教員の日本への派遣は、政策上の枠組として、最初に韓国政府の「主導」によって立案された計画があり、国際交流基金は同国政府の「要請」を受け、それに「協力」するという立場をとった。したがって、この政策上の枠組という観点で国際交流基金は、韓国高校日本語教員の招聘にあたって、「前提」としての「現地主導」主義という自らの基本方針を貫いていたと言うことができる。

(三) 大韓民国高等学校日本語教師研修

国際交流基金の「海外日本語講師招聘研修会」は、同基金の主催事業とはいえ、実際には研修会を開催するたびに日本国内の大学や日本語学校等に在籍する日本語教育関係者に研修会の講師を委嘱し、また研修施設も大学等の施設を借用する形態で実施されていた。しかし、海外における日本語学習者数の拡大とともに、研修を必要とする日本語教師の数も増加していった。このため、国際交流基金は「海外日本語教師等の研修」[75]を「強化拡充」[76]することを目的の一つとして、一九八九年に埼玉県浦和市(当時)に日本語国際センターを開設した。同センターの開設によって国際交流基金は、海外の日本語教師を対象とした研修会を継続的かつ安定的に開催するための、常勤の日本語教育専門家と常設の研修施設を持つことになった。

日本語国際センターの開設後、それまでの「海外日本語講師招聘研修会」は「海外日本語教師研修」と呼ばれるようになった。この「海外日本語教師研修」には、開催期間が二か月間の短期研修と九〜一〇か月間の長期研修の二種類があり、一九八九年から一九九二年までの四年間に、韓国からは両研修あわせて毎年五〇名ほどの高校教員が招聘された。

「海外日本語教師研修」は、韓国の高校日本語教員のみを対象とした研修会ではなく、全世界の日本語教師を対象としていた。また、その所属機関も中学校や高等学校などの中等教育機関だけではなく、小学校などの初等教育機関、大学・短期大学などの高等教育機関、あるいは日本語学校、私塾的な日本語教室など様々だった。そのような研修参加者の多様性が持つ長所と短所を教育効果の観点から検討した結果、国際交流基金は韓国の高校日本語教員を対象とした短期間の研修会を「海外日本語教師研修」から独立させ、一九九三年より「大韓民国高等学校日本語教師研修」として実施することになった。

この「大韓民国高等学校日本語教師研修」は、国際交流基金の主催で開催された研修会だったが、その研修参加者の選抜は実質的に韓国政府の教育部（一九九一年に文教部より名称変更）が行った。また、彼らの渡航費用も教育部が負担した。このため、この研修会は国際交流基金日本語国際センターの事業の中で、「韓国政府教育部との協力」[77]により行われる研修会と位置づけられていた。また、研修参加者の選抜にあたって韓国教育部は、同部が主催する「高等学校日本語教師一級正教師研修」との関係を明確に規定しなかったものの、結果的には同研修を修了した者が国際交流基金の「大韓民国高等学校日本語教師研修」に「派遣されてくるのが普通」[78]だった。すなわち、「大韓民国高等学校日本語教師研修」は実質的に韓国教育部の高校教員研修システムの中に組み込まれていたと言うことができるのである。その意味で、「大韓民国高等学校日本語教師研修」は国際交流基金の主催事業ではあったものの、政策上の枠組という観点では、同基金よりも韓国教育部に主導性が認められる。しかし、これは国際交流基金が韓国教育部に主導性を「奪われた」結果ではなく、同基金の基本方針であるところの「現地主導」主義という考え方に基づいたがゆえの結果だったと解釈すべきだろう。「大韓民国高等学校日本語教師研修」は、政策上の枠組という観点で、国際交流基金の基本方針である、「前提」としての「現地主導」主義という考え方が、貫かれていた研修会だったと言うことができるのである。

この「大韓民国高等学校日本語教師研修」は、「韓国の高校の教師だけを集めて行われた初めての研修であり、従来の短期研修（筆者注　海外日本語教師研修のうち短期間の研修会のこと）では実現できなかった研修生集団の等質性が、母語、教授対象、教授歴、カリキュラム他教育現場の諸条件、使用教材などの諸点で実現した点に大きな特徴」[79]がある研修会だった。そして、この「等質性」を特徴とする研修会を開催するにあたって、「研修授業の準備担当者は、このような研修生集団の等質性を最大限活かし、一九九六年度実施予定の韓国の新教育課程への橋渡しとなるような授業プログラムを考えた」[80]という。すなわち、一九九六年から高等学校に適用される予定になっていた第六次教育課程（教育課程は日本の学習指導要領に相当）[81]の内容を考慮した研修プログラムが策定されることになった。

この第六次教育課程では、それまでの教育課程に比べて「コミュニケーション重視」という考え方に力点が置かれていた。これに関して、国際交流基金日本語国際センターの関係者は一九九八年に次のように述べている。

一九九六年度より導入された第六次教育課程では、日本語は外国語科目に属し、六つの第二外国語のうちの一科目である。教育部の定めるこの教育課程には、全体の履修単位や編成・運営の指針と、日本語科目では、目標、方法、評価などの基準と理念が提示されている。言語項目としては三六のコミュニケーション上の機能と例文、七七一の基本語彙が提示されており、これらを参考にあるいは中心に扱うことが求められている。

一九九〇年度から導入された前教育課程と第六次教育課程を比較すると、日常的、一般的な日本語を四技能ともに習得し、日本文化に対する理解を促すという目標に大きな違いは見られないが、新たに、言語習得理論をうけて理解活動と表現活動を区別したこと、コミュニケーション上の機能という観点を取り入れたことが特徴である。また、「学習者中心、目標より過程の重視、とりわけ学生の自律学習を重視する点、正確さよりも滑らかさを重視する点が主たる改訂方向」となっている。このように、第六次教育課程では、文法中心の教育ではなくコミュニケーション能力を養成する教育が行われるようにすることに力点が置かれていることが窺える。82

このように第六次教育課程は「コミュニケーション能力」の養成に力点を置いていたのであるが、その第六次教育課程の内容を国際交流基金は、「大韓民国高等学校日本語教師研修」の教育プログラムを策定するにあたって考慮していくことになる。たとえば一九九四年の「大韓民国高等学校日本語教師研修」

は、「研修生の日常の教授活動の更なる向上のため、韓国の高校日本語教育現場の現状と、新教育課程（指導要領）に適した授業の模索、教授法の実践、教材の選択や作成法、それらの活用法などを考える機会とする」[83]ことを「研修目的」の一つとした。また、この「研修目的」を達成するため、「研修生自身の日本語能力の安定を図ると同時に、現行の学習指導要領に基づく検定教科書および教育現場の状況を踏まえつつ、その中に新しい学習指導要領が求める「自然な日本語表現」・「話す力の養成」・「聞く力の養成」・「説明訳読法からの脱却」をいかに取り入れていくか、あるいは、それらを念頭に置いた授業の方法の可能性を考える機会を提供する」[84]ことを研修内容策定にあたっての「基本方針」としたが、この「研修目的」と「基本方針」は翌年（一九九五年）の「大韓民国高等学校日本語教師研修」にも引き継がれている。

一九九六年は第六次教育課程が韓国の高等学校で施行された年だったが、この年に開催された「大韓民国高等学校日本語教師研修」においても、韓国の教育課程は意識されている。すなわち、国際交流基金は同年の研修プログラムを策定するにあたり、「本年度から実施されている韓国中等教育課程の第六次教育課程」[85]を考慮し、下記の三点を「研修目的」とした。

①研修生の教授活動の向上のため、韓国の第六次教育課程の理念と高校の教育の現状に合った授業を模索する機会とする。
②研修生の日本語運用力の充実と向上を図る。特に研修生各自の既得の知識、技能、表現力の活用と補完、自習法の獲得を目指す。
③日本の文化や社会に直接触れることによって、日本についての理解の深化を促す。[86]

この観点から一九九六年の研修会では、第六次教育課程が「定める「自然な日本語表現」、「話す力の養成」、「聞く力の養成」、「説明訳読法からの脱却」をいかに実現していくかについて、新しい教科書を活用しながら考える」[87]ことも、研修プログラムの一環に導入された。すなわち国際交流基金は、韓国の第六次教育課程が求める「コミュニケーション重視」という考え方を、その「大韓民国高等学校日本語教師研修」の教育内容に取り入れたのである。同基金は教育内容の面においても、韓国政府の方向性を尊重する立場をとっていたと言うことができよう。換言すれば国際交流基金は、韓国高校日本語教員のための研修会を開催するにあたって、政策上の枠組という観点からだけではなく、教育内容の面においても、「現地主導」主義の立場を貫いていたと言うことができるのである。

それでは、韓国政府がその教育課程において規定し、国際交流基金もそれに基づいて「大韓民国高等学校日本語教師研修」の教育内容を策定したところの「コミュニケーション重視」という考え方に対して、実際に韓国の高校教育現場に立っていた日本語教員たちはどのような反応を示したのであろうか。

国際交流基金日本語国際センターは、一九九七年に開催した「大韓民国高等学校日本語教師研修」の参加者(四五名)を対象に教室活動に関する意識調査を行っている。それによると、彼らの多くに「意識の面では第六次教育課程がうたっているコミュニケーション重視、学習者中心という理念の影響が窺え」[88]たという。しかし、実際の教室活動においては、「視聴覚教材の利用といったリソースの面での工夫を除けば、コミュニケーション重視の活動や学習者中心の活動が広くとり入れられているとは言え」[89]ず、「教師の授業についての意識は変わっても、実際の授業の間にはギャップがある」[90]と考えられる状況だった。すなわち、政策レベルでの「コミュニケーション重視」といった理念については、教育現場でも承知されてはいたものの、その理念に教育現場が追いついていなかったのである。

このような韓国高校日本語教員を対象に、「大韓民国高等学校日本語教師研修」では、たとえば演習形式の授業で「コミュニケーション力を高めるための教室活動を体験的に知り、高校の教育現場への応用方法を考えることを目的とし、その成果として模擬授業では、各自が使用している教科書を用いてコミュニケーション重視の授業を行った」[91]りもした。そして、そのようにして研修参加者が学んだ教室活動は、彼らからおおむね「韓国の現状に合ったものとして肯定的に受けとめられ」[92]たという。ただし、少数とはいえ韓国の教育現場には取り入れにくいと研修参加者から評価された教室活動もあった。それらが取り入れにくい理由としては、「教室にビデオデッキがない」[93]あるいは「一クラスの人数が多い」[94]など「教授環境上の問題」[95]があげられた。このように「教授環境上の問題」があげられたことについて、国際交流基金の関係者は、「教師自身の教室活動のアイディア不足だけではなく、それを自分のクラスに適用する方策を充分に知らないことにも起因する」[96]のではないかと推測したが、一クラスあたりの日本語学習者数が「平均四七・九人」[97]で、「視聴覚機器を自由に使うことや、教室の机の配置を変えることが難しい高校が少なくない」[98]という現状においては、さらに「成績は筆記中心の試験で測られる」[99]という状況下では、「コミュニケーション重視」のための教室活動がある程度限定されるのもやむをえないことだったろうし、それでもかかる教室活動を取り入れるべきだとしたら、教育現場に過度の負担を強いることにもなっただろう。すなわち、政策上の枠組という観点からのみならず教育内容の上でも「現地主導」主義という基本方針を貫いた場合は、日本語普及対象国の「理念」(たとえば「コミュニケーション重視」など)と「現状」(たとえば「教授環境上の問題」など)のギャップにも直面せざるを得なくなる場合がありうるのである。

しかし、「教授環境上の問題」などは、国際交流基金が対処して解決できる問題ではないだろう。また、相手国政府の「要請」もなしにそれに対応しようとすることは、政策上の枠組という観点での「現地主導」主義に反することにもなろう。したがって、国際交流基金が「現地主導」主義の立場からなしうることは、そのような「教授環境上の問題」が存在することを前提とした上で、かかる前提の下でも実現可能な教室活動を「自分のクラスに適用する方策」について、研修参加者が考える機会を提供する方向に向かわざるをえなくなる。

今まで見てきたように国際交流基金は、政策上の枠組という観点でも、あるいは教育内容の面でも、韓国の高校教員を対象とした招聘研修事業を遂行するにあたっては、たしかに「現地主導」主義の立場を貫いていたと言える。しかし、この「現地主導」主義という基本方針には、「現地」の主導性を尊重することだけではなく、「現地」の事情や問題点を尊重あるいは受容することも必然的に含まれることになる。なぜなら、「現地」からの「要請」がない状況で、それらの問題点を国際交流基金が云々することは、政策上の枠組という観点における「現地主導」主義の考え方に反することにもなりかねないからである。

その意味で、国際交流基金の「現地主導」主義という考え方は、政策と教育現場の間に矛盾が生じた場合に、その矛盾を解消する方向にではなく、場合によってはその矛盾から派生する問題点を教育現場に押しつけかねない危険性を孕んでいるとも言える。おそらくは国際交流基金日本語国際センターの関係者もこの点は認識していたのだろう。同センターの研修担当講師は、「韓国には韓国の事情があり、その範囲内で現場の教師がたいへんな努力をしていることは疑いの余地がない」[100]との認識を示している。

また、かかる危険性を認識するならば、「現地主導」主義に基づいて事業を展開する際には、「現地」の「理念」と「現状」に対する知識と見識が不可欠であるとも言うことができるだろう。一口に「現地主導」と言っても、「現地」には「理念」もあれば「現状」もある[101]。「現地主導」主義という考え方は、それらに対する知識と見識があって初めて適用可能な考え方であるとも言うことができる。国際交流基金日本語国際センターの研修担当講師は、「大韓民国高等学校日本語教師研修」の最初の研修会（一九九三年）を開催するにあたって、各種の予備調査や韓国の教育現場に関する情報の収集とそれらの検討を行っているが[102]、これらの情報収集と検討は、おそらく右記のような事情も踏まえて行われたのだろう。

(四) 大韓民国日本語教師特別養成課程訪日研修

一九九七年一二月、韓国では第七次教育課程が公布された。この第七次教育課程は中学校では二〇〇一年から、また高等学校では二〇〇二年から施行されたのであるが、これの施行によって、まず中学校では裁量選択科目の一つとして「生活外国語」という科目が設けられた。この「生活外国語」科目には、中国語、フランス語、ドイツ語、スペイン語、ロシア語、アラビア語と並んで日本語が取り入れられた。

また高等学校では、それまで日本語教育の開始学年や単位数が各校の裁量に委ねられていたのが、この第七次教育課程の施行によって、日本語科目の受講は二年生からと定められた。すなわち、二〇〇二年三月に高等学校へ進学した生徒は、翌年の二〇〇三年三月から日本語教育を受けることになったのである。

その高等学校二年生が履修する「日本語Ⅰ」の「性格」について、第七次教育課程は次のように規定している。

日本語は経済力と情報力の面で言語の勢力が大きい代表的な言語である。現代のような情報化時代においては、印刷媒体とインターネットによる迅速な情報の収集は日本を理解することはいうまでもなく、韓国の発展のためにもとても有益である。その意味で「日本語Ⅰ」は情報収集の基を成す科目として、日本語への興味と関心を高め、日本語による情報収集に興味を持つように働きかける科目である。

「日本語Ⅰ」科目は日本文化の特徴を理解し、韓国文化を日本へ紹介することにより韓日両国民の相互理解を進め、両国間のすべての交流に肯定的でかつ積極的に参加することができる基礎的な力を養うことに重点を置く。[103]

第七次教育課程においても第六次教育課程の場合と同様に、「コミュニケーション重視」という考え方に力点が置かれていた。また、そこでは右記の引用からも明らかなとおり、日本文化の理解も重視されていたのであるが[104]、この新しい教育課程の公布・施行に基づき、国際交流基金日本語国際センターは二〇〇二年の「大韓民国高等学校日本語教師研修」から、教育内容の上で、第七次教育課程を意識した研修プログラムを策定するようになった。たとえば、二〇〇五年度の同研修会では、左記の点が「研修の目的」とされている[105]。

大韓民国の「第七次教育課程」で求められる授業の実現を容易にするため、以下の目的を設定します。

①日本事情を取り入れ、かつ、コミュニケーション能力養成を目標とする学習者中心の日本語授業を体験する。
②帰国後も進んで「日本事情を取り入れ、かつ、コミュニケーション能力養成を目標とする学習者中心の日本語授業」を実践するための、教授法理論の習得、素材収集、素材の活用方法習得を目指す。
③日本語でのコミュニケーション、日本文化体験を通し、日本人の言語行動や生活文化に対する理解を深める。[106]

このように、第七次教育課程の公布後は、同教育課程が「大韓民国高等学校日本語教師研修」の教育内容を策定するにあたって意識されるようになったのであるが、その公布前、すなわち第六次教育課程期までの韓国では、どの言語を第二外国語科目として自校のカリキュラムに導入するかという問題は、基本的に当該学校の校長の裁量に委ねられていた。したがって、かりに日本語科目を履修したくても、進学した高等学校で日本語科目が開講されていない場合、その高校生は日本語学習を諦めなければならなかったのであるが、第七次教育課程では、各校が第二外国語科目として導入する言語を決定する際に、生徒の希望を尊重する制度が導入された。

この制度の導入によって、日本語科目を履修する生徒の増加が予想された。二〇〇〇年に教育部が行った事前調査によれば、普通科の高等学校で同年「四月に実際にドイツ語を履修している学生が三五・七%、フランス語が二二・四%であったが、それが五月のこの調査の時点ではドイツ語履修希望者は一一・四%、フランス語が七・二%に減少し、逆に日本語が三一・〇%から五六・三%に増加」107したという。

この調査結果を受けて韓国政府の教育部は、高等学校のドイツ語教員とフランス語教員に日本語教育資格(日本語二級正教師資格)を与えるための「高等学校日本語教師特別養成課程」を開設することになった。この「高等学校日本語教師特別養成課程」の設置は二〇〇一年から二〇〇三年にかけての時限的な措置だったが、ソウル大学(師範大学)とソウル教育大学(中等教員養成所)において、高等学校のドイツ語教員とフランス語教員(合計約三二〇名)を対象とした、日本語と日本語教授法に関する一年間の集中研修(一、二五八時間)が行われることになり、集中研修の最終段階としては二週間の訪日研修も予定された。

その訪日研修は、韓国政府の要請を受けて国際交流基金が実施することになった。同基金の日本語国際センターと一九九七年に開設された関西国際センターは、「高等学校日本語教師特別養成課程」の訪日研修として、二〇〇二年と二〇〇三年に「大韓民国日本語教師特別養成課程訪日研修」を実施している。

右記の韓国教育人的資源部(教育部が二〇〇一年に改称)の主催による「高等学校日本語教師特別養成課程」と国際交流基金が開催した「大韓民国日本語教師特別養成課程訪日研修」との関係は、一九八〇年代に当時の韓国文教部が企画した「日本語教師特別研修計画」の枠内で実施された集中研修会と国際交流基金が主催した「海外日本語講師招聘研修会」との関係、あるいは前項で取りあげた、韓国教育部主催による「高等学校日本語教師一級正教師研修」と国際交流基金日本語国際センターが実施した「大韓民国高等学校日本語教師研修」との関係とよく似ている。すなわち、いずれの場合も韓国政府主催の研修会(韓国国内で実施)に参加した高校教員が国際交流基金の研修会(日本国内で実施)に派遣されたのであり、後者は前者を補完するもの、あるいは前者の最終段階と位置づけられていたのである。その意味で、二〇〇二年から翌年にかけて国際交流基金が開催した「大韓民国日本語教師特別養成課程訪日研修」も、一九八〇年代の「海外日本語講師招聘研修会」や一九九〇年代に始まった「大韓民国高等学校日本語教師研修」の場合と同様に、韓国政府の高校教員研修システムの中に組み込まれていたと言うことができる。したがって、この「大韓民国日本語教師特別養成課程訪日研修」の実施も、その政策上の枠組という観点では国際交流基金よりも韓国政府に主導性が認められるのであり、同基金の基本方針であるところの、「前提」としての「現地主導」主義という基本方針が貫かれていた研修会だったとすることができるだろう。

また、国際交流基金は「大韓民国日本語教師特別養成課程訪日研修」の教育内容を策定するに際して、「韓国内での研修を補完するもの、且つ、日本でしかできないことを中心にする」[108]という基本方針をたてていた。すなわち、同基金は教育内容の上でも、「大韓民国高等学校日本語教師研修」の場合と同様、「現地主導」主義の考え方を貫いていたと言うことができる。

(五)「現地主導」主義の危険性とそれへの対応

これまで見てきたように、韓国の高校教員を対象とした招聘研修事業において、国際交流基金は政策上の枠組という観点でも、あるいは教育内容の面でも、その基本方針であるところの「現地主導」主義という考え方を貫いていたと言える。ただし、前述のように「現地主導」主義という考え方は、とくに教育内容面での「現地主導」主義という考え方は、相手国の教育現場が抱える矛盾や問題点も浮かび上がらせる性格を有している。そして、その矛盾や問題点を場合によると教育現場に押しつけかねない危険性を孕んでいるとも言える。したがって、「現地主導」主義に基づいて事業を展開する際には、「現地」の「理念」と「現状」に対する知識と見識が不可欠であろう。「現地主導」主義とは、そのような知識と見識があって初めて適用可能な考え方であるとも言うことができる。

しかし、国際交流基金はかかる「現地主導」主義という考え方を掲げて事業を遂行してきた。その事業遂行の過程を通じて、おそらく同基金は海外の日本語教育に関して多くの知識と見識をその内部に蓄積したことだろう。今後、「現地主導」主義を放棄するにせよ、あるいは維持しつづけるにせよ[109]、その蓄積を維持・拡大していくことは、日本が将来的にも日本語を「多言語化する国際社会の中に位置づけ」[110]ようとするならば、必要不可欠な営みだと思われる[111]。

おわりに

本章では、「日本語学習大国」あるいは「日本語教育大国」と呼ばれるまでになった韓国を事例として、国際交流基金の日本語普及事業を二つの問題に焦点をあてて考察してきた。一つは、国際交流基金がその設立当初の時期において、どのような言語観に依拠して日本語普及事業を実施していたのかという問題、そしてもう一つは、同基金が日本語普及事業の基本方針として掲げていた「現地主導」主義という考え方は、実際の事業遂行上どのように貫かれていたのかという問題である。

これらの問題に対する考察の結論として、海外の日本語教育、とりわけ初等中等教育レベルの日本語教育に日本が日本語普及の観点から関わる場合には、相手国の状況に対する充分な認識と理解が不可欠であると言うことができるだろう。もし、そのような認識と理解を欠いていた場合には、日本語普及が相手国から「文化侵略」と受けとめられたり、当該国の日本語教育が抱えている矛盾や問題点を教育現場に押しつけてしまう事態も考えられうるのである。

二〇〇五年に国際交流基金の関係者は同基金の機関誌において、韓国で日本語学習者数が「およそ九〇万人にも上る」[112]ようになったのは、「日韓双方の需給と協働が「幸運にも」合致した帰結であると言えよう」[113]との認識を示している。また、「幸運は偶発的であり、永続的ではない」[114]とも語っている。言い換えれば、「日韓双方の需給と協働」が「偶発的」に合致したことで、韓国においては日本語学習者数が増加したとしているのであるが、本章で見てきたように、国際交流基金の韓国に対する日本語普及事業は、韓国政府の動向や意向あるいは教育現場の実情を把握した上で実施されていた。すなわち、韓国の言語教育政策や日本語教育の状況等に関する認識と理解の上に実施されていた。したがって、かりに韓国における日本語学習者数の増加が「日韓双方の需給と協働」の「合致」によってもたらされたものであったとしても、その「合致」はけっして「幸運」という「偶発的」な要因によって得られたものではなかったと言うことができるだろう。むしろ、韓国側の状況を把握した上での「必然」として「合致」したのではなかったかと考えられる。国際交流基金の関係者は、自分たちがしてきたことにもっと自信を持ってよいのではないだろうか。

注

1　金賢信（二〇〇七）一一九頁

2 金賢信（二〇〇七）一一九頁

3 金賢信（二〇〇七）一一九頁

4 金賢信（二〇〇七）一一九頁

5 当初は初級班（二〇名）のみ設置されていたが、その後、中級班と上級班も設置された。また、一九八八年からは国際交流基金が同講座に対して日本語教育専門家を派遣するようになった。なお、在釜山日本総領事館の日本語講座は、二〇〇二年に社団法人釜山韓日文化交流協会へ移管されている。

6 林夏生（一九九九）二四一頁

7 林夏生（一九九九）二四二頁

8 日本語講座の開設当初は初級班と会話班（いずれも一年コース）のみ設置されていたが、一九八三年に国際交流基金が同講座に日本語教育専門家を派遣するようになってからは、中級班と上級班も設置された。なお、在ソウル日本大使館の日本語講座は、二〇〇二年一月に国際交流基金がソウルに日本文化センターを開設したのに伴い、同センターへ移管されている。

9 外務省文化事業部（一九七三）四八頁

10 国際学友会編（一九六六）には、韓国の日本語教育機関に関する記述がない。

11 外務省文化事業部（一九七三）四八頁〜四九頁

12 任栄哲（二〇〇二）六五頁

13 国際交流基金（二〇〇二）二頁

14 国際交流基金は二〇〇三年一〇月に特殊法人から独立行政法人に移行し、その目的も、「国際文化交流事業を総合的かつ効率的に行うことにより、我が国に対する諸外国の理解を深め、国際相互理解を増進し、及び文化その他の分野において世界に貢献し、もって良好な国際環境の整備並びに我が国の調和ある対外関係の維持及び発展に寄与すること」（二〇〇二年法律第一三七号「独立行政法人国際交流基金法」第三条）という表現に変更された。

15 高橋力丸（一九九九）を参照。なお、この問題に関して高橋は、国際交流基金の広報資料等から判断する限り、「日本語教育と一体化して日本文化理解を図る」という「ニュアンスが強いように思われる」としている（一四五頁）。

16 日本語普及総合推進調査会（一九八五）二五四頁
17 日本語普及総合推進調査会（一九八五）二五四頁
18 日本語普及総合推進調査会（一九八五）二五四頁
19 海外日本語普及総合調査会（一九九七）三五七頁
20 金賢信（二〇〇七）一二〇頁
21 金賢信（二〇〇七）一二〇頁
22 金賢信（二〇〇七）一一九頁
23 金賢信（二〇〇七）一二〇頁
24 森田芳夫（一九九一）四一一頁
25 梅田博之（一九九五）四六頁
26 梅田博之（一九九五）四六頁
27 梅田博之（一九九五）四七頁
28 この『日本語読本』に関して、稲葉継雄（一九八六）は、「極言すれば日本語教科書というよりも、日本語を媒介とした道徳教科書の感があったのである」（一四四頁）としている。
29 金賢信（二〇〇七）一二二頁
30 金賢信（二〇〇七）一二二頁
31 金賢信（二〇〇七）一二二頁
32 金賢信（二〇〇七）一二二頁
33 金賢信（二〇〇七）一二二頁
34 梅田博之（一九九五）四七頁
35 梅田博之（一九九五）四七頁
36 国際交流基金一五年史編纂委員会編（一九九〇）二一頁
37 国際交流基金（一九八四）三頁

38 国際交流基金日本語国際センター（一九九〇）五二頁を参照。

39 金賢信（二〇〇八ａ）は、国際交流基金の設立（一九七二年）と韓国の高等学校における日本語教育の開始（一九七三年）の時期が重なったのは必ずしも偶然ではなく、「政治経済的状況の必要性から日韓経済協力の強化を図ろうとしていた朴大統領が一九七二年七月に急遽高校での日本語教育の実施を指示した背景には、一九七二年から始まった日本政府による積極的な日本語普及政策の影響が疑われる」（三五頁）としている。

また、金賢信は二〇〇八年五月に首都大学東京で開催された日本語教育学会春季大会における研究発表「朴正熙政権下における韓国高等学校の日本語教育」において、次のように述べている。「一九七二年七月五日の朴正熙大統領の指示により急遽一九七三年から韓国の高校の第二外国語として日本語教育が開始された。急変する世界情勢の中で日朝接近を警戒していた朴政権は、日本との経済協力を強化し第三次経済開発五ヶ年計画を成功させ北朝鮮より経済的優位に立つ必要性に迫られていた。同政権は日本映画の輸入を強く要望する日本政府との交渉を進めており、高校での日本語教育を導入することで、その当時日本語普及政策を推進していた日本政府を説得し経済協力を得ようとしたのである。」（金賢信（二〇〇八ｂ）一一三頁）

40 朴熙泰（一九九四）二七頁

41 朴熙泰（一九九四）二七頁

42 森田芳夫（一九八五）五三九頁

43 森田芳夫（一九八五）五三九頁

44 森田芳夫（一九八五）五三九頁

45 森田芳夫（一九八五）五三九頁～五四〇頁

46 椎名和男氏に対するインタビュー調査（二〇〇七年七月一九日）による。

47 森田芳夫（一九八七）四三一頁～四三二頁

48 椎名和男氏に対するインタビュー調査（二〇〇七年七月十九日）による。

49 椎名和男（一九九四）八五頁

50 椎名和男氏に対するインタビュー調査（二〇〇七年七月十九日）による。

51 椎名和男氏に対するインタビュー調査（二〇〇七年七月十九日）による。
52 椎名和男氏に対するインタビュー調査（二〇〇七年七月十九日）による。
53 椎名和男（一九九一ａ）二六二頁
54 国際交流基金一五年史編纂委員会編（一九九〇）四六頁
55 金賢信（二〇〇七）一二五頁
56 金賢信（二〇〇七）一二六頁
57 金賢信（二〇〇七）一二六頁
58 金賢信（二〇〇七）一二七頁
59 金賢信（二〇〇七）一二八頁
60 金賢信（二〇〇七）一二八頁
61 金賢信（二〇〇七）一二八頁
62 中等教育レベルのみの統計は存在しない。
63 国際交流基金（二〇〇八ａ）一六頁～一九頁を参照。なお、韓国の日本語学習者数は約九一万人で世界最多であるが、その八四％に相当する約七七万人は初等中等教育レベルの日本語学習者である。
64 本節の基となった論文の執筆に際しては、インタビューに快く応じていただくなど、椎名和男先生に多大のご支援をいただきました。あらためて感謝を申し上げます。
65 松原直路（一九八八）一二五頁～一二六頁
66 日本語教育学会編（一九九二）一八頁～一九頁
67 国際交流基金（一九九八）五四頁
68 国際交流基金が二〇〇三年四月の時点で使用していた広報用パンフレットによる。
69 国際交流基金一五年史編纂委員会編（一九九〇）五七頁
70 国際交流基金（二〇〇七）二〇頁
71 国際交流基金（二〇〇七）二〇頁

72 国際交流基金（二〇〇七）二〇頁
73 椎名和男（一九九一a）二六二頁
74 国際交流基金一五年史編纂委員会編（一九九〇）七二頁
75 日本語普及総合推進調査会（一九八五）二五五頁
76 日本語普及総合推進調査会（一九八五）二五五頁
77 国際交流基金日本語国際センター（一九九八）一五二頁
78 三原龍志・坪山由美子・前田綱紀（一九九五）二〇八頁
79 荒川みどり・三原龍志（一九九四）一五九頁
80 荒川みどり・三原龍志（一九九四）一五九頁
81 第六次教育課程は、一九九六年に高等学校へ進学した生徒に対する教育から適用された。
82 王崇梁・長坂水晶・中村雅子・藤長かおる（一九九八）一一二頁
83 国際交流基金日本語国際センター（一九九六）一〇〇頁
84 国際交流基金日本語国際センター（一九九六）一〇〇頁
85 国際交流基金日本語国際センター（一九九八）一五二頁
86 国際交流基金日本語国際センター（一九九八）一五二頁
87 国際交流基金日本語国際センター（一九九八）一五二頁
88 王崇梁・長坂水晶・中村雅子・藤長かおる（一九九八）一一五頁
89 王崇梁・長坂水晶・中村雅子・藤長かおる（一九九八）一一六頁
90 王崇梁・長坂水晶・中村雅子・藤長かおる（一九九八）一一六頁
91 王崇梁・長坂水晶・中村雅子・藤長かおる（一九九八）一一四頁
92 王崇梁・長坂水晶・中村雅子・藤長かおる（一九九八）一一八頁
93 王崇梁・長坂水晶・中村雅子・藤長かおる（一九九八）一一八頁
94 王崇梁・長坂水晶・中村雅子・藤長かおる（一九九八）一一八頁

95 王崇梁・長坂水晶・中村雅子・藤長かおる（一九九八）一一八頁

96 王崇梁・長坂水晶・中村雅子・藤長かおる（一九九八）一三五頁

97 王崇梁・長坂水晶・中村雅子・藤長かおる（一九九八）一一三頁

98 王崇梁・長坂水晶・中村雅子・藤長かおる（一九九八）一一三頁

99 王崇梁・長坂水晶・中村雅子・藤長かおる（一九九八）一二〇頁

100 坪山由美子・前田綱紀・三原龍志（一九九五）七九頁

101 この「理念」と「現状」の問題に関して、宋晩翼(二〇〇七)は次のように指摘している。「第三次教育課程(一九七四年～一九八一年）から最初の日本語科独自の教育課程である今日の第七次教育課程（二〇〇二年～）に至るまで日本語教育は慌ただしく変化・発展してきた。具体的には、主にコミュニケーション能力の養成と文化教育を軸にして、その都度新しい外国語教育理論の導入とともに教育課程が変化・発展して今日に至っている。しかし、その都度教育課程に導入・提示されている「認知的接近法」「変形CLL」「過程中心教育」「流暢さ重視教育」「体験学習」「意思疎通技能中心教育」等の教育概念は、教育現場の教師にとって教師教育と研修を行わない限りその実態を身を持って掴むことが難しい。教育と研修があったとしても、現場の教授学習環境と条件によって新しい教育理論による実践が難しい場合もある。そのため、いくら教育課程が変わっても、教師はあまり変わらなく、教師本人なりの方法を固守しているケースも少なくない。」（五一三頁）

102 荒川みどり・三原龍志（一九九四）八五頁～八八頁

103 韓国教育部（二〇〇二）一頁

104 第七次教育課程の「日本語Ｉ」の「目標」には、「文化」に関して次のように記されている。「日本の日常生活文化に対して深い関心を持ち、日本文化を理解しようという姿勢と日本との国際交流に積極的に参加する態度を持つ。」（韓国教育部（二〇〇二）二頁）
なお、李徳奉（二〇〇二）によると、「文化理解の目標に、「日本文化への関心と理解しようとする姿勢を育てること」と「日本との交流に積極的な態度を養うこと」が明記されたのは日本語科だけに見られる新しい試み」であったという。

105 「大韓民国高等学校日本語教師研修」は、二〇〇七年度より中学校の日本語教員も参加するようになったことから、名称が「大韓民国中等教育日本語教師研修」に変更されたが、二〇〇七年度同研修会の『実施案内』にも、「研修の基本方針」として、「この研修では大韓民国の「第七次教育課程」の理念と高校教育の現状に適した授業を考えることを大切にして実施するものです」との文言が記されている（国際交流基金日本語国際センター（二〇〇七）四頁）。

106 国際交流基金日本語国際センター（二〇〇五）六頁

107 金英美（二〇〇六）一七頁

108 坪山由美子氏（国際交流基金日本語国際センター）のご教示による。

109 国際交流基金が二〇〇九年一二月に同基金のウェブサイト上で発表した「国際交流基金日本語事業方針」（二〇〇九年一二月一四日検索）によれば、「従来の現地化・自立化促進の考え方は事業を進める上での前提」として残すとしている。すなわち、「到達目標」としての「現地主義」主義に関しては、それを維持すると宣言しているのであるが、「前提」としての「現地主義」主義については言及がない。

110 国際交流基金（二〇〇九）一四頁

111 本節の基となった論文の執筆に際しては、国際交流基金日本語国際センターの坪山由美子先生と三原龍志先生から多々ご教示を頂戴しました。あらためて感謝を申し上げます。

112 嘉数勝美（二〇〇五）三七頁

113 嘉数勝美（二〇〇五）三七頁

114 嘉数勝美（二〇〇五）三七頁

第七章　「日本語の普及」の方法について考える

―オーストラリアを事例として―

はじめに

国際交流基金は二〇〇八年に、「海外の中核的な日本語教育機関をつなぐ」[1]ネットワークとして、「JFにほんごネットワーク」（通称は「さくらネットワーク」）の構築を開始した。このネットワークは、「日本語を学ぶ人々が増え、日本語教育の環境と質の向上がますます求められている現在、世界各地の日本語教育機関が連携・協力し、日本語教育を推進していくことがますます重要になって」[2]きていることから構築が開始されたものだという。

しかし、この「JFにほんごネットワーク」の構築が発想された事情に関しては、同基金の関係者が二〇〇八年六月に開催された内閣府規制改革会議（第一回海外人材タスクフォース）の席上で次のように述べている。

実は二〇〇四年から中国が孔子学院という、中国語と中国文化を世界的に広めるための機関を作っています。要するに、中国の経済力がついたところの勢いといいますか、経済活動をますますしやすくするために、あるいは中国に対する理解を、いわゆるバイアスを少しでも和らげるための方策として、いわばドイツのゲーテ・インスティチュートの中国版というところです。二〇〇四年から、世界各国に一〇〇か所つくる（一か国一か所）ということで始まりましたが、ところが、勢いに乗ってしまって、今は、最近の調査によりますと、六三か国で二五三の連携をつくったといわれています。これは直接（中国）単体でつくることはございませんで、各国の大学と連携して、大学の中に孔子学院という看板を掲げるというシステムでございます。非常に頭のいいシステムだと思います。

こういった状況を踏まえて、日本語教育も元気ではあるようだけれども、しかし、一方で、中国の影響に負ける可能性があるというところで、最近、永田町あるいは霞が関でも、それに匹敵するような組織をつくれという声が強くございまして、国際交流基金の日本語教育拠点を一〇〇か所つくれという指示がまいっております。実は、私どもも、直接名前は付けておりませんが、設立以来三六年間にわたって、世界の一〇〇以上の大学を中心とした機関と連携を組んでおりまして、現在も一一一ポストにいわゆる日本語教育専門家という、非常に高度なレベルの専門家を送っております。したがって、既に連携としては十分にあるわけでございまして、ここを改めて明示化していくという方向でやっていかざるを得ない、あるいはやっていくのが効率的だなと考えております。[3]

これによれば、「ＪＦにほんごネットワーク」とは、二〇〇四年から「孔子学院」を全世界に展開しつつある「中国の影響に負ける可能性がある」ことに危機感を募らせた「永田町あるいは霞が関」からの、「孔子学院」に「匹敵するような組織をつくれ」という指示に基づき、国際交流基金が「世界一〇〇以上の大学を中心とした機関」との間ですでに有していた「連携」を「明示化」するという方法で、その構築を開始したものであり、そもそもは、中国語普及事業に対する対抗措置として発想されたものだったと位置づけることが可能なのであるが、そのような対抗措置をとることの是非は別としても、かかる「永田町あるいは霞が関」からの指示が妥当なものであるためには、海外における日本語と中国語の位置が類似していることが前提となろう。換言すれば、日本語の位置が中国語の位置と類似しているからこそ、国際交流基金に対して、海外への「日本語の普及」を目的に、「孔子学院」に「匹敵するような組織をつくれ」との指示を出すことが、意味を持つことになるはずである。

しかし、海外における日本語の位置と中国語の位置は本当に類似しているのだろうか。本章では、オーストラリア最大の人口を抱えるニューサウスウェールズ州の中等教育レベルの言語教育を事例として、この問題を考えてみたい。

一　ニューサウスウェールズ州における日本語教育の開始

オーストラリアのハイスクールにおける日本語教育の歴史は一〇〇年にもおよぶ。すなわち、ニューサウスウェールズ州（以下、「NSW州」と言う）の公立学校、フォート・ストリート・ハイスクール（Fort Street High School）が一九一八年に日本語教育を開始したのが、その嚆矢である[4]。同校の日本語教育は、シドニー大学東洋学科教授のジェームス・マードック（James Murdoch）の監督下に、日本から招聘された日本語母語話者を教師として営まれた[5]。その後、NSW州の公立学校ではノース・シドニー・ハイスクール（North Sydney High School）でも日本語教育が開始され、一九二〇年代には同州の後期中等教育修了試験の科目に日本語が導入されている。

一九四一年一二月の日豪開戦に伴い、NSW州のハイスクールでは日本語教育が中止された。しかし、終戦翌年の一九四六年には早くも復活している。そして、それから六〇年が過ぎた二〇〇六年の段階では、公立学校の在籍者だけでも約二万五千人の生徒が同州のハイスクール（前期中等教育課程を含む）で日本語を学んでいる。

次節からは、NSW州の後期中等教育修了試験[6]の応募者数を手掛かりに、戦後のNSW州で「日本語」という言語、あるいはその教育がどのような位置にあったのか、また、現在ではどのような位置にあるのかについて考察する。

二　一九五〇年代から一九七〇年代まで

日本とオーストラリアが経済貿易協定を締結し、両国間で経済交流が本格化した一九五〇年代中頃から、日本がオーストラリアより鉱物資源を輸入し、それを加工・輸出することで高度経済成長を成し遂げつつあった一九六〇年代中頃にかけての時期、NSW州では後期中等教育修了試験として、「リーヴィング・サーティフィケート」（Leaving Certificate）という名称の試験が実施されていた。その「リーヴィング・サーティフィケート」試験における「英語以外の言語」（LOTE：Languages Other Than English）[7]科目の応募者数を見ると、この時期はフランス語を選択する者が圧倒的に多かった[8]。

【表1】 Leaving Certificate（1957-1964）の LOTE 科目別応募者数　（単位：人）

	1957年	1958年	1959年	1960年	1961年	1962年	1963年	1964年
仏　語	3,876	4,417	4,910	5,583	6,115	7,029	9,039	9,461
独　語	326	375	488	455	499	503	566	659
中国語	219	260	305	395	413	438	445	425
日本語	4	2	5	3	1	11	5	5

フランス語について応募者が多かったＬＯＴＥはラテン語[9]であるが、現代語（Modern Language）ではドイツ語と中国語がフランス語に続いていた。一九五〇年代中頃から一九六〇年代中頃にかけての時期に、ＬＯＴＥの中で応募者数が毎年三桁に達していた現代語は、右記のフランス語、ドイツ語、中国語の三言語だけであり、日本語科目の応募者数は一桁の場合が多かった[10]。これら四言語を選択した者の母語別内訳は不明だが、当時のオーストラリアにおける出身地別人口構成を勘案した場合、この時期の「リーヴィング・サーティフィケート」試験でドイツ語と中国語の応募者が多かったのは、これらの言語を「母語」（First Language, Native Language）ないしは「継承語」（Heritage Language）とする応募者が多かったからではないかと想像することができる[11]。それに対して、フランス語と日本語の場合は、当該言語を「母語」あるいは「継承語」とする居住者や長期滞在者の人数が相対的に少なく、その意味でフランス語と日本語は、オーストラリアで「継承語」というよりも「外国語」（Foreign Language）としての性格の方が強い言語だったと言えるのだが、そのフランス語と日本語の差は歴然としていた。この時代は、「外国語」と言えばフランス語を意味していた時代だったとすることができる。

【表2】 HSC（1967-1974）のLOTE科目別応募者数 （単位：人）

	1967年	1968年	1969年	1970年	1971年	1972年	1973年	1974年
仏　語	6,709	6,942	6,634	5,315	4,551	4,145	3,673	3,424
独　語	1,038	1,229	1,269	1,298	1,239	1,209	1,058	1,059
中国語	174	213	269	197	197	157	86	101
日本語	5	27	22	23	21	24	31	42

なお、表1から明らかなとおり、フランス語、ドイツ語、中国語の三言語は、一九五〇年代中頃から一九六〇年代中頃にかけての時期に応募者数が二～二・五倍に増加している。しかし、これはこの時期にLOTE学習が人気を集めた、あるいはその学習が積極的に奨励されたからというよりは、NSW州の人口増加や後期中等教育課程への進学者増加によって、「リーヴィング・サーティフィケート」試験そのものの応募者数が増加したからと考えるべきだろう。同試験の応募者数は一九五七年（一〇、〇七三人）から一九六四年（二四、七二八人）までの間に約二・五倍に増加している。

一九六七年に「リーヴィング・サーティフィケート」試験は「ハイアー・スクール・サーティフィケート」（HSC：Higher School Certificate）試験に名称が変更されたが[12]、その名称変更から二年たった一九六九年から一九七〇年代にかけての時期に、HSCのフランス語選択者数は減少した。表2から明らかなとおり、一九七四年のフランス語選択者数は一九六八年に比べて半減している。これはNSW州だけでなく、他州でも見られた現象だったが、その理由は当時各州で進められていた教育改革（NSW州の教育改革はウィンダム改革［Wyndham Reforms］として知られる）の結果、中等教育におけるL

【表3】 HSC（1975-1982）のLOTE科目別応募者数 （単位：人）

	1975年	1976年	1977年	1978年	1979年	1980年	1981年	1982年
仏　語	3,089	2,847	2,347	2,242	2,489	2,515	2,357	2,556
独　語	1,069	1,068	985	1,037	1,215	1,253	1,250	1,258
中国語	120	160	191	213	330	213	223	318
日本語	51	65	56	68	85	92	114	140

OTE科目の位置づけが主要科目から選択科目に変更されたことにある[13]。フランス語はフランス語ゆえにその選択者数を減らしたのではなく、「外国語」の代表的な存在であったがゆえに選択者数を減らしたのである。

NSW州における後期中等教育修了試験の名称がHSCに変更された一九六七年の前年には、日本がオーストラリアの旧宗主国である英国にかわって、オーストラリア最大の輸出相手国になった。また、一九七三年には英国がヨーロッパ共同体（EC）に加盟している。これらの事情を背景に、オーストラリアは「アジア太平洋国家」の一員としての道を模索することになった

また、日本語教育の制度面では、一九六六年に日豪経済委員会と豪日経済委員会が協同で、日本人日本語教師のオーストラリア派遣と、日本語を専攻するオーストラリア人学生に対する日本留学奨学金の供与事業を開始した。さらに、一九七二年には日本政府が国際交流基金を設立している。

日本政府が国際交流基金を設立したのと同じ一九七二年には、オーストラリア政府がアジア教育調整委員会（The Asian Studies Coordinating Committee）を設立している。同委員会は教育科学大臣

【表4】 HSC（1983-1990）のLOTE科目別応募者数　（単位：人）

	1983年	1984年	1985年	1986年	1987年	1988年	1989年	1990年
仏　語	2,471	2,581	2,543	2,599	2,700	2,914	2,594	2,187
独　語	1,219	1,374	1,300	1,260	1,154	1,204	1,133	1,031
中国語	487	382	355	302	407	446	487	573
日本語	129	184	192	231	239	342	557	838

の諮問機関である「オーストラリアにおけるアジア語・アジア文化教育に関する諮問委員会」（The Commonwealth Advisory Committee on the Teaching of Asian Languages and Cultures in Australia）が、アジア語教育とアジアの文化に関する教育をオーストラリア全土で拡大すべきであると提言したことを受けて設置された委員会で、同委員会は後にオーストラリア国立大学教授のアンソニー・アルフォンソ（Anthony Alfonso）が制作した中等教育用日本語教材の出版を助成することになる。

これらの状況を背景に、一九七〇年代に入ると、HSCで日本語を選択する高校生の数が徐々に増加しはじめた。また、オーストラリア政府が一九七〇年に実施した世論調査の「オーストラリアの中等教育で教えられるべき最も重要なアジア語は何か」という質問項目に対する回答において、日本語が最多の支持を集めたように[14]、このころにはオーストラリア社会において日本語の重要性が一般にも認識されはじめていた[15]。しかし、表3および表4から明らかなとおり、一九八〇年代の中頃まで日本語とヨーロッパ語（フランス語・ドイツ語）の差は依然として大きかった。

三　一九八〇年代から一九九〇年代まで

一九八〇年代から一九九〇年代にかけての時期にも、ＨＳＣの日本語選択者数は増加した。この時期にＨＳＣの日本語選択者数が、さらにはその母体となる、ＮＳＷ州のハイスクールにおける日本語履修者数が増加した要因の一つとしては、日豪間における経済交流や人的交流の拡大を指摘することができる。一九八五年のニューヨークにおけるプラザ合意を契機として、一九八〇年代の後半期に日本では貨幣の過剰流動性が発生し、日系企業のオーストラリアに対する投資が拡大した。また、オーストラリアへ旅行する日本人観光客の数も増加した。

しかし、この時期にＮＳＷ州で日本語を履修する高校生の数が増加した要因としては、同じ時期にオーストラリア政府あるいはその関係機関・関係者が、ＬＯＴＥ教育振興政策をあいついで立案し、それらを実行に移していった事実も無視することはできない。

その代表的なＬＯＴＥ教育振興政策としては、一九八七年の『言語に関する国家政策』（National Policy on Languages）や、一九九一年の『オーストラリアの言語—オーストラリア言語・リテラシー政策—』（Australia's Language, The Australian Language and Literacy Policy）をあげることができる。これらの政策は、ある言語がオーストラリアで「継承語」あるいは「コミュニティー語」（Community Language）としての性格を強く有しているか、それとも「外国語」としての性格の方が強いかということにかかわりなく、また当該言語がアジア語であるかヨーロッパ語であるかということにもかかわりなく、全てのＬＯＴＥを対象とした政策だったが、それと同時に経済的合理性と国益の観点から、「優先言語」（Priority Language）

【表5】 HSC（1991-1998）のLOTE科目別応募者数 （単位：人）

	1991年	1992年	1993年	1994年	1995年	1996年	1997年	1998年
仏　語	1,889	1,686	1,650	1,730	1,678	1,453	1,311	1,475
独　語	888	863	827	767	770	731	686	749
中国語	539	538	553	679	758	687	682	662
日本語	943	1,271	1,626	1,983	1,929	1,746	1,744	1,671

という考え方を導入し、オーストラリアにおいてその教育を振興すべき優先言語を選定したり、あるいは実際に初等中等教育行政を担当する州政府に優先言語の選定を求めたりした。その結果、日本語はＮＳＷ州を含むオーストラリアの全ての州・準州で優先言語に指定された[16]。

一九八〇年代後半期以降のオーストラリアでは、ＬＯＴＥの中でもとくにアジア語に焦点をあてて、その教育の振興を図ろうとする政策も数多く発表されるようになった。たとえば、一九八八年には、連邦政府の諮問機関であるアジア教育審議会（The Asian Studies Council）が雇用教育訓練省に対して、『オーストラリアにおけるアジア教育のための国家戦略』（A National Strategy for the Study of Asia in Australia）と題する答申報告書を提出している。この報告書は、一九九五年までに初等中等教育レベルの全生徒の一五%と高等教育レベルの全学生の五%がアジア語を学習しているようにすること、そして二〇〇〇年までには、それをそれぞれ二五%と一〇%に引き上げることを目標として掲げた。また、中国語、インドネシア語、日本語の三言語については、全国的な規模で教えられなければならないとした。

一九九四年には、オーストラリア政府審議会（COAG：The Council of Australian Governments）が『アジアの諸言語とオーストラリアの経済的将来』（Asian Languages and Australia's Economic Future）と題する報告書を発表している。この報告書は、学習優先度の高いアジア語として、中国語、日本語、インドネシア語、韓国語の四言語を指定し、当該四言語の教育を一九九六年から全国の小学校教育に導入するとともに、二〇〇六年には一二年生全体の一五%がこれら四言語のいずれか一つを学習しているようにすべきだと勧告した。

このように、一九八〇年代後半から一九九〇年代前半にかけての時期にオーストラリアでは、LOTE教育全体、あるいはLOTEの中でもとくにアジア語の教育に焦点をあてて、その振興を図ろうとする政策があいついで発表された。そして、このことは結果的にNSW州のハイスクールでアジア語を履修する高校生の増加を、そしてHSCにおけるアジア語選択者数の増加をもたらしたのであるが、とくに日本語を選択する高校生の増加率は大きかった[17]。

当然のことながら、一九八〇年代以降のオーストラリアにおけるLOTE教育振興政策は、アジア語教育の振興に焦点を合わせた政策を除いて、フランス語やドイツ語などのヨーロッパ語にも恩恵をもたらすはずのものだった。フランス語もドイツ語も全ての州・準州で優先言語に指定されており、NSW州のHSCでもこれらの言語を選択する高校生の数が増加してしかるべきだった。しかし、ドイツ語とフランス語の選択者数は一九八〇年代の後半期から漸減傾向に入った。それに対して、アジア語の場合は選択者数が増加した。とくに日本語選択者数の伸びは著しく、一九九一年にはドイツ語選択者数を、そして一九九四年にはフランス語選択者数を抜き、HSCで最多の応募者を集めるLOTE科目となった。このような現象の背景としては、「アジア太平洋国家」の一員としてのオーストラリアという地理的な自覚と、その「アジア太平洋国家」としてのオーストラリアにとっての国益という外交上あるいは経済上の要因を指摘することができる。

四　二〇〇〇年代

一九九四年にはHSCにおいて最多の応募者を集めるLOTE科目になった日本語だったが、翌年の一九九五年からは応募者数が減少するようになった。その理由としては、日本経済のバブル崩壊がオーストラリアの中学生や高校生（あるいはその保護者）の意識に何らかの影響を与えたのではないかということ、そしてそれが一九九〇年代の後半期になって一二年生にまで及んだのではないかということを考えることができる。一九九九年のHSCでは、日本語科目の応募者数が一九九五年の場合に比べて約一六％減少したが、かかる現象をNSW州の日刊紙「シドニー・モーニング・ヘラルド」（一九九九年一〇月一六日）は当時、「日本語学習は日本経済とともに低下」（Study of Japan's language drops with its economy）[18]というサブ・タイトルで表現している。この日本語選択者数の減少傾向は二〇〇二年まで続いた。

一方、中国語の選択者数は二〇〇〇年からの数年間、右肩上がりに増加している。そして、二〇〇四年には日本語を抜いて、HSCで最多の応募者を集めるLOTE科目となった[19]。日本語も中国語も、一九九四年に発表されたCOAGの報告書『アジアの諸言語とオーストラリアの経済的将来』では最優先言語に指定されており、また、オーストラリア政府はCOAGの提言を受けて、翌年の一九九五年に「オーストラリアの学校におけるアジア語・アジア学習推進計画」(NALSAS:The National Asian Languages and Studies in Australian Schools Program)を開始し、日本語と中国語を含むアジア語教育の振興に乗り出したのであるが、世紀の転換期における日本語と中国語の勢いの差は明らかだった。すでに一九九〇年代の中頃にはオーストラリアの教育関係者から、「過去三〇年の言語は日本語だった。しかし今後三〇年の言語を探すとしたら、それは中国語だろう」[20]との声が聞かれていたが、二〇世紀末から新世紀初頭にかけての時期に、両言語はHSCの選択者数においても明暗を分けた。

国際交流基金は二〇〇六年にオーストラリア全体の、そして同国の初等中等教育レベル全体の日本語学習者数について調査している。その結果を二〇〇三年の同種調査の結果と比較すると、オーストラリアの初等中等教育レベル[21]で日本語を学ぶ人の数は二〇〇三年の三六九、一五七人から二〇〇六年には三五二、六二九人へと約四・五%減少している。その要因について同基金は、「連邦政府の外国語教育政策が低調であり、外国語が必須科目でない州では、初等教育段階を中心に外国語学習者が全般的に減っている」[22]ことをあげるとともに、さらに次のように分析している。

特に、一九九四年から進められていたNALSAS(アジア言語文化特別教育プログラム)が二〇〇二年に打ち切られたあと、ヨーロッパ言語の人気の復活や、経済関係を重視して中国語学習熱が高まったなどの要因で、アジア言語のなかで相対的に日本語の学習者数が減少したと考えられる。[23]

【表６】 HSC（1999-2008）のLOTE科目別応募者数 （単位：人）

	1999年	2000年	2001年	2002年	2003年	2004年	2005年	2006年	2007年	2008年
仏　語	1,350	1,359	1,343	1,290	1,309	1,340	1,339	1,491	1,410	1,493
独　語	776	721	582	603	585	610	607	530	568	517
中国語	642	737	785	923	1,255	1,564	1,474	1,268	1,147	1,243
日本語	1,624	1,413	1,308	1,239	1,367	1,475	1,416	1,439	1,366	1,569

すなわち国際交流基金は、この時期に日本語はオーストラリアの初等中等教育レベルにおけるLOTE教育の場で、ヨーロッパ語と中国語の挟み撃ちにあったとしているのである。しかし、HSCの応募者数から見る限り、すなわちNSW州の後期中等教育レベルについて限って言えば、「ヨーロッパ言語の人気の復活」によって日本語学習者数が減少するようになったとまでは言い切ることができない。表６から明らかなとおり、この時期、HSCでは日本語の選択者数もヨーロッパ語（フランス語・ドイツ語）の選択者数も安定した状況にある[24]。

それでは、オーストラリアの初等中等教育レベルで、それによって日本語学習者数が減少したとされるところのもう一つの要因、すなわち同国で「経済関係を重視して中国語学習熱が高まった」ことに関しては、HSCにおける日本語応募者数の変動にどの程度の影響をあたえたのであろうか。

NSW州教育委員会（Board of Studies NSW）は一九九一年から翌年にかけて、中国語または日本語を母語[25]とする人々（Background Speaker）のための中国語テストと日本語テストを、当該言語を学校教育の場でゼロから学ぶ人々のためのテストと分離している[26]。これは受験者の母語による不公平感に配慮した措置だったが、中国語の場

【表 7】 HSC 中国語選択者の内訳（1991–2008）

（単位：人）

Course	1991 年	1992 年	1993 年	1994 年	1995 年	1996 年	1997 年	1998 年	1999 年
BS	531	533	540	648	696	623	635	604	554
非 BS	8	5	13	31	62	64	47	58	88
合計	539	538	553	679	758	687	682	662	642
Course	2000 年	2001 年	2002 年	2003 年	2004 年	2005 年	2006 年	2007 年	2008 年
BS	681	715	841	1,174	1,423	1,337	1,141	999	1,125
非 BS	56	70	82	81	141	137	127	148	118
合計	737	785	923	1,255	1,564	1,474	1,268	1,147	1,243

【表 8】 HSC 日本語選択者の内訳（1991–2008）

（単位：人）

Course	1991 年	1992 年	1993 年	1994 年	1995 年	1996 年	1997 年	1998 年	1999 年
BS	0	77	63	78	84	76	91	98	86
非 BS	943	1,194	1,563	1,905	1,845	1,670	1,653	1,573	1,538
合計	943	1,271	1,626	1,983	1,929	1,746	1,744	1,671	1,624
Course	2000 年	2001 年	2002 年	2003 年	2004 年	2005 年	2006 年	2007 年	2008 年
BS	66	49	56	59	52	50	49	55	59
非 BS	1,347	1,259	1,183	1,308	1,423	1,366	1,390	1,311	1,510
合計	1,413	1,308	1,239	1,367	1,475	1,416	1,439	1,366	1,569

【表 9】 HSC（2008）の LOTE 科目別応募者の学習レベルによる内訳（単位：人）

	Background Speakers	Beginners	Continuers	Extension
仏　語	–	630	851	212
独　語	–	137	376	108
中国語	1,125	32	86	32
日本語	59	801	709	272

合、そのバックグランド・スピーカーのためのテスト（以下、「ＢＳテスト」と言う）に応募した者とそれ以外のテスト（以下、「非ＢＳテスト」と言う）に応募した者の人数の内訳は、表7のとおりある。

この表から明らかなとおり、中国語の場合はその選択者の八五％以上がＢＳテストを受験している。これは、中国語がＮＳＷ州で「外国語」としての性格よりも「継承語」あるいは「コミュニティー語」としての性格が強いことを示しているが、ＢＳテストと非ＢＳテストの両方の応募者が増加している事実を勘案するならば、中国語圏（とくに中華人民共和国）の急激な経済成長がＨＳＣにおける中国語選択者数増加の一因になっていること、すなわち「経済関係を重視して中国語学習熱が高まった」ことがその一因となっていることは間違いないにしても、それだけが要因ではなく、中国語を母語とする居住者や長期滞在者の増加[27]も、その原因の一つとして考えることができる[28]。

一方、日本語のＢＳテストと非ＢＳテストの応募者の内訳は表８のとおりである。この表から明らかなとおり、日本語はＮＳＷ州で「継承語」あるいは「コミュニティー語」としての性格をあまり有しておらず、それよりもむしろ「外国語」としての性格が強い言語であると言うことができる[29]。そして、その「外国語」としての日本語の選択

国政府が孔子学院の経営の権限を外国側に譲渡）が考えられている」[30]が、このうち「設置がしやすく、経費負担も少ない合作方式が、多くの孔子学院で採用されている」[31]という。しかし、このシステム、すなわち中国政府が「各国の大学と連携して、大学の中に孔子学院という看板を掲げる」というシステムは、日本政府が一九六五年から一九七二年にかけての時期に東南アジアおよび南西アジアの高等教育機関に対して行っていた「日本研究講座寄贈事業」において、すでに採用していたシステムである（ただし、日本政府の場合は日本研究講座を寄贈した大学に特定の「看板を掲げる」ことまではしなかった）。また、「孔子学院の設置・運営は、孔子学院本部から業務を委託された中国側の協力校が外国教育機関と共同で行う」[32]ことになっているが、これと似た方法は「日本研究講座寄贈事業」ですでに採用されていた。すなわち、「日本研究講座寄贈事業」においては、「各国ごとに日本側で拠点校があって、例えば香港は慶應大学、インドネシアは東京大学、フィリピンはＩＣＵといった具合」[33]に協力校が決まっていたのである。いわば、「孔子学院」が現在採用している言語普及の方式は、日本にとってけっして未知のものというわけではないのである。

日本政府から日本研究講座の寄贈を受けた高等教育機関（タマサート大学、チュラロンコン大学、アテネオ・デ・マニラ大学、香港中文大学、マラヤ大学、インドネシア大学、デリー大学、シンガポール大学）は、いずれも現在では日本研究や日本語教育の分野で当該国を代表する機関になっている。したがって、「日本研究講座寄贈事業」で採用されていた方式は、高等教育機関を対象とした「日本語の普及」にとっては有効な方式だったと評価することが可能だろう。しかし、すでに「普通の外国語」として日本語を教えている中等教育機関を対象として、さらなる「日本語の普及」を図る場合にはどうだろうか。

既述のように、「JFにほんごネットワーク」は「中国の影響に負ける可能性がある」ことに危機感を募らせた「永田町あるいは霞が関」からの指示を受けて、その構築が開始されたもののようである。かかる指示があまり妥当なものでなかったことは、本章で見てきたとおりであるが、しかし同時に、その誕生の経緯はどうであれ、それを他国の単なる真似事に終わらせることなく、各国の日本語教育事情に合わせて柔軟に運用したならば、また、教育段階(初等中等教育レベル・高等教育レベル)ごとの状況を充分に考慮して運用したならば、海外における「日本語教育の環境と質の向上」という目的にとって真に有効なものにすることも可能だろうと思われる。今後、同ネットワークが「永田町あるいは霞が関」の思惑以上のものに成長していくことを期待したい。

注

1 高島まな(二〇〇八)一頁
2 高島まな(二〇〇八)一頁
3 規制改革会議(二〇〇八)一二頁
4 フォート・ストリート・ハイスクールは、一九二〇年代の後半期に日本語教育をいちど中止したが、一九四六年に再導入している。
5 教材としては、日本の尋常小学校の国語教科書が用いられた。
6 本章で言う後期中等教育修了試験とは、一二年生(日本の学制では高校三年生に相当する)の時点で受験するハイスクール卒業資格取得試験を意味する。この試験は同時に高等教育機関へ進学する場合の実質的な入学試験としても機能している。なお、オーストラリアの後期中等教育修了試験は州・準州ごとに実施されており、その試験に合格した時に授与される資格の名称も州や準州によって異なる。NSW州の後期中等教育修了試験は

7 一九六六年まで「リーヴィング・サーティフィケート」試験、一九六七年からは「ハイアー・スクール・サーティフィケート」（HSC）試験という名称で実施されているが、両者の間に制度面での大きな違いはない。

8 「LOTE」という表現は、一九八〇年代以降に主に教育行政あるいは学校教育の場で用いられるようになった言葉であり、一九五〇年代から一九七〇年代にかけての時代は、試験科目として「外国語」（Foreign Language）という表現を用いるのが一般的だったが、本章では「外国語」という表現を「継承語」（Heritage Language）あるいは「コミュニティー語」（Community Language）という表現と対比して用いるため、一九七〇年代までの時代について記述する際にも、英語以外の言語を表現するのに「LOTE」という表現を使用する。

9 本章で使用した、「リーヴィング・サーティフィケート」試験およびHSCの応募者数に関するデータは、すべてNSW州教育委員会のウェブサイトからの引用である（引用は二〇〇八年八月一〇日）。

10 ラテン語を選択した生徒は、一九五七年の場合で一、一〇四人、一九六四年の場合で一、五九九人だった。

11 応募者数が毎年二桁に達していたLOTEとしては、オランダ語、ギリシャ語、イタリア語、ロシア語があった。また、二桁にも達しないことが多かったLOTEとしては、日本語のほかにヘブライ語があった。

12 一九六〇年代から一九七〇年代にかけての時期、オーストラリアにはドイツ生まれの居住者・滞在者が常時約一一万人存在した（それに対して、フランス生まれの居住者・滞在者は一九六一年の時点で約五、四〇〇人、一九七一年の時点で約一一、九〇〇人）。また、一九七六年の国勢調査によれば、同年における中国生まれの居住者・滞在者の人数は約二万人だった。

13 一九六七年のHSC開始当初はLOTEとして一二言語のテストが行われた。

14 オーストラリア全体では、後期中等教育修了試験でLOTE科目を選択した者の割合は、一九六七年の四〇％から一九七五年には一五％に減少している。

15 今井信光（一九九四）七〇頁

16 この質問項目（複数回答可）で日本語を支持した者の割合は七一・六％。他の言語は、インドネシア・マレー語五五・五％、中国語四二・三％、ヴェトナム語一九・二％だった。

NSW州は、一九九二年に発表した『LOTE長期計画』（LOTE Strategic Plan）で日本語を優先言語の一つに指定した。

17 当時のLOTE教育振興政策がとくに日本語学習者の増加をもたらした理由・原因については、嶋津拓（二〇〇八b）一五五頁～一六一頁を参照。

18 Dessaix, Robert（1999）

19 二〇〇一年からHSCのLOTE試験は、「Beginners」（ジュニア・レベルまでの当該言語の学習時間が一〇〇時間以下の場合またはシニア・レベルで当該言語の学習を始める場合）、「Continuers」（ジュニア・レベルまでに当該言語を学習している場合）、「Extension」（前記の「Continuers」よりも上級のレベルまで学習する場合）の三種類、あるいは上記の三種類に「Background Speakers」（当該言語を母語とする場合）を加えた四種類に分けられている。このうち「Continuers」と「Extension」は応募者が重なるので、本書では言語別応募者数の合計に「Extension」の応募者数を含めていない。

20 Farmer, Monique（1994）

21 国際交流基金の「海外日本語教育機関調査」は、初等教育レベルと中等教育レベル、あるいは前期中等教育レベルと後期中等教育レベルを分けて調査していない。

22 国際交流基金（二〇〇八b）九頁～一〇頁

23 国際交流基金（二〇〇八b）一〇頁

24 むろん「初等教育段階を中心に外国語学習者が全般的に減っている」ことが、いずれは後期中等教育レベルにも影響をおよぼすものと考えることができるが、その影響は日本語科目だけにあらわれるものではないだろう。

25 オーストラリアのハイスクールで教えられている「中国語」（Chinese）は「北京語」（Mandarin）であるのが一般的だが、台湾や香港の出身者あるいはシンガポールやマレーシアなど東南アジア諸国出身の中国系居住者・滞在者の間でも「北京語」は「コミュニティー語」として機能していることや、家庭では「北京語」も教育されることが多いことから、たとえば広東語を母語とする生徒の場合も、HSCでは「中国語」（北京語）のバックグランド・スピーカーと見なされる。

26 フランス語とドイツ語の場合は、バックグランド・スピーカーのためのテストが実施されておらず、当該言語を母語とする生徒たちも、それ以外のテスト（多くの場合は「Extension」テスト）を受験することになる。

27 二〇〇七年度の場合、バックグランド・スピーカーのためのテストが実施されたLOTEは、中国語、インドネシア語、日本語、韓国語、ペルシャ語、ロシア語の六言語である。

28 二〇〇六年の国勢調査によれば、中国生まれの居住者・滞在者は二〇六、五九〇人（うちNSW州は一一四、〇四〇人）で、二〇〇一年の国勢調査に比べて四四・八％増加している。なお、二〇〇六年調査によると、中国生まれの居住者・滞在者が家庭で使用する言語は、北京語五九・四％、広東語二九・三％、英語三・八％の順である。

29 むろん両方を合わせたようなケース、すなわち中国語を「母語」ないしは「継承語」とする高校生たちが、それまでだったら日本の経済力あるいは日豪経済交流の状況を勘案して日本語を選択していたのが、一九九〇年代後半期以降は、中国経済の台頭や豪中経済交流の深化を背景に中国語を選択するようになったという事例も見られる。

30 二〇〇六年の国勢調査によれば、日本生まれの居住者・滞在者は三〇、七八〇人（うちNSW州は一一、一六〇人）である。

31 日暮トモ子（二〇〇八）七一頁

32 日暮トモ子（二〇〇八）七一頁

33 日暮トモ子（二〇〇八）七七頁

椎名和男教授古希記念論文集刊行委員会編（二〇〇二）一七頁

第八章 「日本語の普及」と多言語主義

一 国際文化交流における多文化・単一言語主義

日本政府およびその関連機関の中で、対外的な言語普及事業を担っているのは、外務省と国際交流基金である。外務省は日本政府の中にあって、「文化その他の分野における国際交流」（一九九九年法律第九四号「外務省設置法」第四条）を担当しているが、その一環として、「外国における日本研究及び日本語の普及」（二〇〇〇年政令第二四九号「外務省組織令」第二七条）を行っている。また、同省を所管官庁とする国際交流基金は、「国際文化交流事業を総合的かつ効率的に行うことにより、我が国に対する諸外国の理解を深め、国際相互理解を増進し、及び文化その他の分野において世界に貢献し、もって良好な国際環境の整備並びに我が国の調和ある対外関係の維持及び発展に寄与することを目的」（二〇〇二年法律第一三七号「独立行政法人国際交流基金法」第三条）としているが、この国際交流基金もその業務の一環として、「海外における日本研究に対する援助及びあっせん並びに日本語の普及」（同法第一二条）を行っている。

国際交流基金がその「海外における日本研究に対する援助及びあっせん」事業の対象としているところの「日本研究」の内容は多岐にわたる。学術領域としては社会科学から人文科学まで、またその研究対象は、いわゆる伝統文化から「クール・ジャパン」現象に象徴されるようなポップ・カルチャーまで様々である。さらには、「沖縄研究」や「アイヌ研究」も「日本研究」の一環として、その「援助及びあっせん」事業の対象となっている。たとえば「沖縄研究」に関して、国際交流基金は法政大学沖縄文化研究所が主催した「沖縄研究国際シンポジウム」に資金的な援助を行ったことがある。また、「アイヌ研究」に関しては、その専門家を海外の大学に派遣したりもした[1]。

このように、国際交流基金が「援助及びあっせん」事業の対象としているところの「日本研究」には、「沖縄研究」や「アイヌ研究」も含まれている。すなわち、同基金は「研究助成」という事業領域においては、「日本」の多様性を認めているのであり、同基金が任務としているところの「国際文化交流事業」の、その「文化」の範疇に限定して言えば、国際交流基金は「多文化主義」(Multiculturalism)の立場をとっているると言うことができるだろう。

しかし、外務省や国際交流基金が海外に普及しようとしているところの「日本語」の範疇には「沖縄語」や「アイヌ語」が含まれていない。その普及対象は、あくまでも日本の実質的な「国家語」であるところの「日本語」(The Japanese Language)だけであり、「日本諸語」(Japanese Languages)ではないのである[2]。このため、日本政府はたとえば一九九七年に「アイヌ文化の振興並びにアイヌの伝統等に関する知識の普及及び啓発に関する法律」(一九九七年法律第五二号)を施行し、その第二条[3]において「アイヌ語」という言語が存在することを公的に認めるに至っているが、日本政府やその関連機関は、「アイヌ語」の海外普及事業を実施していない。

しかし、このことは外務省や国際交流基金が日本語以外の「日本諸語」の存在に全く無関心だったことを意味するものではない。たとえば、国際交流基金はヨーロッパの高等教育機関の「日本語科の学生を対象に「アイヌ語講座」を開講」[4]する目的から、あるいは「入門からテキスト解説」[5]レベルまでの「アイヌ語集中講義」[6]を行うために日本から学者を派遣したり、あるいはその派遣を資金的に援助したりすることもあった。ただし、これらの事業はその所管部署名から判断する限り、「日本語の普及」事業の一環としてではなく、「海外における日本研究に対する援助及びあっせん」事業の一環として実施されたようである。

このような状況を勘案するならば、外務省や国際交流基金は「研究助成」の領域では「多文化主義」の立場をとりつつも、「言語普及」の領域では「多言語主義」(Multilingualism)の立場をとっておらず、むしろ「単一言語主義」(Monolingualism)の立場を採用していると言うことができる。

それでは、日本が海外に普及しようとしているところの言語は、どうして日本語だけで、たとえばアイヌ語などはその対象にならないのだろうか。

この疑問は一見すると真剣に考えるまでもない疑問のように思われるかもしれない。「アイヌ語は実用性が低く、海外で学びたいと考えている人がほとんど存在しないから」、あるいは「アイヌ語は日本国内ですらほとんど普及しておらず、海外に普及できるような状況にないから」などの答えがすぐに返ってこよう。

しかし、日本政府が日本語を海外に普及しようとしているのは、べつにその実用性が高いからではない。日本政府はあくまでも「国際文化交流事業」の一環として「日本語の普及」を行っている。また、日本政府は前述の「アイヌ文化の振興並びにアイヌの伝統等に関する知識の普及及び啓発に関する法律」に基づいて、一九九七年に財団法人アイヌ文化振興・研究推進機構を設立し、日本国内で「アイヌ語を広く一般に普及させる」[7]ための事業にも乗り出している。これらの事情を勘案するならば、「国際文化交流事業」の一環として、海外に対する「アイヌ語の普及」事業があってもおかしくない。

しかし、日本の対外的な言語普及事業は、前記のように「単一言語主義」の立場を採用している。すなわち、日本政府はその「国際文化交流事業」において「多文化主義」は採用していても「多言語主義」は採用していないと言うことができるのである。

このような「国際文化交流における多文化・単一言語主義」とでも言うべき立場は、なにも日本に独特のものではない。西欧の国際文化交流機関、たとえば、ブリティッシュ・カウンシル(British Council)、アリアンス・フランセーズ(Alliance Française)、ゲーテ・インスティトゥート(Goethe Institut)、ダンテ・アリギエーリ協会(Società Dante Alighieri)などにおいても同様である。これらの機関も、「文化紹介」や「研究助成」の範疇では、自国の少数民族の文化を海外に紹介したり、それに関する研究を助成したりしているが、彼らの言語を海外に普及することまではしていない[8]。アリアンス・フランセーズがたとえばブルトン語(ブレイス語)を、ゲーテ・インスティトゥートがたとえばソルブ語の海外普及に努めたことは、かつてなかったし、現在もないのである。

ヨーロッパでは、二〇〇一年にヨーロッパ評議会(Council of Europe)から発表された『言語のためのヨーロッパ共通参照枠—学習・教育・評価—』(Common European Framework of Reference for Languages: Learning, Teaching, Assessment)が、地域的な「多言語主義」や個人における「複言語主義」(Plurilingualismus)の考え方を重視している。しかし、右記のように、その加盟国の対外言語普及事業は基本的に「単一言語主義」に基づいている。日本でもヨーロッパでも、対外言語普及事業は現在でも「国民国家」(Nation State)[9]の枠組にとらわれたままであると言うことができるだろう。

二　国際文化交流における多文化・多言語主義に向けて

二一世紀に入ってから、日本では「多文化共生」という言葉をよく聞くようになった。政府レベルでは、二〇〇六年に総務省の研究会が『多文化共生推進プログラム』をとりまとめている。また同じ二〇〇六年には、経済財政諮問会議が策定した『グローバル戦略』において、「地域における多文化共生社会の構築」[10]という表現が使われている。しかし、この「多文化共生」という言葉に対して、「多言語共生」という言葉はあまり聞かれない。もっとも言語教育関係者や言語政策研究者の間では、「多言語・多文化共生」という、両者を合わせたような言葉が使われることもあるし、この言葉は「多文化」状態はおのずと「多言語」状態でもあるという認識を前提としているのだろうが、政府レベルでは「多文化共生」をめざしながらも、たとえば経済的合理性あるいは費用対効果の観点から、「多言語共生」はめざさないという選択肢もありうる。実際、海外諸国の中には、「多文化主義」を標榜しながらも、「多言語主義」は採用しないという国も存在する。また、前述のように、日本を含む多くの国は対外的な面で、「国際文化交流における多文化・単一言語主義」を採用している。

現在までのところ、日本政府はたしかに日本国内において「多文化共生」はめざしているようである。しかし、「多言語共生」までめざすのか否かという点については明確にしていない印象を受ける。今後、日本が「多言語・多文化共生」をめざすのか、それとも「単一言語・多文化共生」をめざすのかという問題は、政府レベルのみならず日本社会全体で検討していかなければならない大きな課題であるが、その検討は同時に、対外的な面においても、日本が今後も現行の「国際文化交流における多文化・単一言語主義」を維持しつづけるのか、それとも「国際文化交流における多文化・多言語主義」へ転換するのかという議論を誘発することにもなるのではないかと思われる。

近年は、「日本語の普及」を任務とする国際交流基金の関係者も、「多言語主義」の重要性を唱えるようになった。たとえば、同基金のあるスタッフは二〇〇八年に次のように述べている。

英語が言語上唯一の「グローバル・スタンダード」にでもなれば、国際間の力の均衡は間違いなく崩れる。したがって、言語の多様性、換言すれば、文化の多様性が保障されるという前提での多言語主義とその政策化は、各国がこぞって取り組むべき国際協調の第一歩と言っても過言ではない。11

ここでは、国際社会における「多言語主義とその政策化」の必要性が述べられている。むろんその背後には、国際的な言語教育市場における英語への一極集中化に対する危機感や、「言語の多様性」という観点から「日本語の普及」という事業に意義を与えたいという思惑もあるのだろうが、それと同時に、「文化の多様性が保障されるという前提での多言語主義とその政策化は、各国がこぞって取り組むべき国際協調の第一歩と言っても過言ではない」という認識は、多くの人々に共感される認識でもあるだろう。

また、国際交流基金の関係者は、国際社会における「言語の多様性」についてだけでなく、近年では日本社会の「多言語化」についても発言するようになった。

外国人を積極的に受け入れようとする際、多文化共生の生起を前提とすれば、社会の多言語化をも視野に入れなければならないが、今のところ日本側にはその認識はないと言ってよい。既述の例（筆者注　外国人看護師・介護福祉士の受入等）では、日本語の習得を原則とすることが共通しているからである。いわば「同化」政策がその根底にあることは否めない。一時的在留者に対して言語的に「同化」を求めることは妥当としても、移民を受け入れようとするのであれば、むしろ「統合」的な政策を採るべきである。すなわち、「新たな国民」の多様な文化を自らの「国家的資産」または「文化的資産」に加えようという心構えである。[12]

このように、日本社会の「多言語化」についても、国際交流基金の関係者は近年発言するようになった。すなわち、国際社会における「多言語主義とその政策化」の必要性のみならず、日本「社会の多言語化」についても発言するようになったのであるが、その国際交流基金は、前述のように「単一言語主義」の立場に基づいて言語普及事業を実施している。同基金は「多言語化する国際社会の中に日本語を位置づける」[13]ことや日本「社会の多言語化」には熱心だが、その対外言語普及事業においては、同基金自らが言うところの、「一つの言語に重点を置き、人々の視線を一つの言語に収斂させようとする言語（教育）政策」[14]を採用していると言うことができるのである。

しかし、もし日本がその対外言語普及事業において「多言語主義」を採用したならば、それは「文化その他の分野において世界に貢献」（前記「独立行政法人国際交流基金法」第三条）するという観点からも、いまだに「国民国家」の枠組にとらわれたままの他国の言語普及事業を圧倒することになるのではないだろうか。

従来、日本政府や国際交流基金の関係者は、その日本語普及事業の「規模」に関し、他国の「自国語普及活動に比較して極めて不充分である」[15]として、常に焦燥感や危機感を抱いてきた。その比較の対象は一九九〇年代までは主として西欧諸国（英国、フランス、ドイツなど）[16]だったのが、二一世紀に入ってからは中国政府の「孔子学院」に移ってきたようだが[17]、焦燥感や危機感を抱き続けてきたことに変わりはない。

しかし、「規模」の面で焦燥感や危機感を抱き続けることにどれだけの意味があるのだろうか。むしろそれよりも、「文化その他の分野において世界に貢献」するという観点から、他国に先んじて日本の対外言語普及事業を多言語主義の方向に転ずることの方が、すなわち「国際文化交流における多文化・多言語主義」を実現することの方が、よほど意味を持つのではないだろうか。

注

1　たとえば、国際交流基金（二〇〇〇）一〇頁を参照。
2　かりに沖縄語を日本語の「方言」と見なすにしても、アイヌ語をそう見なすことは言語学的に不可能である。
3　同法の第二条の内容は次のとおり。「この法律において「アイヌ文化」とは、アイヌ語並びにアイヌにおいて継承されてきた音楽、舞踊、工芸その他の文化的所産及びこれらから発展した文化的所産をいう。」
4　国際交流基金（二〇〇〇）一〇頁

5 国際交流基金（二〇〇一）一六頁

6 国際交流基金（二〇〇一）一六頁

7 アイヌ文化振興・研究推進機構ウェブサイトより引用（二〇〇九年四月三〇日）

8 ただし、安藤万奈（二〇〇八）によれば、スペインのインスティトゥート・セルバンテス（Instituto Cervantes）は、二一世紀に入ってから、いわゆるスペイン語（カスティーリャ語）のほかに、カタルーニャ語など自治州の公用語の海外普及も行っているという。

9 この「Nation State」という言葉の邦訳としては、「国民国家」という表現が用いられることが多いが、たとえば、ベケシュ、アンドレイ（二〇〇三）は、「私はあえて民族性を前面に出す「民族国家」という用語を用いる」（五四頁）としている。「国民」という言葉は民族性よりも国籍の有無と密接な関係を持つ表現と解されることもあるので、筆者も「Nation State」の邦訳としては「民族国家」という表現の方が適切ではないかと考えるが、それと同時に、すでに「国民国家」という言葉は人口に膾炙しているとも言うことができるので、ここでは「国民国家」という表現を用いる。

10 経済財政諮問会議（二〇〇六）六頁

11 嘉数勝美（二〇〇八）一頁

12 嘉数勝美（二〇〇八）三頁

13 国際交流基金（二〇〇九）「はじめに」

14 国際交流基金（二〇〇九）四頁

15 日本語普及総合推進調査会（一九八五）二五四頁

16 たとえば、国際交流基金（一九八四）三頁を参照。

17 国際交流基金の関係者は、二〇〇八年一〇月の段階で、次のように述べている。

「日本政府筋は、この勢い（筆者注　「世界の日本語学習者数が約三〇〇万人に達する勢い」であること）に乗じて、早々に学習者五〇〇万人達成を目論んで、世界に一〇〇か所の日本語教育拠点を設置することを声高に主張している。ただし、その背景に、やはり同じ潮流の中で急激な世界展開を進める中国による「孔子学院」への対抗意識があることを公言して憚らないのであるから、実際はその本音がグローバルな視点での多言語化への対応でなく、「国益」という視点からであることは明らかである。」（嘉数勝美（二〇〇八）一頁～二頁）

終章　「日本語教育支援学」の確立に向けて

はじめに

海外の日本語教育は、少なくとも日本語学習者数という量的な面に限って言えば、一九七〇年代に外務省や国際交流基金が統計をとりはじめてから、一貫して拡大しつづけている。

日本政府の関連機関の中で、その海外の日本語教育を「日本語の普及」という観点から支援しているのは国際交流基金である。同基金は「国際文化交流事業を総合的かつ効率的に行うことにより、我が国に対する諸外国の理解を深め、国際相互理解を増進し、及び文化その他の分野において世界に貢献し、もって良好な国際環境の整備並びに我が国の調和ある対外関係の維持及び発展に寄与することを目的」（二〇〇二年法律第一三七号「独立行政法人国際交流基金法」第三条）として、二〇〇三年一〇月に独立行政法人（それまでは特殊法人）として再出発したが、右記の目的を実現するために、同基金は海外に対する「日本語の普及」（同法第一二条）を業務の一つとしている。

国際交流基金が「日本語の普及」のために行っている事業は多岐にわたる。すなわち、同基金は海外に日本語を普及する目的から、諸外国の日本語教育機関に対する資金的な助成、日本語教師や日本語学習者を対象とした招聘研修会の開催、日本語能力試験やインターネットを利用した日本語テストの運営、日本語教材の制作や寄贈等の事業を実施している。しかし、それらの中で最も重要な事業は何かと言えば、海外に日本語教育専門家を派遣する事業ではないかと、筆者は考えている。

一　海外派遣日本語教育専門家

(一) 海外派遣日本語教育専門家の業務内容

国際交流基金は毎年、一〇〇名以上の日本語教育専門家(以下、「基金専門家」と言う)を海外に派遣している[1]。彼らの業務内容については、同基金のウェブサイト「世界の日本語教育の現場から」に詳しく紹介されているが、それを読むと基金専門家の業務内容は、各国の日本語教育事情を反映してきわめて多様であることがわかる。しかし、基金専門家をその職務内容に基づいてあえて二分するならば、(a)日本語教育の現場で学習者を対象に直接日本語教育に従事する専門家と、(b)日本語教師の養成や研修、日本語教育のシラバスやカリキュラムの開発、日本語教材の制作等に直接的あるいは間接的に関わることで、任国(あるいは担当地域)全体の日本語教育を支援する立場の専門家に大別される。

国際交流基金の各種事業報告書によれば、近年は(b)の範疇に含まれる基金専門家が増えている。また、(a)の業務を主たる任務とする基金専門家の場合も、最近は任国の拠点的な教育機関で学習者を対象に直接日本語教育に従事するだけでなく、その教育機関を足場にして任国全体の日本語教育を支援する業務を遂行するケースが増えてきている。

(二)「日本語教育支援」専門家としての海外派遣日本語教育専門家

近年、日本国内では「日本語教育」という言葉に代えて、「日本語学習支援」という言葉が使われるようになってきた。これは、「教育」という言葉がややもすると教師主導というイメージを醸し出すことになるのに対して、「日本語学習支援」という言葉においては、「学習」するという行為の主体はあくまでも「学習者」であり、「教師」はそれを「支援」する立場にあるということを明確にすることができるからだろう。

誰が主体かということでいえば、前節(b)の範疇に含まれる基金専門家も、正確には「日本語教育」の専門家というよりは、「日本語教育支援」の専門家というべきであろう。なぜなら、この範疇に含まれる専門家は、基本的に任国の日本語教師たちが主体となって行う「日本語教育」を側面から「支援」する立場にあるからである。海外における「日本語教育」の主体は、あくまでもそれぞれの国の日本語教師たちであり、基金専門家ではない。

ただし、かつては基金専門家も「日本語教育」の専門家としての役割を担うことが多かった。国際交流基金が特殊法人として設立された一九七二年から一九八〇年代にかけての時代は、ほとんどの基金専門家が海外の高等教育機関や国際交流基金の海外拠点(日本文化会館・日本文化センター)あるいは日本大使館・総領事館の日本語講座に派遣されていたが、そこで求められていた業務は、基本的に学習者を対象に「日本語教育」を行うことだった。しかし、一九八〇年代の半ばにニュージーランドの教育行政機関に日本語教育アドバイザー(Teacher of Teachers)の役割を担う専門家が派遣されたのを嚆矢として、「日本語教育支援」を主たる業務とする基金専門家の数が増えていった。「日本語教育支援」を主な業務とする専門家は、教室の中で学習者に日本語を教える仕事よりも、日本語教師の養成や研修、日本語教材の制作、日本語教育ネットワーク形成支援等の仕事に携わることになる。現在では基金専門家の約七割は「日本語教育支援」を主たる任務としている。

(三) 日本語教育の状況変化と海外派遣日本語教育専門家

何が右記のような変化をもたらしたのだろうか。

その最大の理由は、海外における日本語教育の状況変化に求めることができるだろう。

一九八〇年代以降、多くの国で日本語科目が初等中等教育のカリキュラムに導入されるようになった。今日では海外で日本語を学ぶ人々の約六割は初等中等教育レベルの学習者である。なかにはオーストラリアやニュージーランドのように、学習者全体の九割以上がこの教育レベルの学習者で占められている国もある。

初等中等教育レベルの日本語教育も、日本からの支援を必要としている。それはとくに人材面においてそうなのであるが、日本から派遣される日本語教師が、この教育レベルの日本語教育と直接的に関わることは困難である。なぜなら、当該教育レベルで日本語教育に従事するためには、その国の教員免許が必要になるからである。また、クラス・マネージメントや生徒指導の問題もある。さらには、第五章で述べたように初等中等教育レベルの日本語教育は、単なる「外国語教育」ではなく、「国民教育」とでも言うべき要素を含んでいる場合がある。このため、日本の各種団体から海外に派遣される日本語教師が初等中等教育レベルの、とくに正規科目として日本語が教えられている教育現場に入る形態としては、当該国の教師と一緒に教室に入る、いわゆる「ティーム・ティーチング」方式が採用される場合が多い。

基金専門家の場合も、初等中等教育レベルの「日本語教育」に直接的に携わるケースは少ない。基金専門家が当該教育レベルの日本語教育と関わるのは、むしろ「日本語教育支援」の分野においてである。そして、その業務の中で最も重要なのは、日本語教師の養成と研修に係る業務である。

多くの国で初等中等教育機関の日本語教師は、教育大学や師範大学で養成されている。基金専門家はそのような教員養成大学に派遣され、日本語教師の養成にあたる。また、諸外国の教育行政機関や国際交流基金の海外拠点に派遣され、当該国の現職日本語教師を対象とした研修に携わるケースもある。これらの養成と研修に係る業務は、その国の日本語教育を支援する上できわめて重要な位置を占める。

また、一九八〇年代から一九九〇年代にかけて、海外では日本語教師間の相互学習・相互研修の場として、「日本語教育研究会」や「日本語教師会」の設立が相次いだ。通常、高等教育機関の日本語教師を中心とする研究会や教師会は、研究発表会の開催や紀要の発行を、一方、初等中等教育機関の日本語教師を中心とする教師会は、研修会・セミナーの開催やニューズレターの発行等を主要な活動内容としているが、いずれも、「日本語教育」に従事する者にとっては自己研鑽のための貴重な場となっている。「日本語教育支援」に携わる基金専門家は、このような研究会や教師会に対する支援も担っている。

さらには、日本語教育のシラバスやカリキュラム、あるいは教材の制作も基金専門家の業務となる。また、テレビやラジオの日本語教育番組やイー・ラーニングの教材制作に基金専門家が携わるケースもある。

ただし、シラバスやカリキュラムまたは教材等の制作に基金専門家が携わるとはいっても、とくに初等中等教育レベルの場合は、日本語教育も当該国の言語政策あるいは外国語教育政策の下で営まれている場合が多いことから、基金専門家だけがそれらの制作にあたるわけではなく、任国の日本語教育関係者や外国語教育関係者と協力して作業を進めていくことになる。

二　海外派遣日本語教育専門家に求められること

(一)「日本語教育支援」専門家に求められること

右記のように、基金専門家が行う「日本語教育支援」の中身は多岐にわたる。それでは、これらの業務を遂行するにあたっては、どのような知識や能力が求められるのであろうか。

まず、「日本語教育支援」専門家は、その前提として「日本語教育」専門家でなければならない。すなわち、(a)日本語という言語に関する知識、(b)日本語教育に関する知識と経験、(c)日本の文化・歴史・社会事情等に関する知識、(d)第二言語習得理論に関する知識、(e)日本語学習者のニーズに対する洞察力・理解力・分析力、(f)学習目的に合わせてシラバスやカリキュラムあるいは教材等を制作できる能力、(g)教室活動や評価に関する知識と経験等を有している必要がある。また、海外で仕事をするのであるから、任国の言語・文化・歴史・社会事情等に関する知識や異文化適応能力も求められる。

これらの「日本語教育」専門家に求められる知識や能力を、「日本語教育支援」専門家の場合も身につけていなければならない。したがって、一定の日本語教育歴や研究業績は不可欠だろう。また、自分自身が「日本語教育」の専門家であることを何らかの簡単な方法で対外的に示す必要に迫られるケースもありうるので、日本語教育あるいはその関連分野で修士号を取得しておくことが望ましい。この学位の問題に関しては、とくに高等教育機関を拠点として働く場合、今後は博士号を要求されるケースも増えていくことだろう。

しかし、いくら「日本語教育」専門家としての要件を満たしていたとしても、それだけでは「日本語教育支援」専門家としては充分でない。「日本語教育支援」のために必要な知識と能力も備えている必要がある。すなわち、(a)任国の教育行政や言語政策・外国語教育政策、日本語教師養成システム等に関する知識、(b)任国の日本語教育の現状と課題に対する洞察力・理解力・分析力、(c)任国の日本語教育に対する支援方針の立案能力、(d)日本語教師間のネットワーク形成を支援できる能力、(e)日本語教育セミナーや研修会を企画・運営できる能力、(f)日本留学制度をはじめとする、日本と任国の教育交流あるいは文化交流のための様々なプログラムに関する知識等も備えていなければならないだろう。

近年、国際交流基金の日本語普及事業は、施策方針の点で変化が生じてきている。同基金は二〇〇四年に、「量的な需要拡大に対応する「支援型」事業形態から、質的な変化も捉えながら需要を発掘していく「推進型」事業形態へ、徐々にその重点をシフトしていく時期に差しかかって」[2]いるとの認識を示している。今後、この種の「推進型」事業が拡大していくとしたら、基金専門家も右記の知識や能力に加えて、任国で新たなニーズを発掘する能力と、そのニーズに対応する施策を立案する能力も求められることになるだろう。すなわち、「日本語教育支援」の対象を自ら広める能力と、その広めた対象をどのように支援するかを考える能力が必要になってくる。

(二)「アウトサイダー」としての海外派遣日本語教育専門家

基金専門家は通常二～三年の任期で海外に派遣される。このことからも基金専門家は、派遣先国における日本語教育の主体にはなりえないと言うことができるだろう。主体となるのはあくまでも当該国に根を下ろした人たちである。別の言い方をすれば、それぞれの国の日本語教育界にとって、基金専門家は「アウトサイダー」であり、当該国の日本語教育関係者(その国に在住している邦人日本語教師を含む)は「インサイダー」の位置にある。すなわち、基金専門家は「アウトサイダー」としての立場で任国の日本語教育と関わることになる。

「インサイダー」たちの主体性と積極性、そして「アウトサイダー」であるところの基金専門家の専門性が相乗効果を発揮した時、その国の日本語教育は大きく前進することになろう。しかし、「インサイダー」たちが主体性と積極性を欠き、基金専門家に甘えてくるケースもないわけではないだろう。そのような場合、基金専門家は「アウトサイダー」としての立場で任国の日本語教育に「どこまで関わっていいのか」と自問することもあろう。この「どこまで関わっていいのか」という問いに対する正解は存在しないだろうが、自分が二～三年の任期で派遣されており、いずれはその国を去る立場にあることを考え合わせるならば、「インサイダー」たちに「何が残せるか」という観点から、自分の関わり度を決めていく必要があるのではないだろうか。また、この「何が残せるか」という問題を考えることは、実は「日本語教育支援」専門家にとって最も重要な業務の一つであるとも言うことができるだろう。

なお、自分自身を「アウトサイダー」と位置づけるということは、日本の方法を任国にそのまま持ち込むことを是とするものではない。宮崎里司(二〇〇六)は、「海外の日本語教育を発展させるため、日本から、さまざまな日本語教育情報や研究成果、さらには教材、教具などを紹介し、発信しなければならない」[3]という「教育観」に潜む「ユニラテラリズム」（単独行動主義）の問題点を指摘しているが、このような「ユニラテラリズム」[4]の立場から、「日本で醸成されてきた日本語教育研究の成果が、そのまま海外の日本語教育への処方箋になると確信してしまうこと」[5]は、「日本語教育支援」の専門家として最も慎まなければならないことだろう。

三　「日本語教育支援学」の確立に向けて

（一）「日本語教育支援学」の必要性

日本国内においても海外においても、一九八〇年代の後半ごろから「日本語教育学」という言葉が広く一般に使われるようになってきた。それまでは日本語学あるいは外国語教育学の下位分野と位置づけられることが多かった「日本語教育学」という領域が、一つのディシプリンとして確立したとも言うことができるだろう。

しかし今後は、この「日本語教育学」に「日本語教育支援」の現場から得られた知見を加えて、「日本語教育支援学」とでも言うべき学術領域があらたに確立されていく必要があるのではないかと筆者は考えている。すなわち、「日本語教育支援」が「日本語教育」を土台としているように、「日本語教育学」を基盤として「日本語教育支援学」というあらたなディシプリンが構築される必要があるのではないか。そして、この「日本語教育支援学」というディシプリンは、「日本語教育支援」の現場から栄養を得て成長していくと同時に、「日本語教育支援」の現場に各種の有益な示唆を与えてくれるものと考える。

かかる「日本語教育支援学」の中身および範囲については、いろいろな考え方があることだろう。このため、様々な分野の知見がそこに結集されることを筆者は期待しているが、それと同時に、この学術領域においては、とくに海外諸国の「政策」と日本の「政策」、あるいは「教育」と「支援」の相関関係を分析することが重要な部分を占めることになるのではないかとも筆者は考えている。

(二)「政策」「教育」「支援」

海外では、とくに一九八〇年代後半から二一世紀初頭にかけての時期に日本語学習者数が急激に増加した。

この時期に海外で日本語学習者数が急増した背景としては、日本と海外諸国間の経済交流や人的交流の拡大、海外の青少年層における日本文化(とくにポップ・カルチャー)に対する関心の高まり等が指摘されているが、それらとともに、海外諸国の政府や教育行政機関が、その外国語教育振興政策の一環として日本語教育を振興するための政策(以下、「日本語教育政策」と呼ぶ)を策定し、それを「教育」という形態で実行に移してきた事実も無視することはできない。このことは、日本語学習者数が最も増加したのが、高等教育レベルや学校教育外分野ではなく、政府や教育行政機関の政策に最も影響を受けやすい初等中等教育レベルであったことからも明らかである。

一方、日本政府も一九七〇年代から国際交流基金を通じて海外における日本語教育の振興に取り組んできた。とくに一九八〇年代の後半以降はその活動を本格化している。したがって、一九八〇年代後半から二一世紀初頭にかけての時期に海外で日本語学習者数が増加した要因の一つとして、国際交流基金による「日本語の普及」事業とその背景にある日本政府の政策（以下、「日本語普及政策」と呼ぶ）を指摘することも可能だろう。

しかし、海外諸国政府の「日本語教育政策」と日本政府の海外諸国に対する「日本語普及政策」の関係については、従来あまり研究が進められてこなかった。また、前者の「日本語教育政策」に基づく各国日本語教育関係者の「教育」活動と、後者の「日本語普及政策」に基づく基金専門家の「支援」活動の相関関係についても、それを分析した研究がほとんど蓄積されていない。このため、たとえば各国における日本語学習者数の増加や日本語教育の質的向上という点で、「日本語教育政策」と「日本語普及政策」、あるいは各国日本語教育関係者の「教育」活動と基金専門家の「支援」活動は相乗効果を発揮したのか、それとも相互に無関係な関係にあったのか、あるいは一方の効果を他方が相殺しあう関係にあったのかと問われた場合に、それに対して学術的に確信を持って答えることもできない状況にある。

本章で提唱した「日本語教育支援学」では、このような海外諸国の「政策」と日本の「政策」、あるいは「教育」と「支援」の相関関係を分析することが重要な部分を占めることになるのではないかと考える。なぜなら、「日本語教育政策」と「日本語普及政策」とが、あるいは「インサイダー」たちの「教育」活動と「アウトサイダー」であるところの基金専門家の「支援」活動とが相乗効果を発揮した時、その国の日本語教育は大きく前進することになるだろうと考えられるからである。

おわりに

本章では、国際交流基金が海外に派遣している日本語教育専門家の状況に触れながら、「日本語教育支援学」というあらたなディシプリンを構築していくことの必要性について述べた。また、かりにそのような学術領域が構築されていくとしたら、そこにおいては、海外諸国の「政策」と日本の「政策」、あるいは「教育」と「支援」の相関関係を分析することが重要な部分を占めることになるのではないかとの想像についても触れた。これらの相関関係については、前記の宮崎里司（二〇〇六）が次のような指摘をしている。

海外の言語教育政策と外国語教育は、それぞれの国で相即不離な関係を構築している。日本語教育も、そうした文脈と切り離すことはできない。こうしたことを念頭に入れた場合、「日本の日本語教育研究の成果は、海外の日本語教育に貢献できる処方箋になりうるか」といった課題について、再度検証する必要がある。日本の日本語教育と、海外の日本語教育は、かなり異なったアプローチだという認識が重要であり、日本中心の日本語教育とは異なる日本語教育に対して、積極的に情報を共有する態度こそが必要である。日本語のグローバル化を目指すことと、日本が、その推進に向け、積極的に旗振り役を買ってでることとは必ずしもイコールではない。日本語教育の本家主義的な教育観では、さまざまな変化に対応しきれない時代に差し掛かっている。[6]

このような認識の下に、海外で「日本語教育」に従事している人々と、基金専門家など「日本語教育支援」に携わっている人々、さらには「日本語教育政策」あるいは「日本語普及政策」の立案とその実施に関わっている人々を中心として、本章で提唱した「日本語教育支援学」というディシプリンが、いつの日か確立されることを期待したい。

注

1 国際交流基金の日本語教育専門家制度はいくたびか変更されており、二〇〇九年現在では「日本語上級専門家」「日本語専門家」「日本語指導助手」の三種類に区分されているが、本章ではそのすべてを「海外派遣日本語教育専門家」あるいは「基金専門家」と呼ぶことにしたい。なお、国際交流基金は日本語教育専門家のほか、ボランティア・ベースの日本語教師も海外に派遣している。

2 国際交流基金日本語グループ（二〇〇五）「まえがき」

3 宮崎里司（二〇〇六）二頁

4 宮崎は「ユニラテラリズム」という表現を、「日本側の偏向的な解釈や判断で、海外で展開している日本語教育に対し、一方的な助言や支援をすることへの問題点という観点から援用している」という。また、「このような一極集中的なユニラテラリズムが起きる原因のひとつに、日本が先導的な役割を果たすことへの期待が、「使命感」を高揚させてしまい、優越性を強化する教育観を醸成してしまったが、一方で、海外の日本語教育関係者が抱きがちな拝日主義的日本語教育観にも大きな問題が横たわっている」と指摘している（宮崎里司（二〇〇九）一四七頁）。

5 宮崎里司（二〇〇六）三頁

6 宮崎里司（二〇〇六）三頁

参考資料・参考文献

ここでは、本文中または注で言及あるいは引用した資料・文献のみを挙げる。

一　参考資料

外務省外交史料館蔵「東方文化事業調査会配布資料関係雑集第二巻」(国立公文書館アジア歴史資料センターJACAR B05016070600)

外務省外交史料館蔵「日暹国際文化事業実施案」(国立公文書館アジア歴史資料センターJACAR B04011312100)

二　参考文献

英語

Dessaix, Robert (1999) *Asian Languages lose gloss, Study of Japan's language drops with its economy*, Sydney Morning Herald, October 16.

Farmer, Monique (1994) *Mandarin a must in kindy of the future*, Sydney Morning Herald, June 27.

Lo Bianco, Joseph (1987) *National Policy on Languages*, Australian Government Publishing Service.

New Zealand Centre for Japanese Studies (1999) *Newsletter*, Issue 91.

日本語

朝日新聞社(一九八七)「日本語教育の充実を、水谷修さん(わたしの言い分)」『朝日新聞』(東京版・朝刊)一一月八日

朝日新聞社(一九八八)「記者席」『朝日新聞』(東京版・朝刊)三月一四日

アモン、ウルリヒ（一九九二）『言語とその地位―ドイツ語の内と外―』（三元社）
荒川みどり・三原龍志（一九九四）「大韓民国高等学校日本語教師研修における『総合教授演習』授業について―日常の教授活動からの一歩―（要旨）」国際交流基金日本語国際センター編『日本語国際センター紀要』第四号
安藤万奈（二〇〇八）「スペインの対外言語政策―インスティトゥト・セルバンテスの活動―」日本比較教育学会編『比較教育学研究』第三七号（東信堂）
李徳奉（二〇〇二）「日本語翻訳版の刊行にあたって」韓国教育部『外国語科教育課程（Ⅱ）』（国際交流基金日本語国際センター）
李徳奉（二〇〇七）「韓国の日本語教育における文化・連結・コミュニティ」日本語教育学会編『日本語教育』第一三三号
イ・ヨンスク（一九九六）『「国語」という思想―近代日本の言語認識―』（岩波書店）
池田修（一九七九）「アラブ諸国―アラブで唯一の日本学科（カイロ大学）」『月刊言語』三月号（大修館書店）
石井米雄・田中克彦・西江雅之・比嘉正範（一九八七）「座談会・日本語の国際化をめぐって」国際交流基金編『国際交流』第四五号
稲垣守克（一九四四）「国際文化振興会の事業」日本語教育振興会編『日本語』七月号
稲葉継雄（一九八六）「韓国における日本語教育史」日本語教育学会編『日本語教育』第六〇号
稲見由紀子（二〇〇九）「ベトナムの中学校で日本語を教える―日本語教育試行プロジェクトの現場より―」『外交フォーラム』第二五二号（都市出版）
今井信光（一九九四）「オーストラリアの日本語教育の歴史―中等教育を中心に―」オーストラリア教育研究会編『オーストラリア教育研究』創刊号
任栄哲（二〇〇二）「翳りが見えはじめた日本語教育―「日本語学習大国」韓国の場合―」『日本語学』一一月号（明治書院）
インドネシア教育文化省（一九八七）『高等学校教育課程・高等学校指導要領［日本語］』（赤羽三千江訳）
内山直明（二〇〇八）「関西国際センターの一〇年」国際交流基金日本語グループ編『日本語教育通信』第六一号
梅棹忠夫（一九九二）「世界のなかの日本語―日本語国際センターの設立と展望―」国際交流基金編『国際交流』第

六〇号
梅田博之（一九九五）「日本から見た韓国高校日本語教育の意義について」日本語教育学会編『平成七年度日本語教育学会秋季大会予稿集』
榎泰邦（一九九九）『文化交流の時代へ』（丸善）
王崇梁・長坂水晶・中村雅子・藤長かおる（一九九八）「韓国の高校日本語教師の教室活動に関する意識―大韓民国高等学校日本語教師研修参加者に対するアンケート調査報告―」国際交流基金日本語国際センター編『日本語国際センター紀要』第八号
岡眞理子（二〇〇五）「今なぜ日本語教育が大切か―国際文化交流の立場から―」日本学生支援機構編『留学交流』第三号（ぎょうせい）
小川誉子美（二〇〇五）「対独文化事業としての日本語講座に関する記述―一九三〇年～一九四五年にドイツで教えた日本人講師についての考察―」日本語教育学会編『日本語教育』第一二七号
海外交流審議会（二〇〇八）『我が国の発信力強化のための施策と体制～「日本」の理解者とファンを増やすために～』
海外日本語普及総合調査会（一九九七）「海外における日本語普及事業の抜本的対応策について（答申）」国際交流基金三十年史編纂室編（二〇〇六）『国際交流基金三〇年のあゆみ』
外国人留学生の日本語教育に関する調査研究会議（一九六五）「日本語教育の改善充実に関する方策について（案）」東京外国語大学留学生日本語教育センター編（一九九九）『国費学部留学生予備教育―その現状と課題―』（東京外国語大学留学生日本語教育センター自己点検・評価報告書No.2）
外務省文化交流部（一九九七）『国際交流―文化外交の多様な展開―』
外務省文化事業部（一九三六）「昭和十一年度文化事業部執務報告」外務省編（一九九五）『外務省執務報告―文化事業部―（復刻版）』（クレス出版）
外務省文化事業部（一九三九）『世界に伸び行く日本語』
外務省文化事業部（一九七二）『国際文化交流の現状と展望（一九七二）』（大蔵省印刷局）
嘉数勝美（二〇〇五）「日本語教育スタンダードの構築―第一回国際ラウンドテーブルの成果から―」国際交流基金編『遠

近』第六号（山川出版社）
嘉数勝美（二〇〇六a）「ヨーロッパの統合と日本語教育—CEF（「ヨーロッパ言語教育共通参照枠」）をめぐって—」『日本語学』一一月号（明治書院）
嘉数勝美（二〇〇六b）「「国際交流基金海外日本語教育機関調査」から見た日本語教育の推移」国立国語研究所編『日本語教育年鑑二〇〇六年版』（くろしお出版）
嘉数勝美（二〇〇七）「「日本語教育スタンダード（仮称）」の構築をめざして—なぜ、いまなのか」国際交流基金日本語事業部編『平成一七（二〇〇五）年度日本語教育スタンダードの構築をめざす国際ラウンドテーブル議事録』
嘉数勝美（二〇〇八）「日本語教育を巡る世界の動きと東南アジア—グローバルな視点及びグローカルな視点から—」日本語教育国際シンポジウム実行委員会編『日本語教育国際シンポジウム「東南アジアにおける日本語教育の展望」予稿集』
嘉数勝美（二〇〇九a）「生活者に対する日本語教育と国際交流基金—現状と展望—」田尻英三編『日本語教育政策ウォッチ二〇〇八』（ひつじ書房）
嘉数勝美（二〇〇九b）「「JF日本語教育スタンダード」と生活者のための日本語教育—多言語化する国際社会における日本語教育の公共性とジレンマ—」国際日本語普及協会編『AJALT』第三二号
嘉数勝美（二〇〇九c）「「日本語教育スタンダード」を構築すること—理念なき日本語教育拡張論にどう応えるべきか—（関東月例研究会報告・発表要旨）」日本言語政策学会編『言語政策』第五号
嘉数勝美（二〇〇九d）「グローバル時代の日本語教育—アイデンティティとユニバーサリティを中心に—」野山広・石井恵理子編『日本語教育の過去・現在・未来［第一巻］社会』（凡人社）
嘉数勝美・胡志平・野山広（二〇〇六）「特別鼎談・言語政策と日本語教師」『月刊日本語』六月号（アルク）
学芸協力委員会編（一九二七）『学芸の国際協力』（国際連盟協会）
加藤淳平（一九九六）『文化の戦略—明日の文化交流に向けて—』（中央公論社）
河路由佳（二〇〇七）「長沼直兄による敗戦直後の日本語教師養成講座—一九四五年度後半期・「日本語教育振興会」から「言語文化研究所」へ—」言語文化研究所編『日本語教育研究』第五二号

河東哲夫（一九九四）「文化交流昨日と明日―政府の立場から―」『外交フォーラム』一一月号（世界の動き社）
韓国教育部（二〇〇二）『外国語科教育課程（Ⅱ）』（国際交流基金日本語国際センター）
規制改革会議（二〇〇八）『規制改革会議第一回海外人材タスクフォース議事概要』
金賢信（二〇〇七）「戦略としての「日本語」教育―韓国の高校における日本語教科書内容変遷を中心に―」古川ちかし・林珠雪・川口隆行編『台湾・韓国・沖縄で日本語は何をしたか―言語支配のもたらすもの』（三元社）
金賢信（二〇〇八ａ）『異文化間コミュニケーションからみた韓国高等学校の日本語教育』（ひつじ書房）
金賢信（二〇〇八ｂ）「朴正煕政権下における韓国高等学校の日本語教育（要旨）」日本語教育学会編『日本語教育』第一三九号
金英美（二〇〇六）「韓国における日本語教育政策―第七次教育課程期の日本語教師確保の問題を中心に―」日本言語政策学会編『日本言語政策学会第八回大会予稿集』
木村哲也（二〇〇〇）「国際文化交流と日本語教育（一）」高千穂商科大学商学会編『高千穂論叢』第一号
木村哲也（二〇〇二）「「日本語教育」の執拗低音」池田信雄・西中村浩編『シリーズ言語態（六）間文化の言語態』（東京大学出版会）
経済財政諮問会議（二〇〇六）『グローバル戦略』
経済審議会（一九九九）『経済社会のあるべき姿と経済新生の政策方針』
国語審議会（二〇〇〇）『国際社会に対応する日本語の在り方』
国際学友会編（一九六六）『海外における日本語教育機関一覧・アジア編』
国際協力事業団（一九九五）『地球の明日を見つめて』
国際協力事業団国際協力総合研修所（一九八九）『国際協力事業団に於ける日本語教育事業について―研修員受入れ事業、専門家派遣事業、日本青年海外協力隊事業、移住事業に於ける日本語教育―』
国際交流基金（一九八四）『海外日本語学習者の激増とわが国の抜本的対応策検討の必要性』
国際交流基金（一九九八）『国際交流基金年報一九九八』
国際交流基金（二〇〇〇）『国際交流基金ＮＥＷＳ』第二三七号

国際交流基金（二〇〇一）『国際交流基金ＮＥＷＳ』第二五一号
国際交流基金（二〇〇二）『国際交流基金ＮＥＷＳ』第二五九号
国際交流基金（二〇〇七）『国際交流基金二〇〇五年度年報』
国際交流基金（二〇〇八ａ）『海外の日本語教育の現状―日本語教育機関調査・二〇〇六年―概要』
国際交流基金（二〇〇八ｂ）『海外の日本語教育の現状―日本語教育機関調査・二〇〇六年―』
国際交流基金（二〇〇九）『ＪＦ日本語教育スタンダード試行版』
国際交流基金編（一九八五ａ）『日本語普及総合推進調査会第一回会議議事録』
国際交流基金編（一九八五ｂ）『日本語普及総合推進調査会第三回会議議事録』
国際交流基金運営審議会（一九八三）「国際交流基金の将来」国際交流基金一五年史編纂委員会編（一九九〇）『国際交流基金一五年のあゆみ』
国際交流基金運営審議会特別委員会（一九九八）「運営審議会特別委員会報告―さらに開かれた活力ある国際交流基金のために―」国際交流基金三〇年史編纂室編（二〇〇六）『国際交流基金三〇年のあゆみ』
国際交流基金関西国際センター（一九九九）『事業年報一九九八』
国際交流基金関西国際センター研修事業評価委員会編（二〇〇七）『平成一八年度独立行政法人国際交流基金関西国際センター研修事業評価報告書』
国際交流基金一五年史編纂委員会編（一九九〇）『国際交流基金一五年のあゆみ』
国際交流基金日本研究部企画開発課（二〇〇四）「国際交流基金」国立国語研究所編『日本語教育年鑑二〇〇四年版』（くろしお出版）
国際交流基金日本語グループ（二〇〇五）『海外における日本語教育事業について―支援から推進へ―』
国際交流基金日本語国際センター（一九九〇）『日本語国際センター事業報告〈平成元年度〉』
国際交流基金日本語国際センター（一九九六）「事業報告編」国際交流基金日本語国際センター編『日本語国際センター紀要』第六号
国際交流基金日本語国際センター（一九九八）「事業報告編」国際交流基金日本語国際センター編『日本語国際センター

紀要』第八号
国際交流基金日本語国際センター（二〇〇二）『日本語教育国別事情調査・中国日本語事情』
国際交流基金日本語国際センター（二〇〇五）『平成一七年度（二〇〇五年度）大韓民国高等学校日本語教師研修実施案内』
国際交流基金日本語国際センター（二〇〇七）『平成一九年度（二〇〇七年度）大韓民国中等教育日本語教師研修実施案内』
国際交流基金・国際文化フォーラム編（一九八九）『日本語国際シンポジウム報告書―海外における日本語教育の現状と将来―』
国際文化交流に関する懇談会（一九八九）『国際文化交流に関する懇談会報告』
国際文化交流に関する懇談会（一九九四）『新しい時代の国際文化交流』
国際文化振興会（一九三四）『設立趣意書、事業綱要及寄附行為』
国際文化振興会（一九三七a）『日本語海外普及に関する第一回協議会要録』
国際文化振興会（一九三七b）『日本語海外普及に関する第二回協議会要録』
国際文化振興会（一九四〇）『国際文化振興会事業報告―国際文化事業の七ヶ年―』
国際文化振興会（一九六四）『KBS三〇年のあゆみ』
国際文化フォーラム（一九八九）「足場を得て、いま飛躍のとき―国際交流基金の日本語普及活動の全容―」国際文化フォーラム編『ワールド・プラザ』第四号
国立国語研究所創立五〇周年記念事業実施委員会編（一九九九）『国立国語研究所創立五〇周年記念誌』
今後の日本語教育施策の推進に関する調査研究協力者会議（一九九九）『今後の日本語教育施策の推進について―日本語教育の新たな展開を目指して―』
三枝茂智（一九三三）『極東外交論策』（斯文書院）
坂戸勝（一九九九）「国際交流基金の二五年―事業の性格変化等の展開―」杏林大学付属国際交流研究所編『研究年報』第二号
宋晩翼（二〇〇七）「韓国における日本語教育の現状と課題―学校教育のあり方を中心に―」韓國日本學會編『第五回韓國日本學聯合會學術大會및國際 Symposium：韓日知的交流・日本學研究』

椎名和男（一九八八）「中等教育における外国語としての日本語」岡田英夫編『別冊日本語―日本語教師読本シリーズ⑦最新日本語教師事情―』（アルク）
椎名和男（一九九一ａ）「国際交流のための日本語教育」木村宗男編『講座日本語と日本語教育一五・日本語教育の歴史』（明治書院）
椎名和男（一九九一ｂ）「海外における日本語教育概観」上野田鶴子編『講座日本語と日本語教育一六・日本語教育の現状と課題』（明治書院）
椎名和男（一九九四）「〈日本語教育〉からみた世界の動き」『月刊言語』五月号（大修館書店）
椎名和男（一九九七）「国外の日本語教育をめぐる情況と展望」日本語教育学会編『日本語教育』第九四号（展望号）
椎名和男教授古希記念論文集刊行委員会編（二〇〇二）『国際文化交流と日本語教育―きのう・きょう・あす―』（凡人社）
芝崎厚士（一九九九ａ）「財政問題から見た国際文化交流―戦前期国際文化振興会を中心に―」平野健一郎編『国際文化交流の政治経済学』（勁草書房）
芝崎厚士（一九九九ｂ）『近代日本と国際文化交流―国際文化振興会の創設と展開―』（有信堂）
芝崎厚士（二〇〇七）「国際文化交流としての言語教育事業」国際交流基金編『遠近』第一五号（山川出版社）
嶋津拓（二〇〇四）『オーストラリアの日本語教育と日本の対オーストラリア日本語普及―その「政策」の戦間期における動向―』（ひつじ書房）
嶋津拓（二〇〇八ａ）『海外の「日本語学習熱」と日本』（三元社）
嶋津拓（二〇〇八ｂ）『オーストラリアにおける日本語教育の位置―その一〇〇年の変遷―』（凡人社）
清水陽一（二〇〇一）「国際交流基金の日本語教育支援」国際交流基金日本語国際センター編『国境を越える日本語教育―地球規模でのネットワーク作りをめざして―』
鈴木孝夫（一九九五）『日本語は国際語になりうるか―対外言語戦略論―』（講談社）
「世界における日本語教育の重要性を訴える」有志の会（二〇〇四）『世界における日本語教育の重要性を訴える―日本が国際社会において一層の力を発揮するために―』
戦後日本国際文化交流研究会（二〇〇五）『戦後日本の国際文化交流』（勁草書房）

対外経済協力審議会（一九七二）「開発協力のための言語教育の改善について」文化庁文化部国語課編（一九八三）『外国人に対する日本語教育の振興に関する報告集』
高鳥まな（二〇〇八）「世界の日本語教育をつなぐ「JFにほんごネットワーク」（通称「さくらネットワーク」）」国際交流基金日本語グループ編『日本語教育通信』第六二号
高橋力丸（一九九九）「戦後の日本語普及政策の目的に関する一考察―国際交流基金の日本語普及政策を中心に―」早稲田大学大学院社会科学研究科編『ソシオサイエンス』第五号
田中純（一九八八）「国際文化振興会とその周辺―一九三四〜一九七二―（一）」仕事研究会編『文化交流の仕事』第四号
中央教育審議会（一九七四）「教育・学術・文化における国際交流について」文化庁文化部国語課編（一九八三）『外国人に対する日本語教育の振興に関する報告集』
中華人民共和国教育部（二〇〇二）『全日制義務教育日本語課程標準（実験稿）日本語版』（国際交流基金日本語国際センター）
坪山由美子・前田綱紀・三原龍志（一九九五）「大韓民国高等学校新「教育課程」と模擬授業の試み」国際交流基金日本語国際センター編『日本語国際センター紀要』第五号
西尾珪子（一九九六）「これからの日本語教育に求められるもの―言語政策の視点から―」『日本語学』二月号（明治書院）
二一世紀への留学生政策懇談会（一九八三）「二一世紀への留学生政策に関する提言」文部省学術国際局編（一九九二）『外国人に対する日本語教育に関する基礎資料』
日本語教育学会編（一九九二）『日本語教育学会創立三〇周年・法人設立一五周年記念大会』
日本語教育懇談会（二〇〇七）『今こそ、世界に開かれた日本語を』
日本語普及総合推進調査会（一九八五）「海外における日本語普及の抜本的対応策について」国際交流基金一五年史編纂委員会編（一九九〇）『国際交流基金一五年のあゆみ』
ニュージーランド教育省（二〇〇二）『ニュージーランド日本語カリキュラム』（国際交流基金日本語国際センター）
野津隆志（一九九五）「海外の日本語教育に対するわが国の援助―タイへの援助を事例として―」国際協力事業団編『国

際協力研究』第二二号
野津隆志（一九九六）「海外での日本語教育の普及とわが国の援助政策―戦後の歴史的展開の整理―」佐藤栄学園埼玉短期大学編『研究紀要』第五号
朴煕泰（一九九四）「韓国の日本語教育状況」国際交流基金日本語国際センター編『世界の日本語教育〈日本語教育事情報告編〉』第一号
春原憲一郎（二〇〇九）「日本の言語政策と日本語教育の現在」春原憲一郎編『移住労働者とその家族のための言語政策―生活者のための日本語教育―』（ひつじ書房）
林夏生（一九九九）「韓国の文化交流政策と日韓関係」平野健一郎編『国際文化交流の政治経済学』（勁草書房）
日暮トモ子（二〇〇八）「中国の対外言語教育政策―現状と課題」日本比較教育学会編『比較教育学研究』第三七号（東信堂）
平等通照（一九四二）「南の日本語教育［三］泰国」『大阪毎日新聞』八月二〇日
文化外交の推進に関する懇談会（二〇〇五）『文化外交の推進に関する懇談会報告書「文化交流の平和国家」日本の創造を』
文化審議会（二〇〇二）『文化を大切にする社会の構築について〜一人一人が心豊かに生きる社会を目指して』
文化庁編（一九九九）『国際シンポジウム「国際化時代の日本語教育支援とネットワーク」』
ベケシュ、アンドレイ（二〇〇三）『国家の形成と国家語の成立―旧ユーゴ諸国と日本との比較―』（筑波大学第二学群日本語・日本文化学類）
本田弘之（二〇〇九）「中国朝鮮族による日本語教育の「再開」」日本言語政策学会編『言語政策』第五号
松原直路（一九八八）「多様化する海外の日本語教育をめぐって」日本語教育学会編『日本語教育』第六六号
松宮一也（一九四二）『日本語の世界的進出』（婦女界社）
三浦雄一郎（二〇〇九）「必修科目だからと日本語を学んでいる高校生。授業を楽しんで日本を好きになってほしい」国際交流基金編『世界の日本語教室から―日本を伝える三〇カ国の日本語教師レポート』（アルク）
光田明正（一九九九）『「国際化」とは何か』（玉川大学出版部）
三原龍志・坪山由美子・前田綱紀（一九九五）「ノンネイティブ教師の日本語教授ストラテジーをめぐって―大韓民国高等学校日本語教師の場合―」日本語教育学会編『平成七年度日本語教育学会秋季大会予稿集』

水谷修（一九九五）「日本語教育政策―日本語教育全般について―」日本語教育学会編『日本語教育』第八六号（別冊）
宮崎里司（二〇〇六）「日本語教育とユニラテラリズム（単独行動主義）―言語教育政策からの一考察―」早稲田大学大学院日本語教育研究科編『早稲田大学日本語教育研究』第八号
宮崎里司（二〇〇九）「日本語教育とユニラテラリズム（単独行動主義）―言語教育政策からの一考察―（関東月例研究会報告・発表要旨）」日本言語政策学会編『言語政策』第五号
宮岸哲也（一九九七）「海外の日本語教育への援助に関する一考察―スリランカの学校教育における日本語教育の改善を通して―」日本語教育学会編『日本語教育』第九五号
百瀬侑子（一九九八）「国際理解・国際協力を目指した日本語教育のあり方―インドネシアに対する支援・協力を例にして―」国際協力事業団編『国際協力研究』第二七号
森田芳夫（一九八五）「韓国における日本語教育」シィー・ディー・アイ編『日本語教育および日本語普及活動の現状と課題』（総合研究開発機構）
森田芳夫（一九八七）『韓国における国語・国史教育―朝鮮王朝期・日本統治期・解放後―』（原書房）
森田芳夫（一九九一）「戦後韓国の日本語教育」木村宗男編『講座日本語と日本語教育一五・日本語教育の歴史』（明治書院）
文部省編（一九九〇）『我が国の文教施策〈平成二年度〉』（大蔵省印刷局）
安田敏朗（一九九七）『帝国日本の言語編成』（世織書房）
安田敏朗（二〇〇二）「日本語教育史と言語政策史のあいだ」日本語教育学会編『二〇〇二年度日本語教育学会春季大会予稿集』
安田敏朗（二〇〇三）『脱「日本語」への視座―近代日本言語史再考Ⅱ―』（三元社）
安田敏朗（二〇〇六）『「国語」の近代史―帝国日本と国語学者たち』（中央公論新社）
ヨーロッパ日本語教師会（二〇〇五）『ヨーロッパにおける日本語教育とCommon European Framework of Reference for Languages』（国際交流基金）
讀賣新聞社（二〇〇八）「海外での日本語教育強化、増え続ける学習人口、「知日派」育成に期待」『讀賣新聞』（東京版・朝刊）七月一七日

李守（二〇〇四）「日本語はそと、国語はうち―日本語の国際化をめぐる言説―」昭和女子大学編『学苑』第七六四号
留学生問題調査・研究に関する協力者会議（一九八四）「二一世紀への留学生政策の展開について」文部省学術国際局編（一九九一）『外国人に対する日本語教育に関する基礎資料』
ロッド、ローレル・ラスプリカ（一九九九）「米国の中等教育における日本語教育―動向と課題―」国際交流基金日本語国際センター編『世界の日本語教育〈日本語教育事情報告編〉』第五号
王宏（一九九五）「一九九三年中国日本語教育事情調査報告」国際交流基金日本語国際センター編『世界の日本語教育〈日本語教育事情報告編〉』第三号

ウェブサイト

アイヌ文化振興・研究推進機構（http://www.frpac.or.jp）
外務省（http://www.mofa.go.jp）
国際交流基金（http://www.jpf.go.jp）
国立国会図書館「国会会議録検索システム」（http://kokkai.ndl.go.jp）
首相官邸（http://www.kantei.go.jp）
ニューサウスウェールズ州教育委員会（http://www.boardofstudies.nsw.edu.au）

あとがき

本書では、日本の海外に対する「日本語の普及」という営みについて、それ自体をひとつの言語政策と捉える立場から、その言語政策としての「日本語の普及」という営みの目的や内容・方法について分析してきた。

しばしば、「日本の対外的な言語普及事業には言語政策がない」と言われる。しかし、「日本語の普及」という表現を法律の中に採用し、日本語という特定の言語の海外普及を図ると宣言したことそれ自体が、ひとつの言語政策であると言える。したがって、「日本の対外的な言語普及事業には言語政策がない」というのは、「日本語の普及」という言語政策には理念や哲学が欠如しているというふうに解釈すべきだろう。

その「日本語の普及」という言語政策は、これまでたびたび触れてきたように、基本的には「我が国に対する諸外国の理解を深め」ることを最重要課題としている。それでは、なぜ「我が国に対する諸外国の理解を深め」ることが重要なのかと言えば、外務省のウェブサイト(「わかる!国際情勢―にほんごできます!世界の日本語事情―」二〇〇九年八月)によると、それによって、「日本の政策への支持や日本人の海外での安全確保」という外交上の効果が期待できるからなのであるが、近年ではそれに加えて、「世界の人材や投資の流入を通じた社会経済の活性化」という経済的な効果も期待されるようになってきている。おそらくこれは、「日本語の普及」という営みにも日本経済発展への貢献を求めなければならないほど、今の日本には余裕がないということでもあるのだろう。また、余裕がないという点について言えば、日本は少子高齢化という現象に対処するため、今後さらに「世界の人材」を国内に受け入れていくことになるだろうが、そうであるならば、彼らに対する「渡日前日本語教育」という分野が、海外に対する「日本語の普及」事業の中で、将来的には重要な位置を占めることになるのかもしれない。さらには、その余裕のなさゆえに、効率性の追求あるいは「行政刷新」という大義名分の下、「日本語の普及」という営みそのものの実施形態が大幅に変更されることもありえよう。

今までも「日本語の普及」という営みは、「行政改革」あるいは「財政改革」の影響を直接的に受けてきた。そして、それによってその位置づけや事業内容も変更されてきた（具体例については本書第三章を参照）。しかし、それらは結果的に「日本語の普及」という営みをいたずらに振り回すだけの役割しか果たさなかった。昨今の「行政刷新」も長期的な展望に立って行われるのでない限り、「日本語の普及」という営みにとっては、無益であるばかりか有害であろう。

筆者は一九八六年四月から二〇〇六年三月までの二〇年間、国際交流基金に勤務し、同基金本部、日本語国際センター、関西国際センター、シドニー日本文化センターと勤務場所こそ変わったものの、一貫して海外に対する「日本語の普及」事業に従事してきた。その後、国際交流基金を退職し、大学教師に身を転じたが、その間、「日本語の普及」という営みに関する研究が充分には蓄積されていないこと、とくにその基礎的な参考書が欠けていることを残念に思っていた。

本書はそのような思いから執筆したものであり、これによって「日本語の普及」という営みに関する研究が、様々な分野（たとえば言語政策論、日本語教育学、国際文化交流論などの分野）で、少しでも活発になればと、筆者は願っている。

本書のいくつかの章は、すでに発表した論文に加筆修正を施したものである。発表時の標題および発表誌名等は次のとおりである。

第六章第一節

「日本文化理解の促進を目的とした日本語普及の言語観―一九七〇年代前半期における対韓国事業の場合―」日本言語政策学会編『言語政策』第四号（二〇〇八）

第六章第二節

「海外への「日本語普及」事業における「現地主導」主義に関する一考察―大韓民国日本語教員の招聘研修事業を事例として―」長崎大学留学生センター編『長崎大学留学生センター紀要』第一六号（二〇〇八）

第七章第一節～第四節

「ニューサウスウェールズ州の後期中等教育修了試験の応募者数から見た日本語および日本語教育の位置の変遷について」オーストラリア学会編『オーストラリア研究』第二二号（二〇〇九）

右記の論文は、いずれも日本学術振興会科学研究費補助金（基盤研究C、二〇〇七年度～二〇〇九年度、研究課題名「海外の『日本語教育政策』と日本の海外に対する『日本語普及政策』に関する研究」）の交付を得て行った研究の成果である。補助金の交付に対して、あらためて感謝の意を表したい。

また、本書第八章および終章は、左記の学会において口頭で発表した内容を基に書き下ろしたものである。

第八章

「国際文化交流における「多文化・単一言語主義」と言語政策研究」（二〇〇八年九月、社会言語科学会ワークショップ「多言語・多文化社会の言語政策について考える―Linguistics as a social welfare の観点から―」において）

終章

「海外に対する日本語教育支援学（仮称）の確立に向けて」（二〇〇六年一一月、日本言語政策学会月例研究会において）

前述のように、筆者は大学に転じるまでの二〇年間、国際交流基金に勤務していたが、同基金在勤中は、「日本語の普及」という営みに様々な立場から関わっている人々の話を聞く機会に恵まれた。また、それは本書を執筆する上での土台にもなった。かかる恩恵を授けてくださった方々の数はあまりにも多いので、ここにその全員のお名前を記すことは差し控えるが、筆者は本書を「日本語の普及」という営みに様々な立場から関わってきた人々(そして現に関わっている人々)に捧げたいと思う。

本書を刊行するに際しては、ひつじ書房の松本功社長と工藤紗貴子さんにたいへんお世話になった。お二人は、筆者のいたらぬ点をいつも的確に補ってくださった。とくに本書の標題を決めるに際しては、「日本語の普及」という営みが日本の国際文化交流全体の中で、たしかに事業規模の面では大きな位置を占めるに至っているが、人々の意識の中では周縁的な位置しか与えられていないという状況を的確に把握され、「国際文化交流の周縁」という素敵な副題を考え出してくださった。そのことをここに記すとともに、あらためてお礼を申し上げたい。

二〇一〇年三月

嶋津　拓

な

に

の

は

ひ

ふ

こ

し

え

お

か

き

く

け

索引

【著者紹介】

嶋津 拓（しまづ たく）

〈略歴〉長崎大学留学生センター教授。国際教養大学大学院グローバル・コミュニケーション実践研究科客員教授、政策研究大学院大学政策研究科非常勤講師を兼任。
1961年生まれ。一橋大学大学院社会学研究科修士課程修了。1986年4月から2006年3月までの20年間、国際交流基金で海外の日本語教育・日本語学習を支援する業務に携わる。博士（学術）。
専攻は、社会言語学・日本語教育学・国際関係論。

〈主な論文〉『オーストラリアの日本語教育と日本の対オーストラリア日本語普及―その「政策」の戦間期における動向―』（2004　ひつじ書房）、『海外の「日本語学習熱」と日本』（2008　三元社）、『オーストラリアにおける日本語教育の位置―その100年の変遷―』（2008　凡人社）など。

言語政策として「日本語の普及」はどうあったか
国際文化交流の周縁

発行　2010年4月20日　初版1刷
定価　2400円＋税
著者　© 嶋津 拓
発行者　松本 功
組版者　内山彰議（4&4, 2）
印刷製本所　株式会社 シナノ
発行所　株式会社 ひつじ書房
〒112-0011 東京都文京区千石2-1-2 大和ビル2F
Tel.03-5319-4916　Fax.03-5319-4917
郵便振替 00120-8-142852
toiawase@hituzi.co.jp　http://www.hituzi.co.jp

ISBN978-4-89476-486-6

オーストラリアの日本語教育と日本の対オーストラリア日本語普及
その「政策」の戦間期における動向
嶋津拓著　定価　三六〇〇円＋税

日本語教育政策ウォッチ2008
定住化する外国人施策をめぐって
田尻英三編　定価　一六〇〇円＋税

移動労働者とその家族のための言語政策
生活者のための日本語教育
春原憲一郎編　定価　一六〇〇円＋税

外国人の定住と日本語教育［増補版］
田尻英三・田中宏・吉野正・山西優二・山田泉著
定価　二〇〇〇円＋税